思想政治理论课实践教学教材

陕西省哲学社会科学重点研究基地核心价值观培育与红色文化基因

传承协同创新研究中心组编

核心价值观培育与红色文化基因传承系列丛书（五）

万生更　等著

核心价值观培育与红色文化基因传承系列丛书

U0815333

SHAANXI HONGSE ZIYUAN

SHIJIANJIAOXUE

陕西红色资源实践教学

陕西新華出版

陕西人民出版社

图书在版编目（CIP）数据

陕西红色资源实践教学 / 万生更等著. -- 西安：陕西人民出版社，2022. 12
（核心价值观培育与红色文化基因传承系列丛书）
ISBN 978-7-224-14900-5

Ⅰ. ①陕… Ⅱ. ①万… Ⅲ. ①革命传统教育-教育资源-陕西 Ⅳ. ①D642

中国国家版本馆 CIP 数据核字（2023）第 099761 号

责任编辑：许晓光
封面设计：姚肖朋

陕西红色资源实践教学

作　　者　万生更　等
出版发行　陕西人民出版社
　　　　　　（西安市北大街 147 号　邮编：710003）
印　　刷　西安盛业印务有限公司
开　　本　787 毫米×1092 毫米　1/16
印　　张　17. 5
字　　数　300 千字
版　　次　2022 年 12 月第 1 版
印　　次　2022 年 12 月第 1 次印刷
书　　号　ISBN 978-7-224-14900-5
定　　价　58. 00 元

■总　序

陕西省哲学社会科学重点研究基地——核心价值观培育与红色文化基因传承协同创新研究中心为中共陕西省委宣传部、陕西省社科规划办批准，于2016年1月在陕西学前师范学院设立的省级哲学社会科学重点研究基地。基地以马克思列宁主义、毛泽东思想、邓小平理论、“三个代表”重要思想、科学发展观、习近平新时代中国特色社会主义思想为指导，以社会服务为要务，以科学研究为发展根基，以资政和政策研究为主攻方向，以人才培养为基础，以协同创新为动力，着力研究核心价值观培育与红色基因传承的重大理论问题和现实问题，进行核心价值观培育与红色基因传承的实践探索。

社会主义核心价值观是中国特色社会主义的文化精髓和当代中华民族的精神底蕴，体现了仁人志士的夙愿，体现了革命先烈的理想。红色文化是孕育社会主义核心价值观的根脉源泉，红色文化具有引领社会价值追求、凝聚思想共识功能。红色基因是红色文化的内核，要在传承红色基因中培育和弘扬社会主义核心价值观。

培育和践行社会主义核心价值观不传承红色基因就会迷失方向而失去社会主义性质。红色基因是框定社会主义核心价值观性状的生命线，红色基因以思想、文化形态存在并传承，既具有文化基因的共同特征，又具有独有特征，它具有保证核心价值观的社会主义方向、丰富核心价值观的精神内容、引领核心价值观的真善美风尚、夯实核心价值观共同理想基础的作用。

红色基因体现于社会主义核心价值观中。社会主义核心价值观回答了我们要建设什么样的国家、建设什么样的社会、培育什么样的公民的重大问题。红色基因历史地丰富并最终孕育出这些重大问题的答案，以生命线的地位和异彩缤纷的内容具体体现在社会主义核心价值观中。社会主义核心价值观是红色基因框定的国家价值目标、社会价值取向、个人价值准则。

多卷本核心价值观培育与红色文化基因传承系列丛书，汇聚各方面专家学者之力，聚焦核心价值观培育和红色基因传承，集中进行社会主义核心价值观研究、革命文化研究、红色基因传承研究、红色经典传播研究（美术方向、音乐方向、文学方向等）、红色文化产业发展研究、红色基因传承与意识形态建设研究。在对核心价值观培育和红色基因传承中的理论和实践问题进行全面研究的同时，重点打造青少年核心价值观培育和红色基因传承的研究优势和特色，对青少年核心价值观培育和红色基因传承发挥积极的引领作用。

通过编辑出版多卷本核心价值观培育与红色文化基因传承系列丛书，努力把核心价值观培育与红色基因传承协同创新研究中心建设成为研究方向明确、研究队伍实力雄厚、研究特色鲜明、研究水平较高、研究成果丰硕的核心价值观培育传播阵地、红色基因传承创新基地、思想理论战线上的新型智库。

陕西省哲学社会科学重点研究基地核心
价值观培育与红色文化基因传承协同创新研究中心
首席专家　万生更

■前　言

陕西红色资源丰富，全省共普查到革命遗址2025处，革命旧址遗址遍布三秦大地。既有中国共产党人和人民大众进行革命活动的文献、文物、革命战争旧址遗址、纪念地等物化形态的文化资源，又有伟大的革命精神、革命传统、革命历程以及中国共产党组织在革命战争年代中的政治、经济、文化、思想形态、规章制度和红色风情等精神文化资源。

陕西红色资源是思想政治教育的优质资源，把陕西红色资源运用于思政课实践教学，对于推进思政课教学方法改革，提高思政课质量和水平具有重要意义和价值。

教育部2018年4月印发的《新时代高校思想政治理论课教学工作基本要求》强调实践教学的重要性，实践课教学“要制订实践教学大纲，整合实践教学资源，拓展实践教学形式，注重实践教学效果。”中共中央办公厅、国务院办公厅2019年8月印发的《关于深化新时代学校思想政治理论课改革创新的若干意见》中强调要“完善思政课实践教学机制”。

《陕西红色资源实践教学》一书运用作者多年在陕西红色文化研究方面的研究成果，结合长期的思政课教学实践，共分九章，系统梳理了陕西的红色资源，从资源概述、教学主题、资料链接、拓展阅读、探究思考等方面，建立陕西红色资源实践教学资源库，探讨如何将陕西红色资源运用于党员干部教育、大中小学思政课实践教学，提升思政课教学质量，在红色资源运用中传承红色基因，实现立德树人。

■目　录

第一章　陕西红色资源概述 …… 1
　第一节　革命文化 …… 1
　第二节　红色资源 …… 10
第二章　陕西党组织成立时红色资源实践教学 …… 23
　第一节　陕西党组织成立时的红色故事 …… 23
　第二节　陕西党组织成立时的红色文献 …… 29
　第三节　陕西党组织成立时的红色旧址 …… 35
　第四节　陕西党组织成立时红色资源的精神内涵 …… 44
第三章　土地革命战争初期红色资源实践教学 …… 52
　第一节　土地革命战争初期的红色场馆 …… 52
　第二节　土地革命战争初期的红色旧址 …… 67
　第三节　土地革命战争初期的红色文物 …… 76
第四章　陕甘革命根据地红色资源实践教学 …… 82
　第一节　照金陕甘边革命根据地红色旧址 …… 82
　第二节　陕北革命根据地红色旧址 …… 93
　第三节　陕甘根据地形成后的红色旧址 …… 104
　第四节　陕甘革命根据地的红色故事 …… 114
第五章　陕南苏区红色资源实践教学 …… 123
　第一节　红色旧址 …… 123
　第二节　红色文物 …… 141

第六章　中共中央在陕北时期红色资源实践教学 ………………………… 152
第一节　红色旧址 ………………………………………………… 152
第二节　红色故事 ………………………………………………… 184
第三节　红色文物 ………………………………………………… 192
第七章　通向延安的红色桥梁红色资源实践教学 ………………………… 201
第一节　红色旧址 ………………………………………………… 201
第二节　红色文物 ………………………………………………… 206
第三节　红色文物 ………………………………………………… 212
第八章　解放战争时期红色资源实践教学 ………………………………… 219
第一节　红色旧址 ………………………………………………… 219
第二节　红色文物 ………………………………………………… 225
第三节　红色场馆 ………………………………………………… 230
第九章　陕籍党史人物群体红色资源实践教学 …………………………… 237
第一节　红色旧址 ………………………………………………… 237
第二节　红色文物 ………………………………………………… 248
第三节　红色家书 ………………………………………………… 260
后记 ………………………………………………………………… 271

第一章　陕西红色资源概述

在新民主主义革命时期，陕西长期是中国革命的大本营，在革命战争时期孕育形成的革命文化，同陕西辉煌的历史文化和社会主义先进文化，共同构成了今天的陕西文化。陕西波澜壮阔的革命历程，为陕西留下了宝贵的红色资源。

第一节　革命文化

一、文化的概念界定

文化的含义有广义、狭义之分。

（一）广义的文化

广义的文化将文化看成人类创造活动与创造成果的总和。中外学者对广义的文化多有论述。文化包括人的产品的总体，物质的和非物质的。用“文化”一词指全部的人的产品，这是美国文化人类学实践流行的做法。美国学者奥格本（w. F. Ogburn）称：“文化可以被认为是人类社会产品的积累，包括物质对象的使用、社会制度和行为方式。”① 日本学者岩崎允胤说：“文化是人作为主体作用于客体，将自己对象化于客体，从而将现实作为我的东西来占有的这种活动，同时也是活动的成果；而且，是包含着这种活动成果的过程。”② 马克思认为，文化是人在改造自然的劳动对象化中产生，是以人化为基础，以人的本质或本质力量的对象化为实质，包括物质文化、精神文化和制度文化等要素，是一个广义的文化概念。

广义文化“理解多从人对自然的实践改造结果着眼，所表征的是自然（人

① ［美］威廉·费尔丁·奥格本：《社会变迁——关于文化和先天的本质》，王晓毅、陈育国译，浙江人民出版社1989年版，第29页。

② ［日］岩崎允胤：《文化和人类活动的辩证法》，《哲学研究》1990年第2期。

化世界）对人的功用与意义。”① 将文化分成三个层次：第一层是精神文化，又称意识文化、观念文化，包括心理、心态、观念、思想、价值观、认知方式等纯意识文化和哲学、伦理、道德、宗教、美学、音乐、诗歌、文学、绘画等理论化和对象化的意识文化。第二层次是制度文化，包括反映社会形态的基本制度和政治、法律、经济方面的具体制度以及一般规章制度。第三层次是物质文化，是在物质产品中融有意识文化要素，是精神文化的载体。②

（二）狭义的文化

狭义的“文化”排除人类社会一切历史生活中关于物质创造活动及其结果的部分，专注于精神创造活动及其结果。③ 狭义文化理解侧重于人的主体精神世界。

对狭义文化所做的经典性的定义，当属 1971 年英国文化学家泰勒（E. B. Tylor）给文化下的定义，他认为：“文化，或文明，就其广泛的民族学意义来说，是包括全部的知识、信仰、艺术、道德、法律、风俗以及作为社会成员的人所掌握和接受的任何其他才能和习惯的复合体。”④ 泰勒的定义强调的是文化的精神方面，将文化视作由知识、道德和风俗习惯等不同层面要素组成的复杂整体。更为狭义的文化仅指艺术作品，指艺术和遗产以及出版、广播、电视、电影、录像和录音等文化产业。文化是智力的和相象性的作品，在这些作品中详尽而丰富多彩地记录了人类的思想和经验。在汉语语境中，通常认为“以文教化”是文化的本义，亦属于狭义文化的范围。毛泽东在论及中国新民主主义革命的文化时说：“一定的文化是一定社会政治和经济在观念形态上的反映。”⑤这里的文化，也属于狭义的文化。

（三）文化的本质

中外学术界按照文化的构成和表现形式从广义和狭义两个方面对文化范畴进行了界定，对文化本质的理解则是对文化做更深一层的思考。

1. 文化的本质是人的生存方式

关于文化的本质是人的生存方式，中外众多学者用不同的语言做了意义相同

① 邹广文：《文化本质与文化变迁》，《中共天津市委党校学报》2004 年第 4 期。
② 胡兆亮：《中国文化地理概述》，北京大学出版社 2009 年版，第 3 页。
③ 张岱年：《中国文化概论》，北京师范大学出版社 2004 年版，第 5 页。
④ ［英］爱德华·泰勒：《原始文化》，连树声译，上海文艺出版社 1992 年版，第 1 页。
⑤ 《毛泽东选集》（第三卷），人民出版社 1991 年版，第 655 页。

的表述。如克拉克洪认为，文化是“历史上所创造的生存方式系统，既包括显性方式又包括隐性方式，它具有为整个群体共享的倾向，或是在一定时期中为群体的特定部分所共享”①。蒙·威廉斯说“文化是一种物质、知识与精神构成的整个生活方式”。“文化理论”被定义为“对整个生活方式中各个因素之间关系的研究。”② 梁漱溟说文化是人生活的样法。陈序经说“文化是人类生活的各种方式。”③ 当代众多哲学学者都指出在最根本的意义上，文化作为人类实践活动的对象化，是人之历史地凝结成的稳定的生存方式和活动方式，并对此进行了深刻系统的论述。

文化的本质是人的生存方式，是从广义上对文化的界定，它把文化视为人同动物和其他自然存在物的根本区别，强调文化的属人性、文化的人本规定性，“揭示文化的发生机制实际上也就是研究人的生成问题，研究文化的本质性内涵也就是研究人的本质规定性。文化的人本规定性，是文化最本质的规定性。”④

2. 文化的本质是人化

“人化”的语义所指是自然界，是自然界向人而化。“文化的本质是人化”⑤，文化作为人特有的一种对象性活动，强调文化的实践生成性。“文化是一个标志着人类在真善美诸方面的发展水平的哲学范畴，是人处理其与客观世界的多重现实的对象性关系和解决人类心灵深处永恒矛盾的方式，……是‘人化的自然’‘自然的人化’和对象活动中介的有机统一体。”⑥

人作为自然存在物和社会存在物，在人的全部活动中，实践活动代表了人最本质的方面。人通过自己的实践活动，把自己同动物区别开来，把自己从自然界中提升出来，使自己成为同自然界有联系而又超越自己的社会性存在，并开始了文化创造的历程，人的实践活动是文化产生的基础和源泉。人的实践活动的方式和性质，决定了文化的形式和性质，有什么样的实践活动，就形成怎样的文化世界。

人的实践作为对象化的活动，总是具有一定的指向性。人按照自己的目的、

---

① ［美］克拉克洪：《文化与个人》，浙江人民出版社 1986 年版，第 6 页。

② ［英］斯图亚特·霍尔：《文化研究：两种范式》，见罗钢、刘象愚：《文化研究读本》，中国社会科学出版社 2000 年版，第 53 页。

③ 陈序经：《文化学概观》，中国人民大学出版社 2005 年版，第 217 页。

④ 衣俊卿：《论文化的内涵与社会历史方位》，《天津社会科学》2002 年第 3 期。

⑤ 邹广文：《当代文化哲学》，人民出版社 2007 年版，第 15 页。

⑥ 许苏民：《文化哲学》，上海人民出版社 1990 年版，第 43 页。

要求、理想、需要，认识自然和改造自然，给自然界打上了人的烙印，使自然界“人化”，并产生了作为实践结果的物质文化、制度文化和精神文化，自然界也成为属人的世界。“文化是作为人特有的行为模式、生活‘样式’而存在和表现出来的，它的本质含义，简言之就是‘人化’和‘化人’（哺育、教化），即：人类改造客观世界，将自然状态加以‘人化’；然后再用其经验和成果来‘化人’，提升人自己。”①

文化本质是人的生存方式，文化的本质是人化，是学术界对文化本质两种主要表述，皆突出了文化的属人性质。人和其他动物一样，本是自然存在物。工具的使用，技术的出现，人类的实践活动，产生了人的创造物，使人从自然界独立出来、分离出来，使人成为社会存在，文化使人和动物区别开来，文化代表着人区别于动物和其他自然存在物的最根本的特征，表征了人属于自然界又超越于自然界的关系。

人从自然存在物到社会存在物，人在自然界的存在方式是以文化方式展开的，文化方式是人区别于动物和其他自然存在物的生存方式。人的不同意向性的生命活动，产生了不同的文化方式。文化方式是人通过创造性的实践活动改变自然，使自然发生改变，具有属人的秉性和特征，使自然人化的方式。

文化是自然的人化，是人和社会的存在方式，是满足人的需要的价值体系，是人的实践活动的成果。一定的价值观及其具体化规范是文化的核心。

二、革命文化的界定

（一）红色文化

“红色文化”概念的出现和对红色文化的研究是2000年以后的事情，对于什么是红色文化，如何界定红色文化的概念和内涵，学术界还没有形成共识和定论。从当前的研究看，分歧主要在对红色文化产生发展的时间界定上，主要有两种观点。

1. 红色文化是中国共产党领导人民在新民主主义革命时期的文化创造

中国的红色文化是一种不同于旧文化的新文化，由于文化就是人文化，所以红色文化的创造主体是中国共产党领导下的广大共产党员和人民群众。红色文化是广大共产党员和人民群众在新民主主义革命时期，在争取民族独立和民主自由

---

① 李德顺：《如何建设先进文化》，《深圳特区报》2003年11月27日。

的斗争中所形成的知识、情感、伦理、价值、信仰、制度和规范等，以及他们的物质表现形态。如果说文化的本质是人的生存方式，那么红色文化作为无产阶级和广大劳动人民改造旧社会，建立新社会，实现自由、解放的自主性、能动性的价值创造活动的结果，形成了他们新的生存方式，他们的生活方式、工作方式、战斗方式、生产方式等。我们今天可以看得见、摸得着的表现革命前辈们生存方式的遗存，就是今天宝贵的红色文化资源。

红色文化有广义的红色文化和狭义的红色文化。

（1）广义的红色文化

广义的红色文化，是中国共产党在领导中国革命过程中创造的物质成果和精神成果的总和，包括物质文化、精神文化、制度文化。红色文化的物质形态是指那些历经风雨、饱受沧桑的战场等纪念地、历史事件发生的旧址遗址、老一辈革命家的故居旧居、革命前辈和英雄模范人物用过的遗物等纪念物，共产党领导广大军民进行工业、农业、商业活动创造的物质产品，以及革命理论、革命精神、革命传统等精神遗产的物质载体。

精神文化指中国共产党领导中国人民在新民主主义革命过程中指导人们行动与解决困难的知识、信仰、价值、精神，在革命斗争中所涌现出来的先进人物的伟大人格、革命事迹和崇高精神。

制度文化是中国共产党在领导革命斗争中建立的各种制度和规范，如党和人民军队建设的制度和规范，在农村开展土地革命进行农业生产的制度，发展工业和商业的制度，等等。

（2）狭义的红色文化

狭义的红色文化仅指精神文化。

在红色文化的物质文化、制度文化和精神文化的关系中，精神文化是中国共产党人和广大人民群众的所有精神活动及其成果，是以观念、意识、心理、信仰、价值、理论等形态而存在的文化；红色文化的精神文化不是外在于物质文化和制度文化的独立的东西，而是内在于物质文化和制度文化，是内在于无产阶级和广大人民群众所有活动的深层机理性的东西；红色文化的物质文化和制度文化是精神文化的外在表现或物化形式。

2. 红色文化是中国共产党领导人民在革命和建设时期的文化创造

红色文化是中国共产党领导中国人民在长期的革命和社会主义建设过程中形成的革命精神、优秀传统，以及对党和人民的深厚情感和尊敬爱戴的文化表现和物化成果的集大成。

这一红色文化定义，把中国共产党领导中国人民在新民主主义革命时期、社会主义革命时期、社会主义建设时期创造的文化，统称为红色文化。依然把红色文化分为广义的红色文化和狭义的红色文化。广义的红色文化指中国共产党领导中国人民在长期的革命和社会主义建设过程中创造的物质文化、制度文化和精神文化，狭义的红色文化仅指精神文化。

上述对红色文化的两种界定，主要区别在于红色文化仅指中国共产党领导人民在新民主主义革命时期的先进文化，还是把社会主义建设时期创造的社会主义先进文化也包括在内。

（二）革命文化

习近平总书记在庆祝中国共产党成立 95 周年大会的讲话中指出："文化自信，是更基础、更广泛、更深厚的自信。在 5000 多年文明发展中孕育的中华优秀传统文化，在党和人民伟大斗争中孕育的革命文化和社会主义先进文化，积淀着中华民族最深层的精神追求，代表着中华民族独特的精神标识。"按照文化形成的时间逻辑和历史逻辑，他把中国文化分为中华优秀传统文化、革命文化和社会主义先进文化三部分，明确指出革命文化是党和人民在反帝反封建的伟大斗争中孕育的先进文化。

"五四"运动后，中国共产党作为中国先进文化的代表，创造性地提出了先进的革命理论，进而内化为先进的政治思想，并付诸革命的政治实践，创造了中国特有的文化：中国革命文化。习近平总书记《在纪念"五四"运动 100 周年大会上的讲话》中说："五四"运动，为新的革命力量、革命文化、革命斗争登上历史舞台创造了条件。革命文化是中国共产党领导人民，在新民主主义革命中创造的特有的革命文化形态，是马克思主义中国化的重大文化成果，这是中国革命文化的内涵属性与本质特征。毛泽东早在 1940 年就指出："革命文化，对于人民大众，是革命的有力武器。革命文化，在革命前，是革命的思想准备；在革命中，是革命总战线中的一条必要和重要的战线。"毛泽东所说的新民主主义的民族的科学大众的文化就是革命文化。

革命文化在内涵上有广义和狭义之分。广义的革命文化，包括物质文化、精神文化、制度文化三个层面。狭义的革命文化专指精神层面的文化。

革命文化的物质形态是指革命文化的外在表现形式，既包括小说、文章、诗歌、歌曲、戏剧、标语、出版物和革命文献等表现革命理论、革命精神、革命传统等物质载体，也包括那些历经风雨、饱受沧桑的战争战场等纪念地、历史事件发生的旧址遗址、老一辈革命家的故居旧居、革命前辈用过的遗物等纪念物，共产党领导广大军民进行工业、农业、商业活动创造的物质产品。

革命文化的精神形态，指中国共产党领导中国人民在新民主主义革命过程中形成的革命精神、革命道德、优良传统。

在习近平总书记的重要讲话中，他多次强调，要坚定革命文化自信，把红色资源利用好、把优良传统发扬好、把红色基因传承好。在中共中央的各种重大文件中，都是使用的革命文化、红色基因、红色资源的概念。《新时代爱国主义教育实施纲要》指出：要继承革命传统，弘扬革命精神，传承红色基因；建好用好爱国主义教育基地和国防教育基地，强化爱国主义教育和红色教育功能；推动红色旅游内涵式发展，完善全国红色旅游经典景区体系，凸显教育功能。《新时代公民道德建设实施纲要》指出：要继承和发扬党领导人民创造的优良传统，传承红色基因，赓续精神谱系。在党的十九届四中全会通过的《中共中央关于坚持和完善中国特色社会主义制度 推进国家治理体系和治理能力现代化若干重大问题的决定》中，强调要“弘扬中华优秀传统文化、革命文化、社会主义先进文化”，要“发扬优良传统，传承红色基因”。

（三）革命文化的本质

中国的革命文化是一种不同于旧文化的新文化，由于文化就是人文化，所以革命文化的创造主体是中国共产党领导下的广大共产党员和人民群众。革命文化是广大共产党员和人民群众在新民主主义革命时期，在争取民族独立和民主自由的斗争中所形成的知识、情感、伦理、价值、信仰、制度和规范等，以及他们的物质表现形态。如果说文化的本质是人的生存方式，那么革命文化作为无产阶级和广大劳动人民改造旧社会，建立新社会，实现自身自由、解放的自主性、能动性的价值创造活动的结果，形成了他们新的生存方式，他们的生活方式、工作方式、战斗方式、生产方式等。我们今天可以看得见、摸得着的表现革命前辈们生存方式的遗存，就是今天宝贵的革命文化资源。

革命文化作为我们革命前辈们的生存方式，像血脉一样构成现代和当代中国人存在的灵魂，又从深层制约着社会的经济、政治、社会和其他领域的发展。

（四）革命文化的特点

一是意识形态性。革命文化是中国共产党人领导人民群众在 20 世纪上半期的反帝反封建斗争实践中所取得的成果。精神形态的革命文化是中国共产党人和广大人民群众在反帝反封建的革命斗争中表现出来的理想信念、价值追求和革命精神，表现了中国共产党人对真善美的执着追求，对人民的深爱，对敌人的无比憎恨。物质形态的革命文化不管是革命遗物、革命旧址、遗址，都是中国共产党人革命精神的物质载体。因此，革命文化具有强烈的意识形态性，它在中国社会的意识形态中居于主导地位。

二是历史性。革命文化的历史性首先表现在它是中国社会特定历史时期的产物，革命文化是在新民主主义革命时期，中国共产党领导中国革命的过程中形成的，是中国社会特定历史阶段的产物。

在中国社会变为半殖民地半封建社会以后，农民阶级领导过中国的反帝反封建斗争，在革命斗争过程中产生了反映农民阶级要求和利益的农业社会主义文化，如太平天国的《天朝田亩制度》；资产阶级改良派领导的维新变法运动，产生了中国民族资产阶级的改良主义文化；资产阶级革命派领导的辛亥革命，产生了反映中国民族资产阶级利益的资产阶级文化。中国共产党在领导中国反帝反封建革命斗争实践中，产生了反映中国无产阶级和广大劳动人民利益的革命文化，革命文化是对20世纪上半期中国社会政治经济的反映，是那个时期中国社会的印记。

革命文化的历史性还表现在它是对中华民族优秀历史文化的继承和发展。中国的革命文化，不管是物质形态的革命文化还是精神形态的革命文化，其源头之一就是中华民族优秀的历史文化。许多物质形态的革命文化资源，如中国共产党战斗过的历史遗迹本身就是中华民族智慧的结晶；精神形态的革命文化如艰苦奋斗的创业精神、不怕牺牲的革命精神是对中华民族精神的继承和发扬。

三是民族性。由于民族区域生态环境不同，文化积累和传播不同，社会和经济生活的不同等等，各个民族的文化具有鲜明的“特异性”或曰“个性”。革命文化一经产生，就为中华民族所共有，是中华民族宝贵的精神财富和中华民族文化的“特异性”“个性”，成为中华民族文化区别于世界其他民族文化的一个特质。在今后中华民族文化发展的长河中，如果我们失去了革命文化，将失去中华文化的一个特质。

三、教学主题

革命文化是文化自信的主要来源

习近平总书记在庆祝建党95周年大会的讲话中指出：“文化自信，是更基础、更广泛、更深厚的自信。在5000多年文明发展中孕育的中华优秀传统文化，在党和人民伟大斗争中孕育的革命文化和社会主义先进文化，积淀着中华民族最深层的精神追求，代表着中华民族独特的精神标识。”诞生于革命战争年代的革命文化处于承前启后、承上启下的重要地位，始终保持了旺盛的生命力，是中国特色社会主义文化自信的重要源头。

早在 1940 年 1 月，毛泽东在陕甘宁边区文化协会第一次代表大会上发表演讲时，就指出了革命文化的内涵：“革命文化，对于人民大众，是革命的有力武器。革命文化，在革命前，是革命的思想准备；在革命中，是革命总战线中的一条必要和重要的战线。而革命的文化工作者，就是这个文化战线上的各级指挥员。”毛泽东在这里所讲的革命文化，指的是“新民主主义的文化”，就是无产阶级领导的人民大众的反帝反封建的文化，其特点就是“民族的科学的大众的文化”。

革命文化是中国共产党领导中国人民在伟大斗争中构建的文化，它以马克思主义为指导，以先进的革命理论和制度、崇高的革命伦理道德和革命作风、不朽的革命精神为内容的一种新的文化形态。它承载了党和人民对国家独立、民族解放、人民幸福的时代诉求和革命行动，传承和升华了中华优秀传统文化，积淀了社会主义先进文化的底蕴，是文化自信的重要源头。

革命文化是中国革命实践的光辉产物。无数革命志士舍小家为大家，为革命的熊熊大火在中国大地燃烧，奉献着自己的光和热。“杀了夏明翰，还有后来人”，是流淌在革命者身上的血液，是中华儿女赢得革命斗争的最终胜利的关键所在。这些革命斗争实践为革命文化的产生提供了土壤，其蕴含的不畏牺牲、乐于奉献的大无畏革命精神，坚忍不拔、勇往直前的奋斗精神，自力更生、艰苦奋斗的创业精神，都成为革命文化的重要特质。同时，革命文化不但是推动中国新民主主义革命胜利的动力，也为我们今天实现中华民族伟大复兴的中国梦提供精神动力。

没有理论自觉就没有文化自信。毛泽东指出，自从中国人学会了马克思主义列宁主义以后，中国人在精神上就由被动转入主动。从这时起，近代世界历史上那种看不起中国人，看不起中国文化的时代完结了。伟大的胜利的中国人民解放战争和革命实战，正在复兴着伟大的中国人民文化。马克思主义是揭示客观世界特别是人类社会发展一般规律的科学，中国共产党自成立之日起，就把马克思主义确立为自己的指导思想并写在自己的旗帜上。革命实践与革命文化的形成发展，始终离不开马克思主义的指导，其蕴含的核心要素都来源于马克思主义的理论观点。比如，立党为公、执政为民，一切为了人民、一切依靠人民，作为中国共产党革命精神中蕴含的鲜明的群众观念，充分体现了马克思主义的根本立场。

革命文化形成发展始终是在马克思主义指导下取得的，包含着马克思主义中国化的丰富内容。

革命文化是人民大众的文化，人民群众是革命文化的创造者，它坚持为人民服务的价值取向。毛泽东强调："人民，只有人民，才是创造世界历史的动力。"习近平总书记指出："中华民族5000多年的文明史，中国人民近代以来170多年的斗争史，中国共产党90多年的奋斗史，中华人民共和国60多年的发展史，都是人民书写的历史。"正是因为革命文化是我们党领导亿万人民群众不断创造和丰富发展的，它能够最大限度地调动最广泛人民群众的革命积极性、创造性，成为文化自信的力量之源。

四、拓展阅读

1. 张海峰、刘焕峰、樊军娟：《弘扬革命文化　传承红色基因》，重庆出版社，2019。

2. 丁晓强：《文化自信　中国特色社会主义文化研究》，高等教育出版社，2019。

3. 朱喜坤：《革命文化是文化自信的重要源头》，《光明日报》2019年1月9日，第11版。

4. 秦洁：《革命文化：中华民族最为独特的精神标识》，《红旗文稿》2016年第17期。

五、探究思考

1. 革命文化是怎样形成的？如何理解革命文化的本质？
2. 革命文化同中国传统文化的区别和联系是什么？
3. 为什么说革命文化是文化自信的重要来源？

第二节　红色资源

一、红色资源、红色基因

革命文化是最有价值的区域特色文化资源。致力于挖掘区域革命文化的资源特性，转化为文化产业资本，对推动革命文化产业与文化事业的发展具有重要意义。

（一）红色资源

1. 红色资源的构成

资源就是指生产性资产，人类早期在经济生产活动方面可以利用的资源主要是来自大自然的自然资源，如阳光、空气、水、土地、森林、草原、动物、矿藏等，他们是早期人类社会所赖以生存的资源。随着人类活动的多样化发展，资源的构成也越来越复杂和多样化，其中，人类自己创造的社会资源变得越来越重要。社会资源包括道德资源、政治资源、思想资源、知识资源、人力资源、信息资源以及劳动创造的物质财富等，它们是人类活动所创造的成果，又是人类进一步活动所不可缺少的资源，是人类社会发展的基础。相对于自然资源来说，社会资源就是文化资源。

因此，广义的文化资源就如广义的文化一样，包括物质性文化资源和精神性文化资源。狭义文化资源仅指精神文化资源。在一般意义上，对于人类生活而言，资源往往是非直接消费的，对资源常常讲利用，或开发。文化资源也是被人们开发利用，是人们从事文化生产和文化活动所利用或可资利用的各种资源，是为文化产业、文化服务业、文化旅游业及文化广场建设和发展所需求的特殊资源。对文化资源的开发利用，实质是文化资源不断转化为文化产品、文化服务的价值实现过程。

红色资源是一种特殊的文化资源，孕育于革命战争时代，具有革命文化的丰富内涵，是发展红色产业和组织红色活动所利用或可资利用的各种资源。在人类历史上，出现过各种各样的文化形态，有先进的文化形态，也有腐朽没落的文化形态，只有那些代表人类文明前进方向的先进的文化才同财富创造相联系；有各种各样的资源形态，但却并非都与文化相联系。作为文化资源，必须同时与财富和文化相联系才会成为文化资源。红色资源也不例外，一端连着革命文化，一端连着精神财富。革命文化的丰富内涵是红色资源的主要内容，对红色资源的开发利用，其实就是对革命文化丰富内涵的挖掘、开发、利用，并创造价值和财富。

红色资源的构成与革命文化的内涵紧密相连，依革命文化的构成，可以将红色资源分为革命遗址、革命文物等物质形态资源和革命精神形态资源。

革命遗址、革命文物等物质形态资源是革命战争年代存留下来的中国共产党人和人民大众进行革命活动的文献、文物、革命战争遗址、纪念地等，包括已经开发的和尚未开发的，也包括可移动的（如革命文献、文物等）和不可移动的（如革命战争遗址、纪念地等），是物质性的红色文化资源，是红色文化资源的有形部分。

革命精神形态资源是凝结在物质性的红色文化资源中的革命精神、革命传统、革命历程以及中国共产党组织在革命战争年代中的政治、经济、文化、思想形态、规章制度和红色风情等，是红色文化资源的无形部分。

2. 红色资源的特性

红色资源是在中国共产党领导中国革命的过程中形成的，因此它有着与其他文化资源不同的特性。

（1）精神性。红色资源的本质是一种精神性资源，虽然红色资源中也有物质的有形的部分，但其意义却并不依赖于其所具有的物质属性，而在于附着于其中的红色文化精神。不管是红色遗址还是红色文物，其存在的价值就在于其包含的一定的价值观及其具体化规范，在于其所具有的给人以升华思想、激扬精神、醇化道德、陶冶灵魂的功能。

（2）存在形态的多样性。红色资源既以物质性的存在，也以精神性的存在，遍布全国各地的红色资源都蕴含着丰富的革命精神，每一处革命遗迹、每一件珍贵文物都折射出革命先辈的坚定的理想信念、爱国主义情怀、集体主义观念、艰苦奋斗的精神、自强不息、勇于进取的品质等。

（3）分布的广泛性。在中国共产党领导中国人民进行 28 年的革命斗争过程中，中国的每一寸土地上都留下了他们战斗的足迹，他们用鲜血、汗水、泪水浇灌的红色文化之花，开遍了神州大地。目前，国家级的爱国主义教育基地就有 200 个，还有省级、市级、县级的爱国主义教育基地，加上各地的纪念馆、展览馆、烈士陵园等革命遗迹，红色资源遍布全国。它是中国先进文化的代表，是我们取之不尽、用之不竭的宝贵的精神财富。

（4）效益的多重性

红色资源既具有红色文化的属性，也有资源的特点。红色资源的开发利用，一方面能产生良好的社会效益，另一方面能产生一定的经济效益。虽然红色资源具有多重效益，但红色文化的意识形态性，决定了红色文化资源的开发利用要在着重社会效益的基础上，实现经济效益和社会效益的统一。

（二）红色基因

红色基因的概念是习近平总书记提出的，他非常重视红色基因传承教育。2013 年 2 月，习近平在兰州军区视察时首次提出红色基因的概念，他说：西北地区红色资源丰富，是延安精神的发源地，要发扬红色资源优势，把红色基因一代代传下去。在随后许多重大场合他又多次提出并强调要把红色资源利用好、把红色传统发扬好、把红色基因传承好。

根据习总书记在多种场合关于红色基因的讲话精神，我们在研究中把红色基因的内涵定义为：红色基因是中国共产党人的思想和精神内核，是中国共产党区别于其他政党的特质和生存发展的血脉，是党在长期奋斗中形成的先进本质、价值追求、革命精神、革命道德、优良传统。

先进本质：指党的性质和党的信仰的先进性。中国共产党是中国工人阶级的先锋队，同时是中国人民和中华民族的先锋队。以马克思主义为自己的坚定信仰。党的性质和信仰使党同其他资产阶级政党从根本上相区别。

价值追求：中国共产党以全心全意为人民服务为自己的根本宗旨。以中国特色社会主义为共同理想，以共产主义为最高理想。崇高的价值追求是中国共产党人独有的。

革命精神：在求得民族独立和人民解放的艰苦卓绝的革命斗争中，中国共产党人用生命和鲜血铸就了红船精神、井冈山精神、长征精神、延安精神、西柏坡精神等伟大的革命精神，它们具有理想高远、求是创新、以人为本、拼搏进取、艰苦奋斗等共同内涵，成为我们党区别于以往的政党、我们的军队区别于以往旧式军队的红色基因，成为推动中国革命取得最后胜利的强大精神力量。

革命道德：中国革命道德是指中国共产党人和广大人民群众在革命战争年代形成的优良道德，包括公而忘私的集体主义风格，先人后己、乐于助人的高尚人格，重义轻利的高尚节操，爱岗敬业的奉献精神。

优良传统：党的作风是党的世界观在党的组织和广大党员行动中的具体体现。毛泽东在党的七大报告中自豪地宣布，理论和实践相结合的作风，和人民群众紧密地联系在一起的作风以及自我批评的作风是中国共产党区别于其他任何政党的三个显著标志。

党的先进本质、价值追求、革命精神、革命道德、优良传统使中国共产党区别于任何资产阶级政党，是流淌于中国共产党人血脉中的基因，它保证党永不变质、变色，它储存着中国共产党产生、发展过程的全部信息。

（三）红色资源、革命文化、红色基因

鉴于红色文化内涵和外延界定的多样性，从思想政治教育和学科体系的构建看，在研究、宣传和教育工作中，不用红色文化的概念，而使用革命文化的概念，使用红色资源、革命文化、红色基因的话语。

中国共产党在领导人民进行伟大的革命斗争中，创造了独具特质的革命文化。将革命文化视为宝贵的资产，革命文化就以红色资源形式存在，红色资源是一种特殊的文化资源，形成于革命战争时代，具有革命文化的丰富内涵，是发展红色产业和组织红色活动所利用或可资利用的各种资源。我们之所以把革命文化资源称为红色资源，是因为革命文化资源是用我们革命前辈的生命和鲜血铸就的，就像习近平总书记所说：共和国是红色的，无数先烈的鲜血染红了我们的旗帜。红色基因是红色资源和革命文化的内核，它决定了红色资源和革命文化的根本性质。

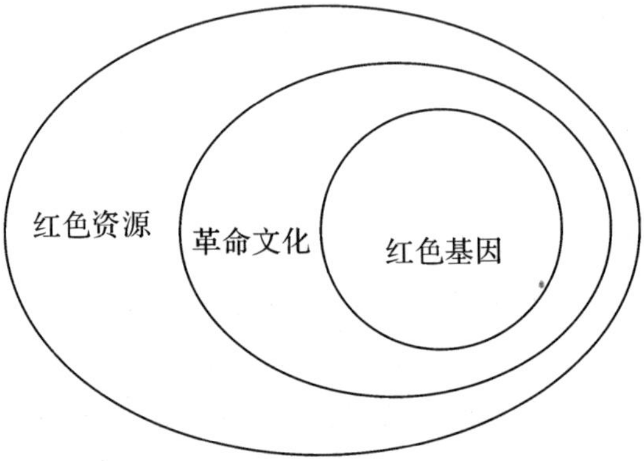

红色资源、革命文化、红色基因关系示意图

二、陕西红色资源

（一）陕西文化的内涵

陕西有着十分丰富的文化资源，陕西地域文化既是中华文化的重要组成部分，具有中华文化的共同特性，又有自己独特的地域特征。按照文化形成的时间划分，陕西文化应由以下几部分组成：一是光辉灿烂的历史文化。陕西是中华传统文化的主要发祥地之一，曾经是我国历史上政治文明的中心地带，孕育产生了辉煌的古代文明。二是独具特色的革命文化。民主革命时期，陕西长期是中国革命的中心，中国共产党人在陕西这块热土上，创造了上承千年中华文脉，下启社会主义先进文化的革命文化。三是具有新鲜活力的社会主义先进文化。指陕西人民在社会主义建设中创造的物质文化、政治文化、精神文化和科技文化。

从文化的存在形态来看，陕西文化可分为物质文化与非物质文化，物质文化如黄帝陵、炎帝陵、秦始皇陵、兵马俑等举世闻名的文物古迹，它们不仅展示了中华民族前人的治世英魂，同时也再现了中华民族前人的创业睿智；众多的红色遗址、遗物记载着革命先烈们艰苦创业、浴血奋战的丰功伟绩，激励着后人对生命意义和价值的追寻；风光旖旎的山水自然文化，呼唤着人们对人与自然和谐相处的追求。非物质文化包括陕西古代历史文化所蕴含的文化精神，如炎黄文化的凝聚精神、周文化的伦理精神、秦文化的统一精神、汉文化的开拓精神、唐文化的开放精神；革命文化所蕴含的革命精神，如艰苦奋斗、不怕牺牲、顽强拼搏、坚持真理的精神和敢于胜利的精神；社会主义先进文化所蕴含的改革创新精神。另外，陕西的非物质文化还蕴藏着极为丰富多彩的民间艺术，如鄠邑、安塞的农民画，宝鸡凤翔珠彩泥塑，韩城合阳的面花，华县的皮影，陕北的剪纸以及许许多多的民间表演说唱艺术。

（二）陕西红色资源的构成

从陕西革命文化的形成来看，陕西革命文化是不同于陕西历史文化的新文化，陕西革命文化的创造主体是中国共产党领导下的广大共产党员和人民群众。陕西革命文化是广大共产党员和人民群众在新民主主义革命时期，在陕西形成的革命文献、文物、文学作品、革命战争遗址、纪念地，凝结在其中的革命精神、革命传统、革命历程以及中国共产党组织在革命战争年代中的政治、经济、文化、思想形态、规章制度和红色风情等。前者是陕西革命文化物质产品的现实体现，是革命文化活动方式的载体；后者是革命文化的观念形态和精神指向，是革命文化深层内在的文化形态，这些文化形态是革命文化的主体精神，是革命文化的精髓。

依陕西革命文化的构成，陕西红色资源可分为物质形态资源，如革命遗址、革命文物等；精神形态资源，如光照千秋的延安精神。遗存资源是革命战争年代在陕西留下来的中国共产党人和人民大众进行革命活动的文献、文物、革命战争遗址、纪念地等，包括已经开发的和尚未开发的，也包括可移动的（如革命文献、文物等）和不可移动的（如革命战争遗址、纪念地等），是物质性的红色资源，是红色资源的有形部分。精神资源是凝结在物质性的红色资源中的革命精神、革命传统、革命历程以及中国共产党组织在革命战争年代中的政治、经济、文化、思想形态、规章制度和红色风情等，是红色资源的无形部分。

从时间上看，陕西红色资源是指从“五四”运动、共产主义青年团和共产党组织在陕西的建立到陕西全境解放期间，在陕西所发生的革命历史事件、革命遗址、革命遗物、这一时期创作的革命文章、诗、歌曲、戏剧等作品以及革命战争时期所反映出来的伟大精神。其中，土地革命战争时期和抗日战争时期，是陕西红色历史的主体。

陕西红色资源存在的一个重要特点，就是以革命根据地为依托，不同的革命根据地拥有不同的物质形态的红色资源，而非物质形态的文化资源更是具有各自的特色和独有的价值。

（三）陕西红色资源的时间和历史空间分布

1. 陕西红色资源的时间分布

中国共产党在陕西领导人民进行的革命斗争，不仅为陕西和中国人民的解放事业做出了伟大的贡献，也在三秦大地留下了光辉灿烂的革命文化以及丰富的红色资源。

中国共产党从一开始就是一个全国性的统一的党，中国共产党在陕西的组织是这个全国性的统一的党的一个组成部分。“五四”运动的影响和马克思主义的传播，推动了中国共产党在陕西地区的党、团组织的建立和发展。1922 年，陕西地区就有了中国共产党的活动，1924 年 6 月陕西地区中国社会主义青年团创建，1925 年 10 月中国共产党在陕西的地方组织创建。陕西地区的中国共产党组织在陕西积极开展工农运动，发展中国共产党的各级组织，领导广大人民群众开展反帝反封建的斗争，不仅开创了陕西革命的新局面，也留下了丰富的红色资源。

土地革命战争时期，在中共中央领导下，中共陕西党组织率领广大共产党员和人民群众进行了艰苦卓绝的斗争，在陕北及陕甘边界地区积极开展武装斗争，创建了覆盖陕西关中和陕北地区的陕甘革命根据地，创造了陕甘根据地的革命精神——照金精神。中共鄂豫陕省委领导红二十五军在以商洛为中心的广大区域，进行了艰苦的武装斗争，创建了鄂豫陕革命根据地，从 1934 年 12 月至 1937 年 4 月，先后建立了鄂豫陕边区苏维埃政府和 2 个县、13 个区、46 个乡、314 个村苏维埃政权。中共陕南特委建立之后，领导共产党员和广大人民群众不畏强敌，不怕困难，不怕牺牲，开展了英勇的革命斗争，推动了汉中和安康地区革命斗争的发展。红四方面军从 1932 年 12 月进入陕南汉中地区，到 1935 年 2 月下旬撤出陕南，在镇巴、西乡、南郑、宁强、勉县境内，建立了 5 个县、22 个区镇、95 个乡、320 个村的苏维埃政权。贺龙率领红三军过境陕南，播撒了革命的火种。

抗日战争时期，延安作为中国革命的大本营，党中央领导全国人民在此战斗了 13 个春秋，建立了陕甘宁抗日民主根据地，并在实践中形成了以坚定的理想信仰、不懈的艰苦奋斗、全心全意为人民服务为主要内容的延安精神，延安也因而成为中国的“红色首都”，这一时期也成为陕西红色历史上浓墨重彩的一章。

解放战争时期，毛泽东率领党中央转战陕北，进行了扭转解放战争全局关键的延安保卫战。人民解放军在进行了西府战役、澄合战役、荔北战役、陕中战役、华山战斗、扶眉战役、陕南战役等战役、战斗后，解放战争在陕西取得了胜利。

陕西革命文化是中国共产党带领广大人民群众用鲜血、汗水、泪水浇灌的，盛开在陕西人民革命斗争各个时期的文明之花。

2. 陕西红色资源的历史空间分布

陕西革命文化体现了陕西共产党人和广大人民群众的历史的存在方式。恩格斯说：“历史不过是追求着自己目的的人的活动而已。”①历史空间是存在于人类社会总的历史过程中的空间形态，陕西红色资源的历史空间分布指陕西红色资源在陕西共产党人和广大人民群众革命斗争历史过程中的空间分布。在革命战争时期，共产党人在陕西建立了渭北革命根据地、陕甘边革命根据地照金苏区、陕北革命根据地、陕南革命根据地、川陕革命根据地、鄂豫陕革命根据地、陕甘革命根据地、陕甘宁抗日民主根据地、豫鄂陕革命根据地、豫陕鄂革命根据地等革命根据地，在根据地建立过程中发生的重大历史事件、可歌可泣的英雄事迹、会议及战役战斗遗址旧址、革命前辈用过的遗物等纪念物、根据地建立过程中产生的革命理论和革命思想等等，构成了陕西红色资源的重要内容。

渭北革命根据地　是在中共陕西省委领导下，由中共陕西地区党组织领导创建的西北地区最早的革命根据地。建立渭北革命根据地的斗争，时间可以追溯到1928年三原、泾阳、淳化、永寿等地爆发的“交农”斗争，止于1933年8月上旬，红四团撤离三原心字区、武字区，北上转移至照金。

陕甘边根据地照金苏区　是由中共陕西省委领导、陕甘边党组织及陕甘边红军、游击队直接创建的根据地。时间从1930年夏刘志丹、谢子长、习仲勋在陕甘边界开展兵运工作，发动游击战争，到1933年10月16日照金陕甘边根据地中心薛家寨失守，照金苏区陷落。

陕北革命根据地　中共陕北特委先后在中共陕西省委、中共河北省委、中共中央北方局、中共中央驻北方代表的领导下，带领陕北人民创建了陕北根据地。时间从1927年10月11日，在中共陕西省委的领导下，由唐澍、李象九、谢子

① 《马克思恩格斯全集》第2卷，人民出版社1957年版，第119页。

长等共产党员领导发动的清涧起义，到 1935 年 2 月陕甘边特委和陕北特委举行的周家硷会议。

陕南革命根据地 由中共陕南特委领导创建的根据地，时间从 1930 年 11 月在南郑县龙岗寺召开的陕南第一次党代表会议开始，1933 年 4 月“马儿岩”事变发生，根据地丧失，但红二十九军余部仍在当地坚持斗争。

川陕革命根据地 由红四方面军和川陕边区人民群众共同创造的一块根据地。川陕根据地的陕南部分是川陕革命根据地的重要组成部分，辖区主要分布在汉中地区的镇巴、西乡、南郑、勉县、宁强等 5 个县境内。时间从 1932 年 12 月红四方面军进入陕南汉中地区，到 1935 年 2 月下旬红四方面军撤出陕南，开始长征。

鄂豫陕革命根据地 由中共鄂豫陕省委、鄂豫陕特委和红二十五军、红七十四师创立的革命根据地，时间从 1934 年 12 月 10 日红二十五军到达陕西洛南县，到 1937 年 4 月红七十四师奉命到长安县大峪口整训。

陕甘革命根据地 在陕甘边、陕北根据地的基础上发展起来的一块根据地，是土地革命战争后期全国仅存的一块根据地，时间从 1935 年 2 月陕甘边特委和陕北特委在陕北安定县周家硷召开联席会议，成立中共中央西北工作委员会和西北军事委员会，统一领导陕甘边和陕北革命根据地的党、政、军、群工作，到 1937 年 2 月，成立中共陕甘宁边区委员会，统一领导西北苏区党的工作，陕甘根据地相继改为陕甘宁特区、陕甘宁边区。

陕甘宁抗日民主根据地 陕甘宁抗日民主根据地的前身是西北革命根据地，是抗日战争时期和解放战争初期党中央所在地，是中国人民抗日战争的政治指导中心，是八路军、新四军和全国人民抗日武装的战略总后方。

豫鄂陕革命根据地 由中共中央中原局、中原军区率领的北路突围部队与陕南党组织、陕南游击队共同创建的革命根据地，包括现河南省的淅川、西峡、卢氏、洛宁、栾川、灵宝、嵩县，湖北省的郧西、郧县，陕西省的山阳、商南、丹凤、商州、洛南、镇安、柞水、宁陕、旬阳、蓝田、长安等县的中心地带或边缘地区。时间从 1946 年 7 月中原解放军突围部队进入陕南，直至陕西解放。

豫陕鄂革命根据地 是解放战争时期由陈赓、谢富治率领的中国人民解放军晋冀鲁豫野战军太岳兵团在豫西、陕南、鄂北领导创建的根据地。1947 年 7 月，根据地开始创建，1948 年 6 月，中原局、中原军区将豫陕鄂划分为豫西和陕南两个战略区，所辖党组织分别划归中共陕南区党委和中共豫西区党委领导。

在新民主主义革命时期，中国共产党在陕西创建了多块革命根据地。每一块根据地都是中国共产党人用生命和鲜血印在三秦大地上的文化印记和历史印记，不同的革命根据地拥有不同的物质形态的红色资源，而非物质形态的文化资源更是具有各自的特色和独有的价值。党中央在陕甘宁抗日民主根据地形成了以坚定的政治方向和自力更生、艰苦奋斗的创业精神，实事求是的精神，全心全意为人民服务的精神为主要内涵的延安精神；以自力更生、艰苦奋斗为主要内涵的南泥湾精神；以全心全意为人民服务为主要内涵的张思德精神。

（四）陕西红色资源的地域分布

目前，全省共普查到革命遗址 2025 处，西安市有 101 处，宝鸡市有 112 处，咸阳市有 148 处，铜川市有 64 处，渭南市有 154 处，延安市有 613 处，榆林市有 362 处，汉中市有 175 处，安康市有 170 处，商洛市有 125 处，杨凌示范区有 1 处。

在 2025 处革命遗址中，属国家级文物保护单位 27 处，省级文物保护单位 42 处，市级文物保护单位 17 处，县级文物保护单位 158 处，国家、省、市、县四级文物保护单位共 244 处，未定级别 1781 处。其中，列入全国重点烈士纪念建筑物保护单位的有 6 处：西安烈士陵园、扶眉战役烈士陵园、四八烈士陵园、瓦子街战役烈士陵园、刘志丹烈士陵园、子长革命烈士纪念馆等；列入全国重点文物保护单位的有 21 处：延安革命纪念馆、枣园革命旧址、杨家岭革命旧址、王家坪革命旧址、凤凰山革命旧址、清凉山革命旧址、南泥湾革命旧址、桥儿沟革命旧址、瓦窑堡革命旧址、陕甘宁边区政府旧址、陕甘宁边区银行旧址、中共中央党校延安旧址、中共中央西北局旧址、洛川会议纪念馆、八路军西安办事处纪念馆、杨家沟革命纪念馆、渭华起义纪念馆、吴旗革命旧址、保安革命旧址、汉中革命史迹陈列室、丰图义仓—朝邑起义遗址等。

在 2025 处革命遗址中，国家级爱国主义教育基地 18 处，省级爱国主义教育基地 31 处，市级爱国主义教育基地 49 处，县级爱国主义教育基地 128 处，国家、省、市、县四级爱国主义教育基地共 226 处，未定级别 1799 处。中宣部公布的国家级爱国主义教育基地有：延安革命纪念地（包括延安革命纪念馆、枣园革命旧址、杨家岭革命旧址、王家坪革命旧址、凤凰山革命旧址、清凉山革命旧址、南泥湾革命旧址、桥儿沟革命旧址、瓦窑堡革命旧址、陕甘宁边区政府旧址、陕甘宁边区银行旧址、中共中央党校延安旧址、中共中央西北局旧址等 13 处革命旧址）和八路军西安办事处纪念馆、陕甘边革命根据地照金纪念馆、洛川会议纪念馆、渭华起义纪念馆、杨家沟革命纪念馆等五处。

三、教学主题

（一）把红色资源利用好，把红色基因传承好

红色资源是鲜活的历史，是我们党宝贵的精神财富，承载着我们党为中国人民谋幸福、为中华民族谋复兴的初心和使命。习近平总书记非常重视红色资源的保护利用，多次强调要“把红色资源利用好，把红色传统发扬好，把红色基因传承好”“要注重发挥好红色文化资源和红色教育基地的作用。”2013 年 2 月，习近平在兰州军区视察时指出，西北地区红色资源丰富，是延安精神的发源地，要发扬红色资源优势，把红色基因一代代传下去。2015 年 2 月，他在陕西考察工作结束时的讲话中强调：我们要注重发挥好红色文化资源和红色教育基地的作用，传承红色基因。2014 年，习近平总书记在视察南京军区机关时强调指出，要把红色资源利用好、把红色传统发扬好、把红色基因传承好。

2019 年 3 月，习近平总书记在看望参加政协会议的文化艺术界、社会科学界委员时说：“共和国是红色的，不能淡化这个颜色。无数的先烈鲜血染红了我们的旗帜，我们不建设好他们所盼望向往、为之奋斗、为之牺牲的共和国，是绝对不行的。”5 月，习近平到陆军步兵学院视察，他强调，要把红色资源运用好，把红色基因传承好，培养一茬茬、一代代合格的红军传人。9 月，习近平总书记来到位于新县的鄂豫皖苏区首府烈士陵园和革命博物馆，缅怀革命先烈告慰革命英灵，并与当地红军后代、革命烈士家属代表亲切交流。习近平强调，“吃水不忘掘井人”，红色江山来之不易，是千千万万革命前辈用鲜血换来的。我们要牢记红色政权是从哪里来的，始终铭记缅怀革命先烈。

（二）陕西红色资源的价值

“价值是事物的一种有用属性”“是事物进入人的世界产生的社会属性”①，陕西红色资源作为一种价值形态而存在，它对陕西的经济社会的发展及陕西民众的生活都会产生重要的功用。

1. 精神教育价值

陕西红色资源是对人们进行精神教育的有效载体。如在西北革命根据地创建的过程中，许多革命先烈放弃了对物质的享受而选择了对理想和信仰的追求；如魏野畴、李子洲分别就读于北京高等师范学校和北京大学，然而，他们放弃了大

---

① 兰久富：《社会转型时期的价值观念》，北京师范大学出版社 1999 年版，第 49 页。

城市优越的工作和生活条件，回到陕北开展革命运动，并且为革命献出了自己年轻的生命。人们从那些物质贫乏但精神富足的革命者身上可以发现生命的意义和快乐的真谛，通过对革命前辈价值观、人生观及人生精神的反思性理解，确立自己正确的价值目标和价值追求，并通过自己的实践创造和实现自己的人生价值。红色资源所具有的美感教育和人格培养功能，是其他德育教育资源所不具有的。

遍布全省各地的红色资源都蕴含着丰富的革命精神和厚重的历史文化内涵，每一处革命遗迹、每一件珍贵文物都折射出革命先辈的崇高理想、坚定信念、爱国情感和高尚品质。用它来建构人的精神世界，能有效地凝聚全省人民的力量，而且能有效地调动大家的积极性，发扬艰苦奋斗、自立自强的拼搏精神，始终保持奋发有为、昂扬向上的精神状态。

2. 历史见证价值

陕西红色资源见证了陕西人民为中国革命胜利所做出的巨大贡献。西北革命根据地是土地革命战争后期全国仅存的一块根据地，它不仅配合和支援了各路红军的战略转移，而且为党中央把全国革命的大本营放在大西北做了必要的准备。抗日战争时期，陕甘宁革命根据地是全国革命的大本营，延安是中国革命的圣地，没有陕西人民对中国革命的支持和做出的巨大牺牲，就没有延安红都的存在，陕西的红色资源有力地见证了陕西人民的革命斗争在中国革命中的重要地位。

3. 经济发展价值

陕西红色资源同其他自然资源一样，也是发展经济的重要资源。在陕南、关中、陕北等地分布着大量的革命纪念遗迹、事件遗存、建筑遗存、名人旧居、革命文物等，他们都具有丰富的文化内涵；非物质形态的红色资源如精神文化、思想文化以及歌曲、歌谣、曲艺、诗歌、绘画、故事、传说等，也具有为世人敬仰和神往的内容。陕西可以实行红色文化搭台，经济贸易唱戏，深入挖掘红色文化资源的深刻内涵，举办各种红色文化资源博览会，以带动省域经济尤其是革命根据地经济的发展。

红色产业能够成为陕西新的经济增长点。红色资源具有良好的知名度和品牌效应，革命老区保留下来的遗址和可歌可泣的革命故事，既是宝贵的精神财富，也是发展红色产业的重要资源。鄂豫陕、陕南、陕甘革命根据地都处于山区，山高林密，风景优美、生态宜人；陕北革命根据地在陕北黄土高原，有着独特的黄土风情，因此把革命文化、生态文化和古迹文化结合起来，寓思想教育于文化娱乐和观光游览中，发展红色旅游产业，既有利于传播先进文化，又有利于把红色资源转变为经济资源，从而推动革命老区的经济发展，帮助老区人民脱贫致富。除了发展红色旅游业外，红色产业开发还要将革命文化融入文学艺术、广播影视、新闻出版、音像制品、教育信息、网络服务、策划展览、体育竞技等行业之中，形成特色鲜明的红色产业链，使红色资源的经济价值得到充分实现。

四、拓展阅读

1. 李霞：《红色资源与思想政治教育》，人民出版社，2015。
2. 魏本权、汲广运：《沂蒙红色文化资源研究》，山东人民出版社，2014。
3. 韩延明：《红色文化与社会主义核心价值体系建设研究》，人民出版社，2013。
4. 万生更：《陕西红色文化资源价值探析》，《理论导刊》2010 年第 4 期。

五、探究思考

1. 如何在保护利用红色资源中传承红色基因？
2. 为什么说“共和国是红色的，不能淡化这个颜色”？
3. 规划一条陕西红色资源的研学路线图。

第二章　陕西党组织成立时红色资源实践教学

近代以来，陕西人民为实现民族独立、民主自由、人民幸福的梦想，进行了前赴后继的英勇斗争，而未能取得胜利的根本原因，除了缺乏先进的指导思想外，还缺乏一个坚强有力的领导核心。1921 年 7 月中国共产党成立后，陕西党团组织相继成立，凝聚了革命力量，成为陕西革命的播火者和革命道路的开创者，为陕西留下了丰富的红色资源。

第一节　陕西党组织成立时的红色故事

一、史事简介

（一）血溅总统府

“五四”运动在北京爆发后，为加强同全国学生运动的联系，1919 年 6 月下旬，陕西省学生联合会选派会长屈武和李伍亭北上，参加北京学生的请愿斗争。

屈武

屈武和李伍亭到北京后与陕西旅京学生联合会负责人李子洲、刘天章取得了联系，拜见了李大钊，认识了当时北京大学学生会负责人段锡朋、许德珩等人，代表陕西学生，同全国各地学生一起，在北京进行了英勇斗争。

6 月 27 日，北京各界代表数百人在新华门总统府前联合请愿，陕西学联代表屈武被推为面见总统的十个代表之一。28 日，总统徐世昌被迫接见 10 名请愿代表。学生们向徐世昌当面提出了“拒签和约，惩办卖国贼，释放被捕学生”三条要求，徐世昌对学生们的正当要求采取敷衍的态度说：“你们年纪太轻，没有政治经验，容易受别人利用；国家积弱，不能操之过急；学生们爱国心切，陈述意见，情有可原，如果聚众滋事，那就不对了，你们要安心读书，国家大事政府自有权衡”。代表们对徐世昌的答复不满，当场同他争辩起来。屈武满怀义愤地对徐世昌说：“现在国家都快要亡了，今天丢青岛，明天丢山东，后天可能丢整个华北，如果政府再不想办法，不答应我们的要求，我们只好以死力争！”说罢，就猛然一头撞向墙壁，顿时血流如注。屈武“血溅总统府”的消息传出后，进一步激起了广大人民群众的愤怒，终于迫使北洋政府答应拒绝在巴黎和约上签字。

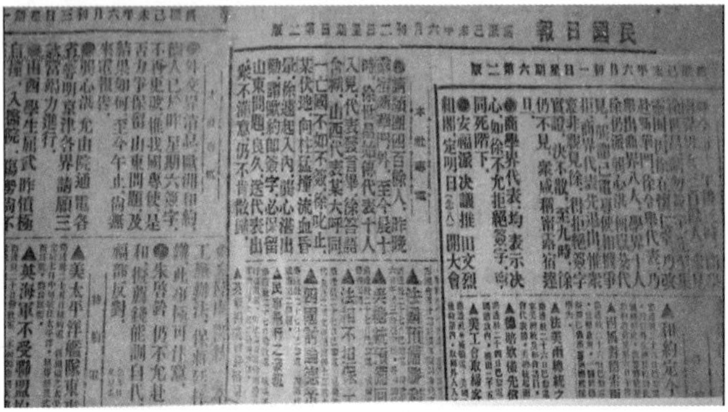

《民国日报》1919 年 6 月 29 日、30 日对屈武“血溅总统府”的报道（注：误认为屈武是山西人）

国民党元老于右任先生把屈武“血溅总统府”的壮举，比作战国时期楚国的著名政治家屈原忧国忧民的精神，比作春秋时期楚国大夫申包胥舍己为国，赋诗云：“忧同屈正则，事类申包胥。”并把女儿许配给了他。孙中山先生赞誉屈武为“血溅总统府的青年英雄”。

在屈武“血溅总统府”后，在日本又发生了陕西留日学生汪世衡殉国事件。

（二）汪世衡殉国

民國日報

《民国日报》1919 年 8 月 27 日对汪世衡殉国的报道

汪世衡是汉中西乡县人，虽然家境贫寒，但学习刻苦，曾在西北大学读书，后官费留学日本。在他留学日本期间，恰值我国与日本签订了“二十一条”不平等卖国条约，汪世衡内愤国贼，外恨强权，在他的《国将胡适——望中原不堪回首，誓雪耻死也甘心》的文章中，表现了他强烈的反日仇日情绪，表示誓将以死报国。“五四”运动爆发后，在 7 月初他毅然归国参加反帝斗争，途经日本冈山县上道郡百间川铁桥上时，想到“国耻当前，内讧不息，举国昏昏”，欲以死唤醒国人，遂从火车上投河，壮烈殉国。当时上海的《民国日报》以“殉国之陕西留日学生”为题报道了汪世衡的殉国壮举。汪世衡自杀殉国的噩耗在国内引起了学生和广大群众的极大义愤，激发了人们更加强烈的爱国热情，进一步推动了反帝爱国运动的发展。

二、教学主题

（一）在外读书的陕籍学生对“五四”运动的贡献

1919 年 5 月 4 日，北京爆发了伟大的“五四”运动，在 6 月 3 日以后发展为以工人为主体的全国性工人罢工、学生罢课、商人罢市的群众反帝爱国运动。当时中国的先进分子，几乎没有谁不曾受到过“五四”运动的影响。瞿秋白在“五四”运动后不久写道：“‘五四’运动陡然爆发，我于是卷入漩涡。孤寂的生活打破了。”当时在北京读书的陕西籍学生也都卷入了旋涡，积极投身“五四”运动。

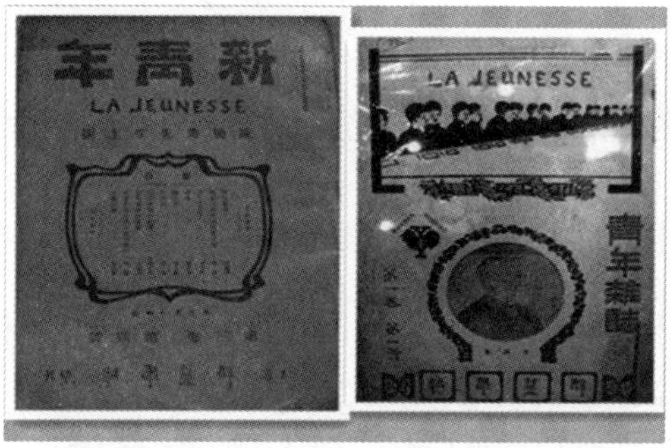

陈独秀创办的《青年杂志》（后改为《新青年》）

“五四”运动发生时，统治陕西的反动军阀陈树藩是当时人们公认的全国最反动的两个督军中的一个（另一个是湖南的张敬尧）。在陈树藩的残酷统治下，陕西文化教育发展十分落后，只有陕西法政专门学校一所高等学府，陕西许多学生只有到北京、天津、上海、武汉等大学较多的城市接受大学教育，其中以到北京的人数最多，约近百名。他们中的许多人参加了 5 月 4 日在天安门广场举行的抗议示威游行。刘天章、李子洲是北京大学学生会的干事，刘天章、李子洲、杨明轩、杨钟健、呼延震东、刘含初、郝梦九等参

1919 年 5 月 7 日，北京高等师范学校学生将被捕获释的学生举起（左六为陕西学生杨明轩）

加了火烧赵家楼、痛打章宗祥的斗争。在“五四”当日被反动军警逮捕的32人中有杨明轩和郝梦九两名陕西学生。在“六三”开始的大逮捕中，刘天章、刘含初等人被捕。

李子洲不仅是“五四”运动的积极参加者、一名先锋战士，更是这一伟大运动的组织者、发动者之一。李子洲协助李大钊，做了大量具体、细致的工作，推动了“五四”运动的发展。

北京以外的陕籍学生也投身于当地的反帝爱国运动，在上海求学的雷晋笙、严信民等，在武汉求学的王尚德等，积极同当地学生一起奋起斗争。

在外读书的陕籍学生在这场规模空前的群众运动中，真正看到了实现中华民族伟大复兴的力量源泉所在，他们把“五四”运动的消息传回家乡。大学毕业后，魏野畴、李子洲等放弃了在大城市工作的优越生活，返回陕西，为家乡人民的解放而奋斗，成为马克思主义的传播者、陕西早期共产党组织的创建者、革命运动的领导者。

（二）陕西青年学生在“五四”运动中觉醒

1919年，陇海铁路还未通到潼关。由于交通不便，我国在巴黎和会上的外交失败和北京学生5月4日举行抗议示威游行的消息，经过在北京读书的陕籍学生的宣传和报纸的介绍，5月10日以后才陆续传到西安。学生们首先行动起来，在街头贴出了“打倒日本帝国主义”“还我青岛”“吾陕学生，素称爱国，高举义旗，焉能后人。振臂而起做北京学生之后盾”的传单，成为陕西爱国运动的先导。同学们积极行动起来，自动组织了“十人救国团”等抵制日货团体。他们把自己平日用的日制茶缸、茶壶、日用化妆品等都交出来当众毁掉；有的把家里用的东洋草帽、凉席等也带到学校烧毁；更有些患近视的同学把自己戴的东洋眼镜也掷之于地，摔得粉碎。

“五四”运动中的西安学生集会

陕西督军陈树藩视学生的爱国行为为“胡闹”，在陕西省长官公署发行的《秦中公报》上，全文刊载了北洋军阀政府镇压北京学生运动的大总统令，扬言对不服从的学生，要采取逮捕直至枪决的非常手段。

反动派的气势汹汹是吓不倒革命青年的，西安的学生们高呼着“外争国权，内惩国贼”“宁做断头鬼，不做亡国奴”等口号，在5月下旬举行了声势浩大的示威游行，游行队伍在文庙（今陕西碑林博物馆所在地）举行了大会。会上讲演的同学激昂慷慨，声泪俱下。一个蒲城籍的学生讲到激动处，以头撞击讲台，顿时鲜血四溅，会场气氛更加炽烈，有人撕下绸布大褂下襟，咬破中指，血书“还我青岛”等字；整个文庙内“打倒日本帝国主义”“惩办卖国贼”的口号声不绝于耳。

西安学生的反帝爱国运动迅速波及全省，渭北、陕北、陕南等地的学生也纷纷举行游行、请愿、演讲活动。靖国军总司令部驻地三原县的学生教职员、市民、商人及军队和政府工作人员举行了三天的示威游行，参加人员达六七千人；许多年过花甲的老人也参加了游行，并向人们阐明“天下兴亡，匹夫有责”的道理。高陵县召开了西北救国会成立大会，《民国日报》介绍大会“先期制就旗帜百四五十面，上书‘提倡国货，抵制日货。’‘头可断，青岛不可亡。’‘莫谓秦无人，欲救国舍我其谁！’等字样”；人们悲愤激切，控诉帝国主义对我国的侵略罪行。在陕北，“五四”运动发生的前一年从北京高等师范毕业回榆林中学任教的杜斌丞向学生和群众宣讲了“五四”运动的内容和意义，组织学生和群众拒用日货，上街游行，使“五四”运动的革命激流，以榆林中学为中心，逐渐波及陕北各地。在陕南，汉中联中、农校、女校、南郑县中学一致罢课，联合各界集会，声援北京学生爱国运动。西乡、城固等县也都开展了宣传和抵制日货的活动。

陕西地区的“五四”运动，由于地理、文化等条件的限制，其规模和程度虽不及北京、上海一带的学生运动，但它毕竟是陕西学生第一次大规模的联合行动，是陕西学生运动史上树起的第一面大旗。它打破了陕西学生界以往的沉寂局面，大大开阔了广大青年的眼界，把他们从那种“两耳不闻窗外事，一心只读圣贤书”的沉闷空气中解放出来。许多同学开始关心国家大事、民族危亡，并初步具有了为国家、为民族献身的精神。特别是在新文化运动的教育和影响下，广大青年对阶级斗争和社会主义的认识有了很大的提高，许多同学开始自觉地接受马列主义，并且积极投身于反帝反封建的革命斗争中。

三、资料链接

《少年国际日》[1]

同胞们！在今日的前后几天内，不但全国各重要城市的青年及一般同胞都轰轰烈烈地唱打倒帝国主义，做惊天动地的示威大游行！而且，全世界各国各大小城市的青年男女都高揭旗子，游行街衢，威风飘飘地呼喊着打倒军国主义！这为什么来？

资本主义发展到极峰，就产出了千刀杀、万刀剐的妖魔帝国主义；帝国主义必然用军队飞机巡洋舰毒瓦斯等杀人的东西日夜寻隙，制造战争，以达到其掠夺的目的，这时就叫作军国主义。资本帝国主义的军国主义各国家，曾经在一千九百十四年攘起了世界大战。各国社会党人这时应该努力反对了！然而，多数都变了平时的主张，反而回到国去，各为本国主战政府做走狗！这是何等可笑而又痛心的事呀！幸赖少数勇敢坚决的青年党员，遵守主义不变，死力反对战争，早于一千九百十五年成立国际的青年革命团体，定名曰“少年国际”，以每年九月的第一周内一日为少年国际日，在此日举行大示威运动，高呼打倒军国主义，打倒帝国主义。这“少年国际日”与九七适逢在同月而差不多同一周内；通同都为打倒帝国主义，打倒军国主义；通同都为同样的惹起无数万的青年男女游行街衢，高喊很勇猛的口号；这是何等威风而壮烈的事呀！

青年们！同学们！赶快起来！联合全国及世界的青年一齐实行打倒帝国主义！

陕西学生总会印

四、拓展阅读

1. 彭明：《五四运动史（修订本）》，人民出版社，1998。

2. 陈平原：《触摸历史与进入五四》，北京大学出版社，2018。

3. 习近平：《在纪念五四运动100周年大会上的讲话》，《人民日报》2019年5月1日。

---

① 中共陕西省委党史研究室：《中共陕西组织初建及早期活动》，转引自陕西党史资料丛书（三十八），第645页。

五、探究思考

1. 陕西青年在“五四”运动中的爱国壮举体现了陕西青年哪些精神品质?

2. 以“‘五四’精神与新时代青年的历史使命”为主题，开展一次主题班会活动。

第二节　陕西党组织成立时的红色文献

一、文献简介

(一)《西安评论》第一期

《西安评论》第一期为16开单页，双面印刷，正面为刊头，有“第一期目次”“(民国) 十四年 (1925年) 八月十二日”字样，为《西安评论》的创刊号。刊有魏野畴撰写的发刊词《本报的使命》和关中哲撰写的《西安学潮》等文章。

西安評論

本報的使命

西安學潮

魏野畴等创办的《西安评论》第一期，延安革命纪念馆藏①

1925年8月，魏野畴、关中哲等人在西安创办《西安评论》。1926年3月，因军阀刘镇华围攻西安而被迫停刊，共出版36期。其中第1—17期为3日刊，18期后改为周刊。发行对象主要是学生和教师，与《共进》《陕西青年》《西北晨钟》等同为陕西早期宣传马克思主义的重要理论刊物。

(二)《共进》第九十、九十一期合刊

《共进》第九十、九十一期合刊，白色新闻纸质，32开，铅印，民国十四年(1925年) 十月十日出版，系《共进》四周年纪念特刊。内容有魏惜言 (即魏野畴) 撰写的《共进社四周年纪念》《四年来世界中国之局势与我们的新使命》,

① 张沛心、邓普迎:《文物陕西 (近现代文物卷)》，陕西师范大学出版社2019年版，第18页。

王子休撰写的《共进生活四年历史之概观》，亢民的《共进社与世界革命》，幼石的《共进社与中国前途》等文章。

旅京陕西学生创办的《共进》杂志第九十、九十一期合刊，延安革命纪念馆藏①

《共进》创刊于 1921 年 10 月 10 日，它经历了一个由油印刊物《秦劫痛话》到《秦钟》再到《共进》的演进过程。1922 年 10 月 10 日，在《共进》杂志创办一年后，旅京陕西青年的政治性社团——共进社应运而生，《共进》杂志从此成为这一社团的机关刊物。《共进》杂志从 1921 年 10 月创刊到 1926 年 9 月停刊，时间长达五年，出刊 105 期，是一份在当时情况下连续出刊时间最长的刊物，它的分支机构遍及京、沪、汉、穗以及陕西西安、三原、渭南、华县、榆林、绥德、延安、南郑等地，销量达 3500 多份，是陕西最有影响力的宣传马克思主义的刊物。

二、教学主题

（一）资产阶级民主主义者宣传马克思主义

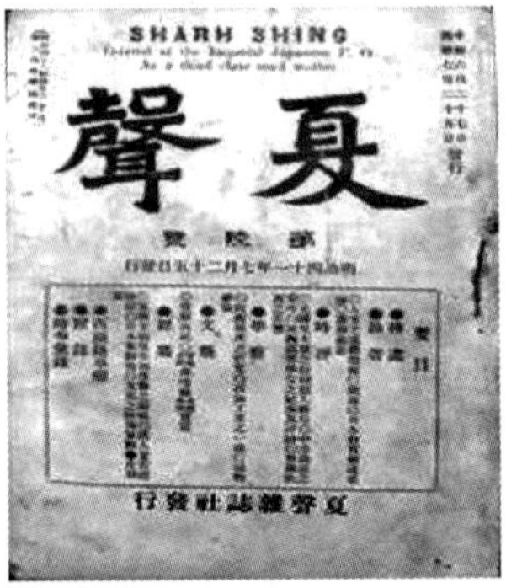

陕西同盟会会员在日本出版的《夏声》杂志

辛亥革命失败后，信奉资产阶级民主主义思想的陕西进步人士开始把目光转向指导俄国革命胜利的马克思主义。马克思主义在陕西的早期传播也是从资产阶级民主主义分子开始的。早在 1908 年，在日本留学的陕籍学生、中国同盟会陕西分会主要领导人井勿幕，在《夏声》第三号和第七号上发表了题为《二十世纪之新思潮》的长篇文章，文中提到了马克思主义并较为详细地介绍了流行欧洲的各派社会主义学说，认为“今欲去弱肉强食之禽兽世界，而抵和平幸福之文明世界，非采用社会主义绝不能达此目的”。然而，井勿幕对社会主义能否在中国实行心存疑虑，担心社会主义“在欧美各洲或因斯能脱生

① 张沛心、邓普迎：《文物陕西》（近现代文物卷），陕西师范大学出版社 2019 年版，第 19 页。

灵于苦海，在吾国或因斯反而陷黎庶于悲境”。反映了中国旧民主主义革命者认识上的局限性。

十月革命后，陕西具有民主倾向的报纸，不顾陕西当局的禁令，刊载传播马克思主义学说的文章，介绍马克思主义。在靖国军势力范围的渭北一带，于右任等对社会主义和马克思主义的传播给予了默许，民主空气更是活跃，新思想的宣传比较自由，一些学校在俄国十月革命纪念日，还公演《列宁传》等话剧，介绍新思潮和社会主义的宣传品，还扩散到部分军队中去；《启明日报》《捷音日报》《正义日报》等报纸对发生在俄国的十月革命和马克思主义都给予了关注，其中尤以《正义日报》“阐发革命理论，介绍中外学说，对社会主义思想尤多宣传”。在军阀陈树藩统治的西安地区，由《长安日报》改版的《西北日报》，从 1919 年 9 月到 1920 年 10 月，连续数十次以社论、代论或专件的栏目，刊登了《马克思之价值说剩余价值说及其批判》《理想的社会主义与科学的社会主义》《社会主义之一斑》等文章及十月革命后苏俄国内形势的消息报道。《鼓昕日报》从 1920 年 7 月创刊，到 1921 年 4 月停刊，态度鲜明地宣传社会主义，刊发了《布尔塞维克主义论》《俄国联工会之实力》《八点钟劳动的理论与实际》以及李大钊《各国妇女参政运动》的演讲词等文章；席石生的《布尔塞维克主义论》称颂俄国社会主义运动为“万国社会主义史上之奇光异彩”，介绍了马克思主义的国家学说，指出了布尔什维克主义是不可抗拒的历史潮流。

这一时期，陕西对马克思主义的宣传还处于萌芽和起步阶段，表现为宣传马克思主义的报纸数量不多，发行量也很少，一些报纸宣传内容为民主主义的思潮，许多马克思主义的宣传文章还仅仅是把马克思主义作为一种学说来宣传，且多为客观介绍。

（二）马克思主义在陕西的广泛传播

毛泽东曾经指出中国共产党是拿起马克思主义这一民族解放武器的倡导者、宣传者和组织者。陕西也是如此，旅外读书的陕西革命青年在加入中国共产党后，创办了许多以陕西为主要发行对象的刊物，积极向家乡传播马克思主义。1921 年 10 月，在北京，陕西籍进步学生刘天章、李子洲、魏野畴、杨钟健等主办《共进》杂志；在天津，武止戈、屈武等在 1922 年创办《贡献》月刊，陕北教育促进会天津分会创办《促进》和《改进》；在上海，雷晋笙、严信民等人创办《秦铎》，还有其他旅沪学生创办的《汉钟》《南针》等杂志，这些刊物不同程度地刊载了宣传马克思主义学说的文章。

在这些林林总总的刊物中，由共进社主办的《共进》杂志创办时间最长，影响最大。《共进》杂志紧密结合陕西实际，有力地支持了陕西人民的革命斗争；积极宣传马克思列宁主义，为陕西无产阶级革命运动的开展做了思想上的启蒙工作，培养和锻炼了大批青年。

陕籍旅外知识分子在宣传马克思主义的同时，积极参加革命运动，他们中的许多人都加入了中国共产党，在大学毕业后他们放弃了在北京、上海、天津、武汉等大城市工作的机会，回到陕西，以学校为阵地，通过领导学生运动和实际的建党、建团活动，创办报纸刊物，引导学习《共产党宣言》《国家与革命》等马列著作和《向导》《共进》《新青年》等进步书刊，使马克思主义的传播进一步和实际斗争相结合。从1924年到1925年间，陕西各地以共产党人为主，创办的报刊如百花竞开，主要有魏野畴主办的《青年文学》（后改为《青年生活》），雷晋笙、崔孟博等主办的《西北晨钟》，蒲子政、亢维恪等主办的《渭北青年》，何镜清、黄宪之等编辑的《新社会报》，王森然等创办的《榆林之花》《塞声》，魏野畴、张秉仁、关中哲等创办的《西安评论》。这些报刊与旅外学生创办的刊物，互相配合，交相辉映，对推动马克思主义在陕西较为广泛的传播起了重要的作用。

三、资料链接

（一）列宁：《在马克思恩格斯纪念碑揭幕典礼上的讲话》
（1918年11月7日）

今天，我们为世界工人革命的领袖马克思恩格斯的纪念碑举行揭幕典礼。

多少世纪以来，人类都是在一小撮蹂躏千百万劳动人民的剥削者的压迫下受尽苦难。旧时代的剥削者地主压榨和掠夺的是分散、愚昧的农奴，而新时代的剥削者资本家所碰到的是被压迫群众的先进部队，即城市工人、工厂工人、产业工人。工厂把工人联合起来了，城市生活启发开导了他们，共同的罢工斗争和革命行动锻炼了他们。

马克思和恩格斯的具有世界历史意义的伟大功绩，在于他们用科学的分析证明了，资本主义必然崩溃，资本主义必然过渡到不再有人剥削人现象的共产主义。

马克思和恩格斯的具有世界历史意义的伟大功绩，在于他们向各国无产者指出了无产者的作用、任务和使命就是率先起来同资本进行革命斗争，并在这场斗争中把一切被剥削的劳动者团结在自己的周围。

我们处在一个幸福的时代，处在两位伟大社会主义者的这个预见开始实现的时代。我们大家都看到，在许多国家已经显露出国际无产阶级社会主义革命的曙光。各民族间的帝国主义大厮杀所造成的不堪言状的惨祸，无论在哪里都激起被压迫群众英勇精神的高涨，大大加强他们争取解放的斗争力量。

愿一个个马克思恩格斯纪念碑都来提醒千百万工人和农民：我们在斗争中不是孤立的。更先进的国家的工人正挺身奋起同我们并肩奋斗。在我们和他们的面前还有艰苦的战斗。通过共同的斗争，我们一定会粉碎资本的压迫，最终赢得社会主义！

［原载《列宁专题文集（论马克思主义）》，人民出版社 2009 年版］

（二）武止戈①：《“五 五”》

一九二三年五月五日是马克思（原文为马克司，此处及以后行文均改为马克思）（Karl Marx）诞生一百零五周年纪念日。

近几年来，陕人已经知道世界上有社会主义的过激派，共产党，……这些怪物；怕他的人闻之咋舌；不满意社会的青年只听见这些名词就很踊跃，大部分还是不晓得他的内容，在这里要介绍他们的内容，是不可能的；现在先为诸君介绍这位共产主义（过激派即共产党）的创立者，轰动全球的马克思先生。

马克思是一个大经济学者。他是社会主义经济学派的始祖。他阐明了价值和剩余价值的意义，使资本和劳动得到新的、真正的解释。《资本论》便是他的经济学的名著。

马克思又是一个大社会学者兼大历史哲学者。他发现了“唯物史观”，使我们得到社会进化的原则，更使我们得了研究社会学和历史学之科学的方法。

马克思又是一个最有力的社会主义者。他著有《资本论》三卷、《共产党宣言》《哥达党纲批评》，……。他将社会主义从空想的建立在科学的基础之上；更发明阶级争斗和无产阶级专政的理论，使无产阶级取得了到自由的道路。

但是马克思不只是一个大思想家，他还是一个实际运动的战士。他因为反抗

① 武止戈（1902—1933. 10. 13），出生于陕西渭南，1920 年考入天津南开中学，1922 年，在南开中学毕业，前往北京，准备应考大学，1923 年，加入中国共产党。1924 年初，党组织选送武止戈去上海大学学习。不久，团中央又指示他去苏联学习。1933 年 5 月 26 日，冯玉祥、方振武、吉鸿昌在张家口正式成立了察哈尔民众抗日同盟军，武止戈任抗日同盟军总部高级参谋。1933 年 10 月 13 日，日军飞机对抗日同盟军驻地进行狂轰滥炸。武止戈临危不惧，沉着地指挥抗日同盟军转移隐蔽，不幸被日机炸弹击中，壮烈牺牲，时年 31 岁。

军阀官僚的恶势力，被德法比各国政府所压迫，所驱逐；他在贫病交加中，一面开创震动全欧洲权力阶级的万国劳动同盟，一面又因了著作一千数百页使社会主义经济学派起来与资本主义经济学派对抗的《资本论》而失了健康；他因为抵抗代表军阀财阀的恶魔毕士麦之金钱诱惑，穷到投考伦敦铁路公司事务员因字劣而落选，穷到拖欠房租连那小孩玩具都被房东没收了，穷到拿夫人首饰去当而当铺疑心他是偷来的。他在这极端贫病交加中，仍然不改他那苦战奋斗的态度；自从二十四岁当《莱茵新闻》主笔起，六十五岁死止；这四十一年中，都是和恶势力苦战奋斗着。

我们怎样纪念他？他是一个最可爱的人啊！我们不但纪念他是无产阶级的大学者，我们尤其该纪念他是劳苦群众的真实的朋友啊！他计划的世界革命已经在俄国首先爆发了；骂他的恨他的固大有人在，他却是我们青年和劳苦群众的最可爱的朋友。权力阶级和资产阶级该反对他、恨他、骂他；我们负有重大责任的青年和劳苦群众该忠实地纪念着我们的马克思先生！

我们在今日该深沉的，忠实的纪念着我们的马克思先生——纪念着我们的伟大的事业、我们的主义！在这敌人进攻日益紧逼的时期，我们尤其该纪念着我们的马克思！

青年们和劳苦群众，我们深沉地、忠实地纪念着我们的马克思，因为他曾告诉我们到自由的道路啊！

十二，四，廿六于北京

（原载《共进》第三十七期，一九二三年五月一日）

四、拓展阅读

1. 习近平：《在纪念马克思诞辰200周年大会上的讲话》，《人民日报》2018年5月5日。

2. 中共中央宣传部理论局：《世界社会主义五百年》，学习出版社，2014。

3. 韩毓海：《伟大也要有人懂（一起来读马克思修订版）》，中国少年儿童出版社，2018。

五、探究思考

1. 马克思主义在陕西传播的特点和意义？

2. 结合中国革命和建设的事实，谈谈马克思主义为什么“行”。

第三节　陕西党组织成立时的红色旧址

一、旧址简介

（一）赤水初等职业学校陕东党团组织发祥地旧址

位于渭南市临渭区向阳街道办事处赤水村西南。1922 年 8 月，王尚德从武昌中华大学毕业后，受党团组织和董必武的派遣回陕组建党团组织。1924 年 6 月中旬，王尚德组织成立了社会主义青年团赤水支部干事会，王尚德为书记，张浩如为干事会会长，这是陕西地区最早建立的团支部。

（二）西安地区党的早期活动遗址

西安是陕西的省会，是陕西的政治、经济和文化中心，是陕西地区建立中国共产党较早的地区，在西安留下了大量的红色遗存。

1. 桃胡巷中共陕甘区委遗址

位于西安市莲湖区桃胡巷。1927 年 2 月，按照中共中央决定，中共陕甘区委员会和共青团陕甘区委员会成立，机关先后设在西安桃胡巷 43 号和太阳庙门慈善巷。中共西安地委和共青团西安地委的工作，分别由党、团区委兼理。在陕甘区委和西安地委的领导下，这个时期西安地区的工人运动、农民运动和青年运动蓬勃发展，各种群众组织纷纷建立。革命斗争如火如荼地发展起来。

2. 省立二中共青团西安特别支部遗址

位于西安市莲湖区北大街。其前身为私立成德中学，成立于 1918 年。

1924 年 6 月，共产党员武止戈受团中央委派到西安，与魏野畴取得联系，发展张性初、杨宏德、宋建旭三名团员，经团中央批准，在成德中学成立了团小组，杨宏德为负责人，直属团中央领导。8 月，共产党员雷晋笙从上海回到西安，将团小组发展为青年团西安第一支部，张性初任支部书记。到 1924 年底，团员发展到 15 人。1925 年 10 月，团中央特派员吴化之与中共北方区委派来的安存真一起，对西安团组织进行整顿，将第一支部和第二支部解散，对团员进行重新登记，成立了共青团西安特别支部。

3. 陕西省立第一师范学校中共支部旧址

位于西安市碑林区书院门 63 号关中书院内。1609 年，明代陕西大儒冯从吾修建了关中书院并在这里讲学。它是明清两代陕西地区的最高学府。1903 年创立陕西师范学堂，1906 年成为两级学堂[①]。1912 年改名陕西省立第一师范学校，1934 年又改名为陕西省立西安师范学校。1963 年，西安师范学校撤销建制，由陕西省西安师范学校和陕西省教师进修学校（1956 年建立）合并成立陕西教育学院。2012 年，经国家教育部和陕西省人民政府批准，陕西教育学院改制更名为陕西学前师范学院。

1926 年春，陕西省立第一师范学校建立了共青团支部，王克敏任书记。中共西安地委从共青团员中发展了数名党员，于 1927 年 5 月建立了陕西省立第一师范学校支部，由毛子健代理支部书记。这是中国共产党在西安中等学校最早建立的基层组织之一。

4. 中共陕西省委成立旧址

中共陕西省委成立旧址在西安红埠街 9 号。1927 年 7 月上旬，中共陕西省委在西安红埠街秘密成立。因当时政治环境恶劣，未能召开党的全省代表大会，由中央指定的省委成员与中共陕甘区委共同商定，省委设正式委员 13 人，候补委员五人。省委正式委员是：耿炳光（书记）、李子洲（常委，负责组织）、崔孟博（常委，负责宣传）、魏野畴（负责军事）、亢维恪（负责农运）、张金印、张秉仁、李秉乾、杜衡、蒲克敏（蒲子政）、何挺杰、张国藩（张资平）、陈家惠。中共陕西省委机关设在红埠街 9 号，由中共中央直接领导，活动范围包括陕西全省和宁夏银川以南、甘肃兰州以东的地区。

5. 西安中山学院遗址

位于西安市碑林区东厅门 85 号。1927 年 1 月中旬，国民军联军总部鉴于西北大学规模大、学生少，委任刘含初、赵葆华、李子洲等人组成委员会，筹办中山学院，为革命培养人才。3 月 6 日，中山学院领导机构成立，由共产党员刘含初、刘伯坚、杨明轩、李子洲、薛笃弼等五人组成委员会，刘含初任委员长。学院开办军事政治、农民运动、妇女运动、组党、行政人员养成等班，学习期限均为四个月。共产党员吴化之、李子洲、赵葆华及苏联顾问乌斯曼诺夫等人担任各科教员。军事政治班学员毕业后分配各部队，担任政治宣传工作或充任军队的各级党代表。1927 年 7 月中旬，中山学院停办。

---

① 清末创办的含有初级和优级两级的师范学校。初级培养小学堂教员，修业五年。附设简易科，修业一年或半年。优级培养初级师范学堂和中学堂的教员与管理员，修业公共科一年，本科三年。辛亥革命后初级师范学堂改为师范学校，优级师范学堂改为高等师范学校。

6. 西安中山军事学校遗址

位于西安市莲湖区北院门。原为西安市人民政府所在地。1924 年 10 月，冯玉祥率国民军联军在内蒙古五原誓师后南下陕甘，进军西安，与杨虎城陕军配合，解了刘镇华镇嵩军对西安城长达七个多月的包围。为了适应革命形势的需要，在冯玉祥的支持下，在中共陕甘区委的帮助下，以于右任为总司令的国民军联军驻陕总司令部，于 1927 年 2 月在北院门创办中山军事学校。共产党员、国民军联军驻陕总部政治保卫部部长史可轩任校长，李林（共产党员）任副校长兼教务主任，邓希贤（小平）任政治部主任，许权中（共产党员）任总队长，刘志丹（共产党员）、苏联顾问赛大林等任教官。学校建有共产党总支部，由政治部组织科科长高文敏（高克林）负责。1927 年 3 月 18 日，中山军事学校正式招生，第一期学员约 500 人，大都是党团员和革命青年。全校学员分编为三个大队，大队下分三个中队，中队下分三个小队，共产党员高致凯、张汉俊、杨浪波分别担任三个大队长，中队长、小队长也都由党团员担任。“四一二事变”后，冯玉祥跟随蒋介石反共。7 月中旬，史可轩带领部队开赴临潼，向北转移至富平美原镇时，被当地驻军田生春杀害，部队由许权中继续带领（简称为许权中旅）。

中山军事学校从创办到结束历时四个月，共办两期，为西北地区培养了军事和政治干部 1000 余人，创建了一支由中国共产党直接领导的革命武装。

（三）三原地区党的早期活动遗址

1. 省立三原第三师范党团组织活动遗址

位于咸阳市三原县城内菜市街北段。陕西省立第三师范学校成立于 1921 年，校址设在三原县城内城隍庙街学台公馆（现县幼儿园）。1924 年初，省立第三师范学生蒲克敏、严树森、亢维恪、王之鼎等在这里秘密发起组织了青年同志共进社，出版《渭北青年》，宣传马克思主义。1924 年寒假，渭南赤水社会主义青年团特别支部书记王尚德指示在赤水入团的第三师范学生姚志哲等人在同学中秘密发展团员。1925 年 1 月，团中央书记恽代英派在上海读书的李秉乾回三原建立和发展团组织。1925 年 2 月 23 日，共产主义青年团三原特别支部成立，书记姚志哲，共有团员七人。团特支机关设在第三师范，受团中央直接领导。1926 年 3 月，在三原党团组织的领导下，三师开展驱赶反动校长程鼎臣的“驱程运动”，三师学生习仲勋在领导学潮中被捕，后经营救出狱。同月底，共青团三原地委成立，书记赵宗润。地委机关设在三原省立师范，隶属共青团豫陕区委领导，下辖渭北中学、三师、三职、庄里（富平）等四个团支部。

2. 省立第三职业学校中共三原组织遗址

位于咸阳市三原县城北的北城中学。1925 年 9 月，共青团中央派吴化之到陕西整顿和发展团的组织。同时，中共豫陕区委指示吴化之到陕后负责在陕西建立和发展党的组织。12 月，吴化之在整顿三原团组织的基础上，把年满 18 周岁的优秀分子转为中共党员，并在第三职业学校召开会议，成立中国共产党三原特别支部，书记张仲实，隶属中共豫陕区委领导。1926 年 1 月，改属中共西安地方执行委员会领导。机关设在省立第三职业学校。当时转为党员的有张仲实、王之鼎、庞诚斋、赵宗润、亢心哉、杨培琪、马文宪、赵伯经等八人。1927 年 3 月 22 日，中共三原地委在此正式成立，隶属中共陕甘区委领导，下辖五个特支、五个支部。7 月初，中共陕西省委成立，按照省委决定，中共三原地委改为中共三原县委。

3. 渭北中学党团组织活动遗址

位于咸阳市三原县西关山西街。渭北中学是三原早期党团活动的重要据点，共进社三原分社、渭北学联等组织曾在该校成立。共产党人魏野畴、史可轩、乔国桢、张性初等曾先后来校任教或进行革命活动。1925 年 7 月，共进社第二届代表大会、陕西省第一次学生代表大会分别在渭中召开。1926 年，共产党员史可轩在三原渭北中学举办了农民运动讲习所。同年 11 月，国民党中央农民部驻陕办事处亦设立在三原渭北中学，负责指导三原、泾阳、高平、高陵、蒲城、耀县等地的农民运动。1927 年 4 月 2 日，三原县农民协会成立，大会在渭北中学召开，选举庞诚斋为三原县农民协会主席，乔国桢、唐亦民、马文宪、武纯智为委员。1933 年，共青团三原中心县委在渭北中学成立，中共三原中心县委也曾在此设立。抗日战争和解放战争时期，学校党团组织在渭北中学建立了民先队、青救会等进步组织，出版了一批革命刊物。

（四）陕北地区党的早期活动遗址

1. 榆林中学中共党团支部活动旧址

位于榆林市榆阳区榆林城解放上巷 20 号。榆林中学始建于 1903 年，曾称榆阳中学、陕北联合县立中学、省立榆林中学。是榆林中共党团组织的建立地，培养了以刘志丹为代表的一大批杰出革命家，被称为“陕北革命的摇篮”。

1922 年秋与 1923 年春，担任榆林中学校长的民主进步人士杜斌丞从北京、天津等地聘请共产党员魏野畴、李子洲、呼延震东、王森然、朱横秋等到校任教，开始在榆林中学传播马克思主义。1925 年建立了榆林中学党团支部。榆林中学党团支部成立后，积极开展革命活动，创建平民学校，宣传马列主义，带领学生开展了轰轰烈烈的揭露和打击帝国主义利用基督教进行文化侵略、争取民族平等的非基督教运动，领导组织榆林中学学生闹学潮争取民主权利，帮助组建国民党榆林县党部，组建榆林县总工会和商民协会，领导组织榆林工厂工人罢工斗争，声援北伐等。

榆林中学为中国革命培养了一大批骨干力量。刘志丹等一大批革命青年，在魏野畴、李子洲等人的教育和影响下，先后加入中国共产党，走上革命道路，逐渐成长为西北和中共陕西组织的优秀领导者。

榆林中学现迁至榆林开发区，原址现为榆林市第十中学。

2. 绥德早期党的活动旧址

绥德师范党的早期活动旧址，位于榆林市绥德县城内北门巷 6 号。1923 年春，以城内雕山书院为校址的陕西省立绥德第四师范学校（简称四师）成立。1924 年夏，李子洲接任四师校长后，聘请了王懋廷、田伯荫、杨明轩、常汉三等进步教员到四师任教，改革旧的教育制度，宣传马克思主义和革命思想。同年 11 月，在学校成立了陕北第一个党组织——中共绥德（四师）党小组，直属中共北方区委领导。党组织在四师创建后，李子洲、王懋廷、田伯荫在师生中积极活动，宣传革命思想，使党团组织不断壮大，并以四师为中心，逐渐向周边地区发展党团员和党团组织。四师在当时就成为陕北革命活动的中心，也是陕北共产党组织的策源地，在当时被誉为“陕北的上海大学”“陕北革命的指挥中心”。

绥德高家祠堂早期中共组织活动旧址，位于榆林市绥德县城内东门墕 45 号。旧址为清朝光绪年间绥德绅士高维岳的宅院。因院内设高氏祠堂，亦称高家祠堂。

李子洲在四师创建党团组织后，为了工作的便利和保密，租赁了四师东侧的高家祠堂，名义上为四师教员的宿舍，实则为党组织的活动地。1926 年 6 月 8 日，耿炳光主持召开了绥德党、团组织联席会议，在中共绥德特别支部的基础上，建立了中共绥德地方执行委员会（简称中共绥德地委），机关驻地设在高家祠堂。1927 年 7 月，成立了中共绥德县委。

3. 延安党的早期活动旧址

1925 年，省立第四中学在延安设立，呼延震东任校长。他聘请陈俞廷、易厚庵、王超北等一批进步知识分子来校任教。王超北奉西安团组织的指示在该校发展组织，于当年秋冬之际建立了四中团支部，书记王超北（一说杨和春）。

延安地区党组织建立于 1926 年。当年夏，李蓉鉴从绥德省立第四师范去延安四中，与校长呼延震东在四中建立了党的特支，书记呼延震东，归中共豫陕区委领导。

二、教学主题

（一）陕西建立最早的团支部

渭南县赤水职业学校旧址

1919年到1921年，王尚德在武汉中华大学读书时，曾和同窗好友恽代英、林育南、李求实、吴化之等共同创办了“共存社”“利群书店”“时钟社”等群众团体，接受了马列主义思想。1922年8月，王尚德毕业后，接受董必武、陈潭秋的指示，回到家乡渭南县赤水镇发展党团组织，创办了“赤水两等职业小学”，通过教学活动向学生宣传革命思想，并以学校为基地，举办平民夜校、乡村教育社和青年励志社等群众团体，宣传马列主义和革命道理，吸收一批进步青年加入团组织，并于1922年秋成立了社会主义青年团赤水小组，发展了张宗逊、程养谦、武维化、何思杰、姚俊明、郭士斌、薛应麟、姚明学、姚志哲、杨纯德等一批团员。

1924年5月30日，团中央派武止戈到赤水视察工作，向王尚德传达了团中央关于在赤水建立组织的指示，王尚德等人遂于6月中旬正式建立了陕西第一个团支部——社会主义青年团赤水支部，成立了支部干事会，王尚德任书记，直属团中央领导。

在赤水支部建立的过程中，魏野畴、李子洲、吕佑乾、雷晋笙、崔孟博等在陕西各地进行了建团工作，从当年的6月到1925年10月间，陕西各地相继建立了中国社会主义青年团西安第一支部、第二支部，中国社会主义青年团绥德特别支部、三原特别支部、澄城特别支部、西安临时支部、西安特别支部等组织。

1925年11月13日，经共青团豫陕区委批准，吴化之在团西安特支的基础上建立了共青团西安地区执行委员会，下辖关中地区团组织。1925年底到1926年春，共青团绥德地委和三原地委先后建立。各地团组织的建立和发展，为党组织的建立创造了条件。

（二）陕西中国共产党组织的建立

1925 年 10 月，中共中央在河南开封组建了中共豫陕区委，王若飞任书记，黄平万为副书记，萧楚女、马玉夫、刘天章、王荷波、张昆弟等为委员，领导河南、陕西党的工作。同年秋，中共北方区委派共产党员安存真来陕西做军事工作，并指示其在西安进行整团和建党工作。同时，中共豫陕区委也委托由上海赴陕西负责整团的共青团中央特派员吴化之在西安建立党的组织，安存真和吴化之在西安首先整顿了团组织，并于 10 月组建了中共西安特别支部，安存真、吴化之先后任书记，魏野畴、雷晋笙等为委员，直属豫陕区委领导。同时，陕北地区也建立了党的组织。

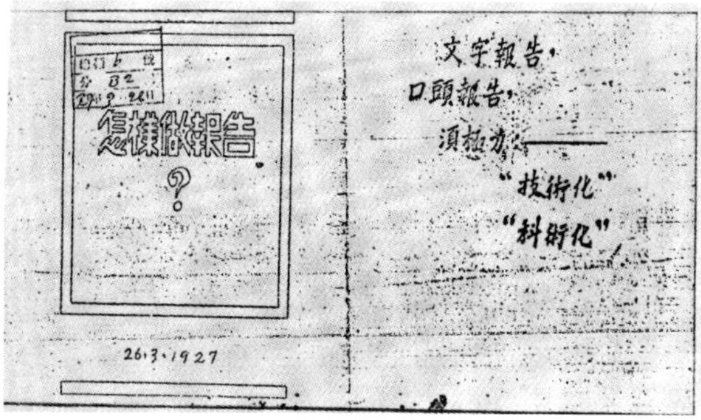

中共陕甘区委文件

李子洲在大学毕业回陕前，李大钊亲自给他交代了建党任务。李子洲回陕后积极在陕北地区进行建党活动，最早建立的中共组织是绥德省立第四师范学校中共支部，中共绥德支部（后改为特支）建立后，先后派人在榆林、宜川等地建立组织。1926 年 5 月，党、团北方区委派耿炳光到陕北地区巡视工作，于 6 月间在中共绥德特支的基础上组建了中共绥德地方执行委员会，田伯英任书记。白明善、杜嗣尧、王兆卿、乔国桢、李瑞阳、王懋廷、张肇勤、李登霄、刘志丹、常黎夫、刘澜涛等都是在这一时期加入党组织，成为后来陕西革命的领导者。

1927 年 1 月，中共中央和共青团中央决定成立党、团陕甘区委，领导陕西、甘肃等地的党、团组织。2 月 25 日在西安桃胡巷召开了陕甘区委全体委员会议，研究召开陕甘区委第一次代表大会及正式成立陕甘区委的问题。3 月 14 日至 18 日，中共陕甘区委第一次代表大会在西安中山学院举行，会议选举耿炳光任书记，魏野畴负责宣传工作，李子洲负责组织工作。中共陕甘区委下辖西安、绥德、榆林、延安、三原、渭南、泾阳等地委和 41 个特支，西安地委由陕甘区委兼理，全省党员人数达到了两千余人。同时共青团陕甘区委也宣告成立，曹趾仁任书记。团陕甘区委下辖西安、泾阳、渭南、绥德、延安、三原等地委和 37 个特支，并在杨虎城部队也发展了共产党员和共青团员。

党团陕甘区委成立之后，统一了关中和陕北地区党团的领导，把陕甘的革命运动推向了一个新的阶段。

中共陕西党组织建立初期支部及党员人数统计

1924 年 10 月—1927 年 9 月

	领导机关	地委	市委	县委	特支	支部	党员人数	备注
1924. 10—1926. 11	北方区委	2			3	2		党员人数无统计
	豫陕区委	1			3			支部数、党员人数无统计
1926. 11—1927. 2	党团联席会议	4			9	11	388	
1927. 2—1927. 7	陕甘区委				41		2177	
1927. 7—1927. 9	陕西省委	7	1	7	32	153	1681	支部数无统计

（三）历经挫折的中共陕西省委

为了加强对陕西革命斗争的领导，1927 年 5 月，中共中央做出了成立中共陕西省委的决定，5 月 14 日，中央任命耿炳光为中共陕西省委书记；5 月 20 日，任命黄平万为省委宣传部部长，李子洲为组织部部长。但当时因形势逆转，白色恐怖严重，所以没有召开全省党员代表大会。7 月 11 日，在西安红埠街秘密召开了省委成立会议。参加会议的有耿炳光、黄平万、魏野畴、李子洲和团省委书记张金印。会议确定耿炳光任省委书记，李子洲负责组织，崔孟博负责宣传，魏野畴负责军事，亢维恪负责农运，张金印为团省委书记。会议讨论了当前形势和党的策略，决定继续整顿党的组织，转入秘密斗争，尽量保存革命力量，坚持革命斗争。中共陕西省委机关设在红埠街 9 号，由中共中央直接领导，活动范围包括陕西全省和宁夏银川以南、甘肃兰

中共陕西省委旧址西安许士庙街 26 号

州以东的地区。

中共陕西省委的成立，使陕西革命运动在大革命失败后的严峻形势下有了新的领导核心，陕西省委先后组织和领导了清涧起义、渭华起义、旬邑起义和礼泉、淳化、三原、澄城等县的围城“交农”斗争。由于敌强我弱，再加之这些起义和斗争在平原地区，离西安太近，大都遭到失败。

面对陕西革命运动的蓬勃发展，国民党陕西当局疯狂镇压革命势力，他们派出大批密探，侦查党的各级机关住址；在西安全城实行宵禁；军警到处横行，勒令“街上行人，不准三五成群，不准交头接耳，违者以军法论。”在白色恐怖下，中共陕西省委先后15次遭受破坏，主要大破坏有三次：1928年11月，省委遭遇第一次大破坏，省委书记潘自力被捕，团省委书记马云藩被捕叛变，代理省委书记李子洲等被捕；1930年10月，省委遭遇第二次大破坏，由于叛徒告密，党、团省委负责人吉国桢、贾拓夫等30多人被捕；1933年7月，省委遭遇第三次大破坏，省委书记袁岳栋、26军政委杜衡叛变投敌。虽然如此，共产党人的斗争精神始终未减，革命的火种并没有熄灭。

三、资料链接

（一）中共中央关于党在陕西的活动情况（1926年12月5日）[①]

陕西省——陕北榆林等地是属北方区管，陕〔渭〕南渭水、三原等地支部原属西安地委管理，但自刘镇华围长安后，这3个县份的情形均未得报告。最近闻国民军已驱刘镇华出潼关，陕西已在于右任控制之下，国民二军中我同志甚多，于右任在政治上又很能受我们影响，陕西的学生运动我们的基础也很好，所以未来陕西工作的开展是很有望的，他的活动的对象自然还是广大的农民群众。

（二）杨宏德等关于在西安组织团支部事给团中央的信（1924年）[②]

SY[③] 中央执行委员会：

我们是相信共产主义的，我们很知道诸君在过去奋斗的成绩，深愿与诸君在一个革命旗帜之下共同努力。南京大会的议决案和团刊第7期都已见过。因此地

① 中共陕西省委党史研究室：《中共陕西组织初建及早期活动》，转引自《陕西党史资料丛书》（三十八），第37页。

② 中共陕西省委党史研究室：《中共陕西组织初建及早期活动》，转引自《陕西党史资料丛书》（三十八），第137页。

③ SY是社会主义青年团的英文缩写。

文化程度异常幼稚，只得先组织支部，至满20人时，再行组织地委。现在希望中央允许加入与诸君共同努力！

我们三人现举杨宏德为干事。

通信处：西安成德中学校　张每雨

西安雷神庙街通俗讲演所　宋建旭

杨宏德

张每雨

四、拓展阅读

1. 齐心、孙启蒙、张守宪：《中国共产党陕西地区组织的建立及其初期的革命活动》，《人文杂志》1981年第4期。

2. 李振民：《马克思主义在陕西的早期传播》，《西北大学学报》1983年第2期。

3. 梁星亮：《共进社和“共进”半月刊》，《西北大学学报》1979年第4期。

4. 田杰、韦建培：《五四运动在陕西》，《陕西师范大学学报》1979年第4期。

五、探究思考

1. 陕西中国共产党组织成立的伟大意义？

2. 中共陕西省委成立后的曲折发展对当代青少年有何启示？

第四节　陕西党组织成立时红色资源的精神内涵

一、相关史事

（一）陕西社会主义青年团组织的创建者王尚德

王尚德1891年出生于陕西省渭南县（今渭南市临渭区），他在武昌中华大学读书期间，加入了恽代英、林育南等创办的利群书社，1922年7月加入中国社会主义青年团。1922年8月，受董必武等指派，王尚德等回到陕西，在渭南赤水镇建立了陕西社会主义青年团组织。从1922年下半年起，他逐步把马克思主义的传播范围扩大到华县、三原、西安等地。1925年12月，他任中共赤水特别支部书记。1926 年，王尚德赴黄埔军校，在政治部宣传科工作。1927 年春，他到达西安，任国民党陕西省党部执行委员兼农民部部长，负责筹备建立陕西省农民协会。大革命失败后，王尚德受到匪特严密监视，处境险恶，他按照组织指示转入地下斗争，先后在崇凝、高塘地区创建苏维埃，开展兵运工作。1928 年春，他参加渭华起义，起义部队在河南邓县被打散后，在当地坚持秘密斗争。同年当选为中共豫西南特委委员，不久因叛徒出卖被捕，后经党组织营救获释。1933 年冬，王尚德返回家乡继续办学，从事革命活动，发展党的组织。西安事变期间，被任命为陕西省抗日民众运动指导委员会委员。中央红军到达陕北后，他把子女和大批学生送往延安。王尚德的革命活动引起了反动派的恐惧。1941 年 5 月，国民党军统特务逮捕了王尚德，逼他供出渭华一带党的组织。在监狱里，王尚德经受了各种酷刑折磨，拒绝了敌人的威逼利诱。1945 年抗战胜利前夕，在各方压力下，王尚德获释出狱。出狱后的王尚德不顾个人安危，不惧敌特威胁，毅然留在渭南坚持斗争。1946 年 8 月 13 日，国民党军统特务以卑劣的手段，将王尚德暗杀。

王尚德

（二）陕西早期共产党员刘天章

刘天章 1893 年 12 月出生于陕西省高陵县（现为西安市高陵区）一个农民家庭，1918 年夏考入北京大学预科，两年后进入化学系学习。1919 年作为北大学生会负责人之一参加了“五四”运动。为此他曾遭警察逮捕，但不久即获释。1920 年 1 月，刘天章和杨钟健、李子洲、魏野畴等人，将陕西旅京学生团改名为旅京陕西学生联合会，创办了《秦钟》月刊，向陕西人民传播新文化、新思想。1920 年春，参加李大钊组织的北京大学马克思学说研究会，同年冬加入社会主义青年团。1921 年 7 月，经李大钊介绍加入中国共产党。1921 年 10 月，刘天章和杨钟健、李子洲等人创办《共进》半月刊，并在《共进》半月刊社的基础上，创立了陕西旅京学生的进步团体——共进社。刘天章被选为共进社的常务主席兼编辑股主任。1922 年冬天，刘天章加入了由李大钊参加领导的进步社团——少年中国学会，并当选为第四届执行部副主任兼会计。1924 年 6 月，刘天章从北大毕业后，协助李大钊在北京做党的地下

刘天章

工作。同年秋，在李大钊支持下，刘天章弃文从戎，到当时倾向革命的国民军第二军胡景翼部所在地河南开封创办学生军，并在学兵队里建立了党团组织，任书记。1925年秋，刘天章任中共豫陕区委委员兼军委委员，与书记王若飞一起创建了开封地区的党团组织。1927年2月，刘天章受党派遣，赴陕西任中共陕甘区委候补委员，负责宣传工作，并兼任陕西《国民日报》社长。“四一二”反革命政变后，他利用《国民日报》揭露和批判蒋介石的背信弃义，同年7月8日，被国民党反动当局扣押。在狱中秘密组织监狱党支部，他担任支部书记。1929年夏，在蒋、冯军阀混战的形势下获释出狱。出狱不久，刘天章被派往中共顺直省委宣传部工作，任省委委员，公开身份是《天津商报》总编辑。1930年春，刘天章在天津不幸被捕。在狱中，他备受折磨，但坚不吐实，一直未暴露自己的真实身份和党的秘密，是年9月被释放。1930年10月，刘天章受中共北方局派遣前往山西，参与领导恢复和重建遭到破坏的山西党组织。他先后担任中共太原特委书记、山西省委书记、组织部部长等职。1931年3月，在离石县九里湾正式成立中国工农红军晋西游击队。1931年7月4日，刘天章参与组织驻平定县的国民党高桂滋部2000余人的武装起义，成立了工农红军第二十四军，并协助地方党组织建立了阜平县苏维埃政府。1931年10月21日，刘天章等因叛徒出卖被捕。在狱中，敌人对他软硬兼施，酷刑拷打，妄图从刘天章等人身上获取我党的重要机密。但刘天章始终坚贞不屈，经受住了残酷折磨和摧残，保守了党的机密，坚守了共产党员的革命气节。不久，刘天章深知敌人对他们要下毒手，牺牲是不可避免的，便脱下自己身上的毛衣请狱中的党员转交给党组织，作为他最后交纳的党费。1931年11月13日下午，刘天章在太原英勇就义，时年38岁。

（三）西安九烈士

1928年3月，陕西省委秘书处被敌人捣毁，秘书处的李嘉谟、校明济、徐九龄（女）、方鉴昭（女）、任醴等五位同志被捕，国民党西安反动当局残忍地将他们同共产党员王德安、王文宗、冀月亭、李维俊等一起在西安北关一带活埋。烈士们牺牲时的场景十分悲壮，方鉴昭等人高呼口号：“你们只能埋葬我们的肉体，却埋不了我们信仰的共产主义！”

二、教学主题

陕西党组织成立时红色资源的精神内涵

陕西党组织成立初期红色资源的精神内涵是中国共产党人理想信仰、优良作风、革命道德的集中体现，表现为“开天辟地、敢为人先的首创精神，坚定理想、百折不挠的奋斗精神，立党为公、忠诚为民的奉献精神”。

西安九烈士

（一）开天辟地、敢为人先的首创精神

开天辟地、敢为人先的首创精神反映了陕西中国共产党组织创建初期共产党人崇高的价值追求，和他们改变旧世界建立新社会的迫切愿望。

中华民族发展历史上有过灿烂辉煌的西汉盛世、大唐盛世、康乾盛世，西汉盛世、大唐盛世都发生在陕西。然而，在近代中国社会由一个全盛的封建帝国逐步沦为半殖民地半封建社会后，救亡图存成为近代中国面临的时代课题，也是近代陕西面临的时代课题。

为救陕西出水火之中，早期陕西的先进分子进行了前赴后继的斗争，资产阶级革命派井勿幕、张凤翙、钱鼎、张伯英等在陕西领导的辛亥革命，虽然推翻了清王朝在陕西的反动统治，资产阶级革命派建立了革命政权，但由于其本身不可克服的弱点和没有广大工农群众的支持，在与右派及旧反动势力的斗争中，不得不败下阵来。在北洋军阀反动政权的直接控制下，陕西半殖民地半封建的社会性质没有改变。陕西资产阶级革命失败的根本原因就在于没能够找到一个先进的思想武器，没能够找到一个先进的阶级依靠。

“十月革命”一声炮响给中国送来了马克思列宁主义，“五四”运动后马克思主义开始传入陕西，陕西籍在北京、上海、武汉等地读书的知识分子刘天章、李子洲、魏野畴、王尚德等，在接受了马克思主义后，他们放弃了在大城市工作的机会，回陕西传播马克思主义，建立中国共产党组织。中国共产党第一次全国代表大会之后，中共陕西早期组织相继成立，凝聚了革命力量，成为陕西新时代的开创者。

（二）坚定理想、百折不挠的奋斗精神

“对马克思主义的信仰，对社会主义和共产主义的信念，是共产党人的政治灵魂，是共产党人经受住各种考验的精神支柱。只有理想信念坚定的人，才能始终不渝、百折不挠，不论风吹雨打，不怕千难万险，坚定不移为实现既定目标而

奋斗。”[①] 理想、信念是我们党与生俱来的政党品质，这个政党品质对广大共产党员来说，为了实现理想信念，就要具有百折不挠的奋斗精神。

蒋介石发动“四一二”反革命政变后，国民党陕西当局也疯狂镇压革命势力，他们派出大批密探，侦查党的各级机关住址；在西安全城实行宵禁；军警到处横行，勒令“街上行人，不准三五成群，不准交头接耳，违者以军法论。”在白色恐怖下，中共陕西省委先后15次遭受破坏，主要大破坏有三次：1928年11月，省委遭遇第一次大破坏，省委书记潘自力被捕，团省委书记马云藩被捕叛变，代理省委书记李子洲等被捕；1930年10月，省委遭遇第二次大破坏，由于叛徒告密，党、团省委负责人吉国桢、贾拓夫等30多人被捕；1933年7月，省委遭遇第三次大破坏。

陕北共产党发起人李子洲，1892年出生于陕西省绥德县。1917年夏考入北京大学预科，两年后入哲学系学习，参加了李大钊创建的北京大学马克思学说研究会。“五四”运动中，任北大学生会干事，被推举为“五四”游行大会主席团成员，积极参加了“火烧赵家楼、痛打卖国贼”等爱国活动。1920年1月，为使全国了解陕西社会情形及黑暗状况，李子洲与旅京陕西学生创办了《秦钟》月刊。次年10月更名为《共进》。1922年10月又成立了陕西旅京青年进步组织共进社。

1923年初，经李大钊、刘天章介绍，李子洲加入中国共产党。同年夏，从北大毕业回陕，先后在三原渭北中学、榆林中学任教。1924年秋，李子洲任绥德陕西省立第四师范学校校长。在他的指导下，绥师成立了学生会，组织了进步团体共进分社、陕北青年社，创办了进步刊物《陕北青年》，引导大批青年走上革命道路。1924年冬，李子洲等人在四师成立了陕北第一个社会主义青年团支部，并帮助榆林中学和延安四中建立了党团组织，选派刘志丹等一批党团员进黄埔军校学习军事政治，派党团员到陕北军阀部队做兵运工作，发展百余名官兵加入了中共党团组织，为这支部队后来发动清涧起义打下了组织基础。1926年12月，李子洲奉调到西安参加筹建国民军联军驻陕总司令部和改组国民党陕西省临时党部的工作。1927年2月，中共陕甘区执行委员会在西安成立，李子洲任执委委员，分管组织工作。“四一二”反革命政变后，李子洲和陕甘其他领导人一起，组织了西安人民讨蒋游行示威。1927年6月，冯玉祥追随蒋介石在陕西进行“清党”，并电令留守陕西的石敬亭逮捕李子洲等共产党人，他被迫转入地下坚

---

① 习近平：《在纪念朱德同志诞辰130周年座谈会上的讲话》，《人民日报》2016年11月30日。

持斗争。7月，中央撤销陕甘区委，成立陕西省委，李子洲当选为省委常委兼组织部部长。同年9月，兼任中共陕西省委军委书记，参与了省委对清涧起义、渭华起义的领导决策工作。1928年11月，李子洲代理中共陕西省委书记。1929年2月，由于叛徒出卖，省委机关遭到严重破坏，李子洲被捕入狱。面对敌人酷刑折磨，他坚贞不屈，与敌人进行针锋相对的斗争。由于李子洲入狱前已积劳成疾，加之敌人的残酷折磨，同年6月18日在狱中病逝，时年36岁。

陕西中国共产党组织创建的过程以及创建之后进行的革命斗争，充分反映了中国共产党人坚定的理想和信念，以压倒一切敌人、战胜一切困难的大无畏英雄气概，百折不挠推动革命事业向前奋进。

（三）立党为公、忠诚为民的奉献精神

中国共产党区别于旧中国形形色色的各种政党的标志，就是共产党没有任何自身特殊的利益，有的就是人民的利益，共产党的本质就是立党为公。中国共产党立党为公的本质，要求共产党人全心全意为人民服务，忠诚人民，为人民奉献一切，包括自己的生命。

为了中国革命事业而壮烈牺牲的九烈士。1928年4月22日深夜，国民党军警突然冲进省委秘书处，抢走重要文件，抓走正在紧张工作的李嘉谟、校明济、任醴、徐九龄、方鉴昭五人，押送至西华门军事裁判处看守所关押。军警从查获的文件中，得知在国民党陕西省党部工作的王德安也是共产党员，即派人将其逮捕；还将渭华暴动前后从渭南抓来的王文忠、冀月亭、李维俊三人，和他们一起关押。李嘉谟等九同志虽然身陷牢笼，遭受严刑拷打、残酷折磨，但始终严守党的机密，并利用一切可能的形式和机会，顽强地同敌人斗争，表现了共产党人高尚的革命情操。方鉴昭为了安慰家人和同志们，在一小片黑麻纸上写下“我在里边很好，你们不要操心我”的话语。冀月亭身处逆境，却充满对革命事业必胜的信念，经常向同牢房的难友们宣传马克思主义，讲解革命道理。年仅18岁的任醴，在狱墙上刻写下：“我兄（其兄在辛亥革命中牺牲）革命死，我今临其境。头可离颈，志不可灭。”李维俊给家人捎话，让家人不要替他难过，说：“我是要和敌人干到底的！”在法庭上，他正告敌人：“我身上肉是你们的，留下骨头是我的，留下红心献给党，留下白骨照汗青！”6月17日，九位忠勇的共产党员，被反革命分子活埋在西安城北的红庙坡。临刑前，九位共产党员大义凛然，毫无惧色。李维俊愤怒地告诉国民党新军阀：“你们只能埋葬我们的肉体，却埋不了我们信仰的共产主义！”

三、资料链接

李子洲：《施、林及二七被害诸烈士追悼会有感》

1923 年 2 月，“二七”惨案发生，李子洲作为北大学生会的干事，参与了中共北方区委组织的追悼大会，并写了题为《施、林及二七被害诸烈士追悼会有感》的诗篇。

阶级战争开始了，
我们平民阶级的先锋已被敌人戕害了！
我们站在后线的人啊！
鼓舞起奋斗的精神，
拿定牺牲的决心，
手枪、炸弹，
前赴、后继，
争我们最后的胜利，
那才对得起我们牺牲的诸烈士。
我们站在后线的人啊！
要知道“最后的胜利总是属于革命的平民”；
“为革命而死的人虽死犹荣”。
勿愁不能成功；
勿惧牺牲性命！
手枪、炸弹，
前进、冲锋，
杀尽那无恶不作、祸国殃民的军阀，
那才能使社会平等，
那才算得血性男儿。
我们站在后线的人啊！
“懦弱者”的徽号不好听啊！
如若是甘心受人压迫，
永远为人所屈服，
能免了“懦弱者”的讥诮吗？
我们站在后线的人啊！
诸烈士的担子移在我们的肩上了，

诸烈士的成功与失败全看我们的进退。
前进！
前进！！
齐前进！！！
完成他们——诸烈士——的工作
争我们的自由幸福。
前进！
前进！！
齐前进！！！

四、拓展阅读

1. 习近平：《弘扬“红船精神”走在时代前列》，《光明日报》2017 年 12 月 1 日。

2. 吕延勤、赵金永：《中国共产党革命精神系列读本：红船精神》，中共党史出版社，2017。

五、探究思考

1. 我们如何继承弘扬陕西中国共产党成立时期的革命精神？

2. 在中国共产党的精神谱系中都有哪些革命精神？

第三章　土地革命战争初期红色资源实践教学

在蒋介石、汪精卫先后叛变革命后，冯玉祥为了维护自己在西北的统治地位，亲笔致书蒋介石，表示听从蒋介石的命令，公开倒向蒋介石一边。冯玉祥在陕西进行“清党”，强迫在国民党陕西省党部和国民革命军第二集团军驻陕总部任职的共产党员离职；为了抹掉革命标记对人们的思想影响，下令将西安“红城”改为新城；公共场所中“联俄、联共、扶助农工”的标语也被清除，轰轰烈烈的陕西大革命失败了。但是，中共陕西省委继续高举革命的大旗，领导了清涧起义、渭华起义、旬邑起义等一系列武装起义，建立了渭北革命根据地，打击了国民党的反动统治，增强了人民的革命信心，推动了陕西革命形势的发展。

第一节　土地革命战争初期的红色场馆

一、场馆简介

（一）清涧革命纪念馆

清涧革命纪念馆位于清涧县城以北 4 公里处折家坪镇牛家湾村，由 1989 年兴建的清涧革命烈士陵园改名而成，占地面积 13 亩，主要建筑有仿古大门、凉亭、纪念馆、纪念碑等建筑。

纪念馆大门

走进纪念馆，首先映入眼帘的是纪念碑，碑高 20 米，距大门 19 米，距后面的纪念馆展室 27 米，寓意为纪念 1927 年为清涧起义而献身的烈士。纪念碑上镌刻“清涧革命烈士永垂不朽”。底部刻有 1643 名清涧革命烈士的英名。纪念馆中有一条南北走向的中轴线，在这条中轴线的两侧有许多碑石，其中一些是革命烈士的纪念碑，另外一些是党和国家领导人为陵园撰写的题词。再往前走，就是革命烈士纪念馆展室。该展室东西宽 19 米，南北宽 47 米，寓意为纪念 1947 年清涧全面解放而建立，特设 13 个台阶，它象征党中央毛主席转战陕北 13 年，带领人民步步走向胜利。纪念馆展室展板介绍了清涧起义和中国共产党领导清涧人民的光辉斗争历程。

（二）渭华起义纪念馆

渭华起义纪念馆

渭华起义纪念馆位于华州区高塘镇，坐东面西，气势恢宏，习仲勋题写馆名，由渭华起义指挥部旧址、陈列大厅、中心广场和烈士纪念塔四部分组成。渭华起义指挥部旧址有革命遗址五处：西北工农革命军军委指挥部旧址——五间厅、“同志们赶快踏着先烈的鲜血前进啊!!!”15 个砖铺大字、中共华县县委办公楼旧址、西北工农革命军军委扩大会议遗址、烈士殉难井。有王泰吉旧居、唐澍旧居、刘志丹旧居、廉益民旧居。陈列大厅收藏文物 150 多件，各类照片 1200 余幅，文献资料 70 多件。陈列大厅外的广场上有渭华起义铜质革命先烈群雕。纪念塔建在纪念馆南 100 米的丘陵高地上，塔总高 9 层、32 米，塔身高 19. 28 米，示意 1928 年，下设五个台阶，示意五月，面向西北，示意渭华起义是西北地区最大的一次武装起义。纪念塔呈方形，塔的正面雕刻着邓小平题词：“渭华起义烈士永垂不朽。”塔的背面是陕西省委、省政府纪念渭华起义、缅怀悼念死难英烈的碑文。

渭华起义旧址

（三）旬邑“二八”革命暴动纪念馆

旬邑“二八”革命暴动纪念馆位于咸阳市旬邑县城南翠屏山，为了纪念在旬邑起义中壮烈牺牲的许才升、吕佑乾、吕凤岐、程永盛、王浪波、程国柱、王廷碧七位烈士及农民暴动事件，经陕西省人民政府批准，于 1984 年 10 月 18 日开始修建旬邑革命暴动纪念馆，1987 年 5 月竣工。纪念馆位于县城南端翠屏山麓，占地面积 5295 平方米，建筑面积 453 平方米，坐南面北，依山临水，青山绿水、景色幽雅。该馆由纪念碑、展览室组成。馆内建筑为仿古建筑式样，院内东西两侧为革命烈士事迹展览室，展有暴动及烈士图片、事迹简介，部分暴动武器实物、烈士遗物等。馆内中央矗立旬邑暴动烈士纪念碑，石头精砌，镶汉白玉，高 11 米，宽 5 米，正面镌刻书法家舒同题写“旬邑革命暴动纪念碑”字样，背面为碑文，两侧分别为习仲勋、汪锋、白纪年等人题字。顶端为许才升等七烈士塑像，形态各异，栩栩如生。

旬邑革命暴动纪念碑

1988 年 10 月 1 日，被旬邑县人民政府公布为县级文物保护单位。1996 年，被中共咸阳市委、市政府公布为市级爱国主义教育基地。

二、教学主题

（一）西北地区武装反抗国民党统治的第一枪

为贯彻党的八七会议和省委 9 月 26 日会议精神，实行土地革命、武装反抗国民党反动派的总方针，中共陕西省委领导了清涧起义，打响了西北地区武装反抗国民党反动统治的第一枪，在陕西党组织领导武装斗争的历史上写下了光辉的一页。

1. 在军阀井岳秀的部队中聚集着一批共产党员

自 1916 年起，陕北就处于反动军阀井岳秀的统治下。井岳秀是陕西同盟会著名领导人井勿幕的同胞兄弟（井岳秀排行为十，井勿幕排行十一），受井勿幕的影响，参加了辛亥革命，但在统治陕北的 20 年中其一直顽固地坚持反共立场。

在大革命时期，共产党员李象九、谢子长、史唯然、阎揆要、李瑞阳就在井岳秀部第十一旅开展兵运工作。在共产党的影响下，十一旅旅长石谦逐渐倾向革命，支持共产党员在该旅的活动，使中共党团组织有了较大的发展，在石谦旅成立了由唐澍任书记，李象九、谢子长为委员，由中共陕西省委直接领导的党团委员会，部队党员达 110 多人，许多班、排长由共产党员担任。至此，石谦旅 12 个连中有八个受中共掌握。党团组织除了定期召开党的小组会、支部会外，还经常召开时事报告会、讲演会、辩论会，激发官兵的革命斗志；组织骨干分子到部队驻地附近各乡进行宣传，组织农民协会，领导农民反对拉夫拉差，反抗苛捐杂税，反对官方放赌。谢子长还在安定县举办农民运动讲习所，培养农运干部。安定县农民协会拘禁和审判了恶绅宋运昌、李跃辉、王伯扬等，没收了他们的财产，鼓舞了贫苦农民的斗争热情，沉重地打击了地方反动势力。谢子长因此被当地群众称为“谢青天”。

冯玉祥追随蒋介石反共后，井岳秀步其后尘，在陕北地区捕杀共产党人和进步人士，封闭进步团体。井岳秀对石谦更是忌恨，必欲除之而后快。1927 年 8 月 18 日，井岳秀以过生日为名邀请石谦到榆林为其祝寿，乘机派其侄子将石谦杀害并嫁祸于人，解除了石谦卫队长的职务。8 月 20 日，石谦的遗体运抵清涧，全体官兵列队持枪，在城外三里地的岔口，迎灵入城，在清涧县的城隍庙内，李象九、谢子长带领排以上的军官，为石谦举行祭奠。

石谦死后，井岳秀即委任其亲信营长康子祥代理旅长。此时石的旧部，人心浮动，群情激愤，党组织也进一步加强宣传工作和组织工作，以石谦被杀为契机，因势利导，决定发动起义。

2. 三路起义部队会师宜川

为加强对起义的领导，党成立了领导起义的军事委员会，唐澍任军事委员会书记，李象九为起义总指挥。在起义前自 10 月 8 日起即封锁清涧城，将所有进城的牲口、驮骡扣起来，准备起义时驮运物资。11 日下午 4 时，起义军事委员会召开部队委员和排以上干部会议，唐澍传达了省委关于发动起义的指示，宣布了军事委员会的具体部署：驻清涧的四个连首先起义，然后会合驻宜川县城的另一个连，南下取宜川，与驻宜川县城的其他三个连会合。起义总指挥李象九下达命令，封闭了五大商号（即三合店、恒盛王、集义店、兴泰店、永丰源）的银柜，6 点半全城戒严，割断电线，打开五大商号的烟土库，全部没收。

唐澍

12 日清晨，驻清涧的李象九营部和四个连（以谢子长为连长的第十二连、以白润泽为连长的第六连、以雷进才为连长的第五连、以韩起军为连长的第十一连）在一片“为石旅长报仇”的口号声中，在清涧县城打响了武装起义的枪声。李象九宣布了南下攻打宜川的命令，起义部队

谢子长

在李象九、谢子长带领下，转战延川、延长。13 日，起义部队同驻延川城内的王有才连里应外合，占领延川县城。抵达延长县城附近时，谢子长一面派班长周增玉等携带“公事”进城联系，麻痹敌人；一面亲率先头部队快速前进，以奇袭的方式歼灭了驻防延长城的营长齐梅卿两个连并一个营部。起义部队处决了齐梅卿，继续向宜川推进。

宜川城内有康子祥旅部及其控制的五、六个连，共产党员李瑞成等领导的第十连、第九连和骑兵连等也驻在城内。就在清涧起义的当天晚上，李瑞成即带领十连分三路突然冲进敌人营区，打死敌连长雷克让等多人。经一夜激战，控制了半个县城及西门、北门，与敌人形成对峙状态。15 日下午，唐澍、李象九、谢子长、白明善带领清涧、延川起义部队到达宜川城外，与城内起义部队相配合，向敌人发起进攻。守军旅长康子祥见势不妙，带十几人弃城而逃。三支起义部队会师宜川，人员发展到 1700 余人。

占领宜川后，起义领导人之间发生了意见分歧。唐澍、谢子长主张打出革命红旗，清理部队，纯洁组织，各级军事指挥员改由党团员担任，部队下一步应向北发展，攻打延安。李象九则认为，打出红旗很难立足，主张仍用井岳秀十一旅的名义，容易保存力量，必要时可以接受改编，同时不同意纯洁组织，主张保留全体旧军官。为此，唐澍去西安向省委请示汇报，部队则在宜川城徘徊。唐澍走后，李象九就把十一旅的旗号打了出来，旅长李象九，下辖三个营，谢子长、韩起胜、李瑞成分任营长。军事部署为：李瑞成、王有才带两个连驻防虎头山；韩起胜、赵万德带两个连驻守凤翅山；白雨山带一个连驻守城内的七郎山；谢子长率营部驻守城内。

清涧起义使井岳秀万分恐慌，急令所部延安驻军第二师师长高双城加紧围攻宜川，高双城调集了二三千人，一部由北面进攻，一部在南面断起义军之退路；同时，还给起义部队一些连排长写信，许以高官厚禄，煽动叛变。战斗先在城外凤翅山打响，韩起胜部抵抗不到 20 分钟就放弃了阵地，退到城内七郎山；于是全军开始突围，经过激烈的战斗，才夺得了一条退路；但这时虎头山又失守了，李瑞成、王有才只身逃回。部队连夜撤退，驮骡战马，听见枪声，惊吓得到处乱跑，银圆、辎重武器丢得遍地皆是。到天亮时，才撤到宜川、韩城交界的孙家沟休息，这时雷进才妄图率部叛变。谢子长、雷恩钧等查明情况之后，立即将雷进才予以枪决。两天后突围部队到达韩城的西庄镇，只剩下 300 多人。这时，李象九擅自接受了军阀王保民的改编，称独立旅。

3. 打出西北工农革命军游击队的红旗

这时中共陕西省委还不知道起义失败，又派唐澍、白乐亭和阎揆要去宜川。省委的计划是起义部队在宜川站住脚，然后调许权中部和甄寿山部也到陕北，以控制陕北。唐、白、阎去宜川行到白水的窑河镇，才知道李象九守宜川失败，部队退到韩城。他们三人遂又奔赴韩城，这时部队已被驻韩城的杨虎城部后方留守司令王保民改编为独立旅。唐澍等到韩城后对李象九没有进行积极的团结和说服教育工作，认为他是右倾，所以形成了“分家”的僵局，经过十几天的准备，根据省委指示：成立了军委，由唐澍、谢子长、白乐亭、史唯然、阎揆要等参加；决定把部队拉到陕北清涧、安定一带党和群众工作基础好的地方，开展游击战争；必要时打出红旗，举行第二次武装起义。根据省委的指示，12 月 31 日，部队又重新在韩城举行了第二次武装起义，打出了“西北工农革命军游击队”的红旗，总指挥唐澍、副总指挥谢子长、参谋长阎揆要。进一步提出了“打倒贪官污吏”“打倒土豪劣绅”的响亮口号。

起义爆发后，为了摆脱王保民的约束，部队决定由西庄出发，经临真镇，延川、延长到清涧、安定一带，开展游击战争。1928 年 1 月 1 日，部队从西庄向宜川方向进发，半路上听到两个赶牲口的老百姓说宜川城内十分空虚，因此根据这个极不真实的情报，临时决定攻打宜川。于是部队没有休息，连夜行军 80 里地，天明与敌人接火时才发现，宜川城内敌人驻军不是一个连而是一个营，还有一个旅部。由于寡不敌众，加之长途行军，部队非常疲劳，打仗时有的战士都瞌睡在城墙上或工事里，很多农民出身的战士，没有作战经验，地方观念严重，因而失散很多。战不能胜，只得撤退，而在撤退的过程中，又遭敌人多次袭击，伤亡很大，东西辗转，最后于 1928 年 1 月下旬，到达陕甘交界的合水县豹子川，仅剩下二三十人。中共陕西省委决定唐澍、谢子长、阎揆要等回西安向省委汇报，其他同志分散隐蔽。

清涧起义是党在西北发动的第一次规模较大的武装起义。由于党处在幼年时期，缺乏政治斗争和军事斗争的经验，不懂游击战争，加之没有群众斗争的配合，起义最终遭到失败。清涧起义虽然失败了，但它打击了国民党的反动统治，锻炼了干部，教育了人民，对陕北地区的革命运动产生了积极的影响。

（二）土地革命战争时期西北地区规模最大的武装起义

渭（南）华（阴、县）地区是陕西建立党团组织最早的地区之一，党在群众中有深厚的基础和广泛的影响。特别是在蒋介石、汪精卫叛变革命之后，冯玉祥在陕西“清党”时，中共陕西省委将在西安等大城市的党员领导干部先后派到渭华地区隐蔽起来，这些同志到渭华地区之后，深入发动群众，开展农民运动，为渭华起义奠定了良好的组织基础。当时全省党的 7 个县委中，有 3 个县委在渭华地区，它们是渭南县委、华县县委、五一县委。由于这些地区党组织的力量较强，群众基础较好，为了反抗蒋介石国民党的反动统治，中共陕西省委决定在渭华地区组织武装起义。1928 年 2 月底在渭南爆发的“宣化事件”，成为渭华起义的导火线。

1. 宣化事件

在大革命运动高涨时期，渭华地区的党组织在离渭南县城三四里地的宣化观建立了“宣化高小”。由共产党员李维屏担任校长，并聘请多名共产党员担任教员，因此学校革命气氛很浓，在当地颇有名气，吸引了不少学生到这里上学。与此同时，渭南县城的乐育小学由于反动分子当权，教学质量不高，教学秩序混乱，教师经常打骂学生，因此学生纷纷要求转学，引起群众不满。出于反动本性和嫉妒心理，乐育小学校长田宝丰勾结当地豪绅地主刘铭初于 1928 年 2 月 28 日乘机捣毁了宣化小学，并将宣化小学的教师和学生强行赶出校门，打伤数人。事件发生后，党组织决定以渭南县学生联合会出面，发动渭南县立中学和东关小学的师生以及附近农民群众，于 29 日到乐育小学游行示威，400 多名农民和 300 多名学生，包围了宣化观。反动分子竟挥刀、舞棍、抛砖、飞石袭击农民和学生。反动豪绅刘铭初、薛明章和反动校长田宝丰的凶恶霸道，激起了民愤，示威群众当场打死了土豪劣绅刘铭初和薛明章，打伤反动校长田宝丰。

群众的革命行动立即引起反动当局的仇恨，陕西省政府主席宋哲元公然宣布：“二二九”群众运动为“反革命行动”，冯玉祥也以“整顿学风”为名，宣布渭河南北各校一律停办，切实改组，校长不良者撤换之，教员不良者更易之，学生不服从师长者以共产党论罪。反动当局还四处搜捕共产党员和革命群众，并立即下令封闭了当时的红色堡垒——渭南县中学、宣化小学和东关小学，并逮捕了县中校长、共产党员王文忠等 40 多人。接着反动当局又派军队包围了华县高塘镇，缴了我党掌握的高塘民团的武器弹药，封闭了党的活动中心——高塘小学，逮捕了高塘小学校长、共产党员李维俊等 10 人，白色恐怖更加严重，阶级矛盾更加尖锐。

为了粉碎敌人的残酷镇压，中共陕西省委于 1928 年 3 月 13 日向各级党组织发出了“第三十九号通告”，指示各级党组织不仅要声援“二二九”革命行动，而且要“立即发动民众斗争，在农村则由抗租、抗债、抗粮、抗捐、抗税、抗一切摊派勒索等斗争，转为杀豪绅地主、官吏，夺取武装，围攻县城的大暴动”，在斗争中建立农村苏维埃，武装群众，开展游击战争，并扩大为一县或数县的农民大暴动。

为了领导陕东地区的武装暴动，中共陕西省委决定成立陕东特委。1928 年 4 月 1 日，陕东特委在华县高塘附近的江村药王洞正式成立，省委常委刘继曾为特委书记，渭南县委书记肖明为特委组织部部长，团省委宣传部部长李大章为特委宣传委员。陕东特委一成立，就拟定了暴动的工作计划，进行暴动的各项准备工作。

2. 建立苏维埃政权

经过比较充分的准备之后，轰轰烈烈的渭华起义爆发了。

1928 年 5 月 1 日，渭南东塬千余农民群众在渭南县崇凝镇举行“五一”劳动节纪念大会。会场中间挂着列宁像，台子两旁贴着对联，四面墙上贴着“打倒军阀”“打倒土豪劣绅”“实行耕者有其田”“大家吃，大家干，大家的事大家办”等巨幅标语，会场气氛慷慨激昂而又隆重庄严。中共陕东特委的代表和当地农民代表在大会上发表了讲话，痛斥了国民党反动军阀的残酷统治，控诉了豪绅地主压迫和剥削人民的滔天罪行。会议庄严宣告，成立“崇凝区苏维埃政府”，宣布“一切政权归苏维埃”。会议当场处决了两个罪大恶极、人人痛恨的反动公差，宣布没收伪区长李玉林和大恶霸杨晓的财产，分配给贫苦农民。会后举行了声势浩大的游行示威，崇凝区苏维埃政府的建立是渭华起义中建立的第一个苏维埃政权，它标志着西北地区的革命运动进入了大规模建立苏维埃政权的新时期。

继崇凝镇大会之后，5 月 2 日，华县的赤水也举行了数千人参加的反对军阀、反对国民党反动统治的大会；5 月 3 日，渭南的阳郭镇举行了有 3000 多人参加的苏维埃成立大会，群众抄没分配了土豪牛星照的粮食和其他财物；5 月 4 日，渭南三张村举行了声势浩大的红五月纪念大会，收缴了警察所的枪支，处决了税务所的所长；5 月 5 日，华县东王村举行群众大会，宣布成立苏维埃，主席王明周会后带领群众查抄了大恶霸杜金科的商店，烧了账簿，没收分配其粮食和财物；5 月 6 日，华县高塘镇召开了万人参加的军民联欢大会，宣布成立苏维埃政府。中共五一县委组织了特别代表队，抄了劣绅张克俭的财物，处决了土豪韩大顺、黄五纪等人，烧毁了敌军的西板桥粮台，在武装斗争的基础上成立了信义区和隆兴区苏维埃政府。此后其他各地各村也纷纷举行起义，宣布成立苏维埃政权。烧毁了地主的文约地契，没收了地主的财产粮食，惩办了罪大恶极的反动官绅，打击了反动的民团武装，革命的烈火迅速烧遍了整个渭华地区。

4 月底，陕东特委派往许权中旅学习军事的 28 名武装骨干返回华县，遂开展游击活动，队伍迅速扩大至150人。5月4日，在陕东特委的领导下，在泷河川的望岗岭（渭南县城南）正式举行了“陕东赤卫队”成立大会。张汉俊（李大德）任大队长，薛自爽任副大队长，冯养浩任书记，下设三个分队、四个小队，还有一个大刀队和特务队，在渭华高原的主要村镇都建立了赤卫队的据点。

陕东赤卫队建立之后即开拔距渭南东南40里地的塔山，构筑工事，和当地农民群众结合起来，参加阳郭、三张、赤水、高塘等地的群众斗争，斗争豪绅，破坏交通，打击民团，沉重地打击了帝国主义和封建势力，吓得各地民团不敢出村，吓得豪绅地主纷纷逃往县城或西安。

当时陕西省委掌握的武装有两个旅，一个是在清涧起义中发挥了重大的作用的李象九旅，但在清涧起义失败后遭到很大的损失，只留一小部分在陕北桥山一带进行革命。另一支武装力量是许权中旅。

烈士殉难井　起义失败后，侯振和、刘孝智、李邦彦等十余名同志被敌人逮捕，毒打致死投尸此井中

许权中旅是由大革命时期冯玉祥在西安举办的“中山军事政治学校”的师生组成，蒋介石叛变革命后，冯玉祥将该校学生编成一个旅。1927年10月，命史可轩带该旅开往河南，参加军阀混战。部队到达富平县美原镇时，史可轩被田春生杀害，于是部队另推许权中为旅长，后部队辗转开往洛南三要司暂归李虎臣指挥，并改编为国民军陕军第三旅。陕西省委在许权中旅中发展党员，建立党的各级组织。1928年3月，中共陕西省委派刘志丹、唐澍、谢子长、廉益民、吴浩然、李大德、周益山等同志来到该旅，传达省委关于准备举行渭华起义的指示。1928年4月，李虎臣命令该旅出潼关，参加反冯战争。5月10日，李虎臣命许权中旅担任主攻，部队损失惨重。当晚，刘志丹、唐澍等秘密商议达成一致意见，认为不能再为军阀混战流血，遂率部撤出战

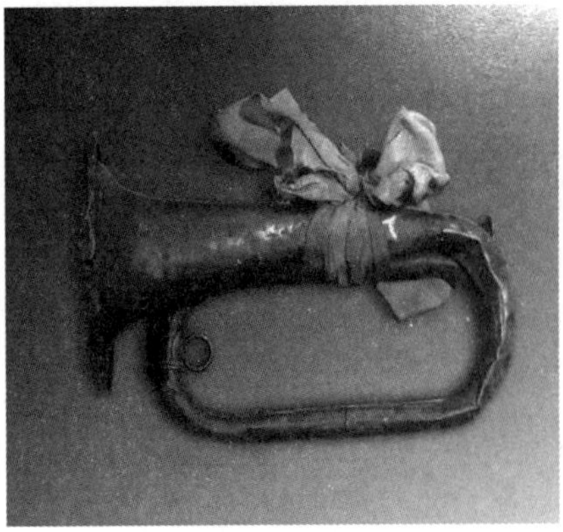

渭华起义用过的冲锋号

斗，赶往渭华地区。11 日晨，部队到达华县瓜坡镇后宣布起义，参加渭华地区农民起义。在华县高塘镇举行了万人军民联欢大会，起义部队改编为西北工农革命军，总司令唐澍、军委主席刘志丹、政治委员刘继曾、政治部主任廉益民，参谋长王泰吉、军党委书记吴浩然、总顾问许权中。全军千余人，设四个大队和一个骑兵队。

工农革命军与起义农民相结合，在渭华塬上摧毁国民党地方反动政权，建立自己的苏维埃政权和赤卫队，杀劣绅、斗地主，并没收其财物分配给贫苦农民。遂形成以华县高塘、渭南塔山为中心，东至华山，西至临潼东，北至豫陕大道，南至秦岭北麓，约 200 平方公里的红色武装割据区域，使渭华起义达到高潮。苏维埃政权普遍建立，渭南、华县、五一等县共建立了 48 个区、村苏维埃政权。大部分基层政权都建立了赤卫队武装，有的赤卫队还夺取或购置了一些武器弹药。基层苏维埃政府举办了平民学校、农民夜校和儿童团，组织群众学习文化和革命理论，开展文化娱乐活动。苏维埃政府还提倡男女平等，明令禁止妇女缠足，使起义区内到处呈现出一派崭新的社会政治景象。

3. 踏着先烈的鲜血继续前进

由于渭华起义爆发于国民党反动统治的要害地带，致使国民党陕西当局十分震惊。从 5 月中旬到 6 月中旬，宋哲元调集主力部队，对渭华地区起义部队先后发动多次进攻。

6 月 19 日，由宋哲元亲自出马，率领孙连仲一个师、魏凤楼一个师，还有一个炮兵团，分三路向工农革命军大举进攻，刘志丹与唐澍指挥起义军与敌浴血奋战，激战三日，边打边退，一直退到桥峪口和涧峪口。这时敌人又从侧面向我包围。在情况十分紧急的时候，薛自爽率领陕东赤卫队从敌背后猛烈进攻，给敌人以沉重打击，掩护主力撤退，使我军转危为安。但终因敌我力量相差悬殊，最后不得不随主力撤退。6 月 23 日，敌又分三路，向我军发动猛攻；西路向塔山附近之清明山、凤凰山进攻；东路和中路之敌也分途向桥峪口、涧峪口进攻，企图最后消灭我西北工农革命军。我军进行了英勇的反击，打击了敌人的疯狂进攻。其中涧峪口战斗最为激烈。当敌一个团向我进攻时，薛自爽又一次率领陕东赤卫队和数千农民群众，阻击敌人，给敌以重大的杀伤，最后他自己身负重伤而英勇牺牲。这时许权中率领骑兵队和敌人一直激战到天黑，打退了敌人三四次进攻。最后根据上级指示各部队退出渭华地区进入秦岭。

6 月 25 日，唐澍、刘志丹率工农革命军大部退到洛南县两岔河和保安镇，在这里继续宣传革命，发动群众，开展打土豪、分财产的斗争；许权中、杨晓初率一部退到蓝田县许家庙一带隐蔽。7 月 1 日，工农革命军一部在保安镇遭李虎臣部五个旅及民团的袭击，总司令唐澍和陕东赤卫队队长张汉俊牺牲。后来，部队转移到蓝田县张家坪，与许权中、杨晓初会合。在这里，工农革命军党代表刘继曾召集活动分子开会，决定取消工农革命军番号和军事委员会，转入秘密活动，同时决定通过许权中的私人关系，将部队暂归李虎臣部刘文伯师。8 月，刘文伯师被冯玉祥逼出商洛，进入河南，许旅在河南邓县（今邓州）被当地武装打散。历时四个月的渭华起义终告失败。

渭华起义虽然由于客观上敌我力量悬殊，主观上缺乏对形势的正确估计，缺乏领导经验，在策略方面也有某些失误，致使起义最终遭到了失败，但在革命暂时处于低潮的形势下，它沉重打击了西北地区国民党的反动统治，鼓舞了人民的革命斗志，同时也教育和锻炼了陕西的党组织和人民，培养了干部，取得了武装斗争的经验教训，对于西北地区后来的革命运动的发展，特别是进行武装斗争和建立革命根据地，产生了较大的影响和积极的作用。

（三）西北地区第一个县级苏维埃红色政权

清涧起义失败之后，为配合渭华起义，中共陕西省委领导发动了旬邑起义，建立了西北地区第一个县级苏维埃政权。

1. 革命形势一触即发

旬邑位于渭北高原的山区地带，辛亥革命以来，这里连年兵祸，“灾祸迭见，十室十空，哀鸿遍野，悲惨情状，闻者酸鼻，听者流泪，郑侠复生，恐不能绘其梗概。昨岁八月，黄、韩（指甘军黄得贵、韩有禄旅）以数千之众，全数入境，分布各乡市镇。既派粮秣，又摊饷款，种种剥削，层出不穷。以疮痍未起之民，自顾不暇，何堪遭此蹂躏。似此荼毒，在此时期，人民在积冤之下，敢怒而不敢言，只得忍气吞声，徒唤奈何而已。”加之民国十八十九年连遭年饥，农民生活极为困苦。所以从 1919 年以来，这里的人民多次举行“交农”罢耕，但统治者并未吸取教训，反而变本加厉地进行镇压。

在西安成德中学、中山学院上学的许才升、王廷碧、樊凤贤等人在 1925 年先后回到旬邑，分别在宝塔高小、吕家村、郝村、丈八寺等地小学，一面教书，一面积极开展革命活动，宣传马列主义，建立党的组织，1925 年秋在旬邑小学建立了第一个党的支部。1926 年春，因同县教育局局长发生争执，许才升等到西安请示工作，中共陕西省委遂以组建县党部的名义，第二次派许才升返回旬邑，公开发展农民协会，开展革命活动。许才升组织学生、农民游行示威，向县政府请愿，要求清理地方财政，取消苛捐杂税，反对拉伕拉差，收回教育权，并提出“打倒土豪和土匪军队”的口号，因此遭到反动政府极力镇压，许才升又第三次离开旬邑。

为了对抗反动政府的镇压，许才升在1927年1月组织了大规模的游行示威，提出了“免除苛捐杂税”“禁止迫害农民协会”“打倒贪官污吏”“淘汰土匪式的军队”等口号，这次游行虽遭失败，但对人民教育很大。广大群众认识到要推翻反动统治，只有揭竿而起，举行起义。

1927年秋，中共陕西省委派吕佑乾、吕凤岐、王浪波等到旬邑，成立了党的区委，吕佑乾任区委书记，吕凤岐、蒲玉阶任委员，领导宝塔小学、县政府、郝村、东涧村、魏洛村等五个支部，30多个党员，进一步加强了党的领导。旬邑起义就是由党的这支力量领导和发动的。起义的策源地是郝村，郝村党支部包括郝村、蒲社、庄合、班村、涧湾等五个村庄的党员，共10人。1928年3月，中共陕西省委发出指示，要求各地党组织开展游击战争，由部分农民暴动过渡到全陕西的总暴动，并决定将旬邑划归渭北区，准备举行暴动，以配合“渭华起义”。于是许才升、吕佑乾等分别到各地发动群众，紧张地进行起义的准备工作。

2. 鸡毛传贴举行暴动

1928年5月5日，许才升到郝村召集支部会议，传达省委指示，准备发动起义。会后，用鸡毛传贴的方式，星夜动员18个村庄，140多人，以抗粮“交农”为口号，举行暴动。5月6日，在许才升的领导下，140多名共产党员和革命群众以大刀、长矛、梭镖为武器，首先在郝村集合，以鼓为号，举行起义。当即捕杀了土豪劣绅程茂育和省上派来的催粮委员，随后暴动队伍路经吕家村、陈家村，到赵家村集中，准备向县城进发，起义群众达380多人。于是许才升等研究了行动计划，对起义农民进行了简单的编队，并成立了暴动指挥部。许才升任总指挥，程永盛、程国柱任副总指挥，率领部队经坡头、二台直逼县城东门。当时旬邑县城只有警察把守，我地下党吕佑乾、崔维龄等在城内策应，以火为号，砸开城门铁锁，接应起义军攻入县城，然后分三路进攻县政府、粮秣局、天主教堂和监狱。当即杀死县粮秣局局长等四人，救出了被捕的共产党员王廷碧、王日省等人，释放了全部“犯人”，赶走了天主教神父和洋人，杀了县长李克宣和其他几个群众痛恨的官差。起义总指挥部随即领导和发动群众开仓放粮，救济贫民。并在城内召开群众大会，书写大幅标语，宣传革命道理。

起义军占领县城后的第二天，除留少数人驻守县城安定社会秩序，宣传革命道理，准备成立县苏维埃政府之外，主力军由许才升带领去郝村进行整训，把起义部队编为红军渭北支队（亦说叫工农革命军游击队），共编为三个连，一个纠察队。5 月 12 日又返回县城，在县城宝塔小学召开了群众大会，成立了西北地区第一个县级革命政权——旬邑县苏维埃政府，大会推选许才升为主席，吕凤歧为秘书长，程永盛为军事委员会委员长，程百印为土地委员会委员长，蒲玉阶为经济委员会委员长，王浪波为宣传委员会委员长，王日省为外交委员会委员长，程国柱为交通委员会委员长，程雨顺为革命裁判委员会委员长。同时还成立了县一级的党的中心支部，由吕佑乾任书记，吕凤歧任组织委员，蒲玉阶为宣传委员。

县苏维埃政府成立后，为了扩大起义成果，发展革命力量，许才升、吕佑乾等同志带领武装人员，分别在县城周围的张家村、马家堡、底庙、职田、土桥、张洪等村镇，进行打土豪、分粮食的斗争。广大贫苦农民的革命热情空前高涨，土豪劣绅闻风丧胆。起义烈火迅速由县城燃遍了全县，并涉及附近的彬县、淳化、永寿，远至甘肃的宁县、灵台等地。

在革命政权存在的 20 多天时间里，党领导群众惩办了 10 多个土豪劣绅，组织了农民协会领导机构，在全县范围内掀起了巨大的革命浪潮。

3. 烈士血洒渭北高原

革命运动的发展，引起反动阶级的极端仇恨，官僚地主、土豪劣绅、军警民团互相勾结，千方百计共同策划扑灭革命力量。敌邠乾区行政长官刘必达一面指使逃到邠县的反动豪绅，暗中收买、分化、互解起义队五；一方面派李焕章代理旬邑县长，率领民团围攻县城。另外由于革命队伍内部成分不纯，一些人动摇叛变，所以革命政权仅活动了 23 天，即遭到反动派的破坏。5 月 30 日，被敌收买的内奸刘兴汉、程振亚、郭金科、连怀印等人在县城发动叛变，逮捕了吕佑乾、吕凤歧等人，县城起义军被敌人解除武装，接着敌人利用叛徒刘兴汉到张家村去，欺骗许才升出村，许当即被捕。5 月 31 日下午，敌人将许才升、吕佑乾、王浪波、吕凤歧、程国柱、程永盛、王廷碧等七位起义领导人绑在城隍庙前，严刑拷打，当日晚枪杀于张洪镇西门外。许才升等同志从被捕到牺牲，一直高呼口号：“共产党是杀不光的，我们的仇是有人报的”“二十年后，我们的镰刀斧头会断送你们的性命”“中国共产党万岁”等等，充分表现了共产党人崇高的理想信仰和视死如归的英雄气概。

起义失败后，敌人疯狂地屠杀起义群众及其家属，反动军队和土豪劣绅也乘机敲诈勒索，残害群众，但是革命的火焰是扑不灭的，留下来的起义队伍由程百印等同志率领，转入山区，成立了旬邑县游击队，继续进行艰苦卓绝的斗争。

三、资料链接

（一）中共中央给中共陕西省委的公函（节录）1928 年1月2日

陕西农运的第一个口号，应是变和平的依赖政治势力的请愿运动，为激烈的反对地主、军阀的直接行动。这个直接行动正是土地革命之开始，杀豪绅地主，没收一切土地，焚烧契约债券，分配富户财产给贫民，更都要农民自己动手来干，以达到武装暴动的局面。陕西的工农运动能在上述的布置中迅速地发展起来，则工农暴动的割据局面才能在陕西生长。否则，工农群众没有深切的政治观念，则推翻地主、军阀统治，建立苏维埃政权的决心便无从产生。

所谓时机成熟的条件：第一，我们军队驻扎的地方要有群众运动，要有工农的自卫组织。第二，我们党在那个地方要有指导的权能。第三，要能造成一个暴动的割据局面。第四，军队的本身在动作时要较 有胜利把握，不致一开始便被敌人镇压下去。假使条件不成熟，我们 可以迟缓一点动作。但在没动作前须竭力使这些条件中的主观成分达到成熟境地。万一环境十分不相宜（即是工农运动不易发展而敌人大军又正集中的地方），亦可采取移动的方式到农运发展的地方去参加暴动。不过这种移动，绝不是将许旅移到三原帮助二军反冯的用意①，而是以宜于农暴割据为依归的。<下略>

陕西的军事运动，是较别的省为有基础。<中略>依数目说，在陕西我们已经有整个的两旅②和一些零星队伍 较之广东仅有两千多人的军队便能造出广东海陆丰的暴动局面的已多了一倍。但广东较之 陕西，却多了许多完成暴动的条件。这些条件中 军阀军队的动摇，我们队伍和敌人倒戈，工农军的广大组织，多数同志的武装化都成为军运之新的主要方针。陕西省委根据这些方针，应首先改变对于我们自己队伍的指导。这些队伍的驻扎地点，应依农运的发展区域和军队易起分化的所在来决定。假使有可能时，自然以多聚些力量于邻近几县，以便造成一个割据局面为最上策。但当不可能时，也不必过于勉强，宜分散这些队伍打入农民群众直接参加农民斗争。且这些队伍无论是聚是散，必须把他看成工农斗争的副力，却不可反副为主，忘了发动群众，造成工农运动中军事投机的危险。

---

① 许旅，系指由共产党员许权中任旅长的一部；二军，系指驻渭北的原国民军二军各部，“冯”，系指国民革命军第二集团军总司令冯玉祥。

② 两旅，系指由共产党员许权中、李象九任旅长的两个旅。

（二）《西北工农革命军布告》

土豪劣绅和财东，剥削穷人真个凶。
加一放账驴打滚，卖儿卖女还不清。
要账手提桄桄子，打人不分老和幼。
如今穷人要翻身，大家团结来求生。
西北工农革命军，他是咱的子弟兵。
大家同心一齐干，铲除土豪和财东。
贪官污吏都打倒，我们要做主人翁。
建立苏维埃政权，才能过上好光景。

西北工农革命军
军委主席　刘景桂
前敌总指挥　唐澍
政治委员　刘继曾

西北工农革命军布告

（三）《陕东区特派委员会目前工作计划大纲》

《陕东区特派委员会目前工作计划大纲》对起义做出具体、周密、详细的部署。同时，渭、华、固党团联席会议决定临时纪律十一条：1. 叛党者枪决；2. 不遵守秘密者开除，重则枪决；3. 临阵逃脱者开除，重则枪决；4. 畏缩不前者开除；5. 不参加斗争者开除；6. 不努力工作者重则开除；7. 虚张敌人声势、不信任群众力量者开除；8. 不接受命令者开除；9. 不服从决议者开除；10. 自由行动者开除；11. 冒充上级发布命令者开除。

四、拓展阅读

1. 高中哲：《西北土地革命战争的序幕——清涧起义及其历史意义》，《西北大学学报》（哲学社会科学版）1991 年 12 月。

2. 中共陕西省委党史研究室：《陕西党史专题资料集（四）：渭华起义》。

3. 孙秀林：《渭华起义及红色文化价值研究》，硕士论文，内蒙古科技大学，2019。

五、探究思考

清涧起义、渭华起义、旬邑起义失败的原因是什么？有什么历史意义？

第二节　土地革命战争初期的红色旧址

一、旧址简介

（一）渭北革命委员会旧址

渭北革命委员会旧址

渭北革命委员会旧址位于三原县陵前镇双胜村鲍四庙组。1932年9月22日，中共三原县委在武字区召开渭北革命委员会（即三原、富平、耀县革命委员会）成立大会，会议选举了由15人组成的革命委员会，五人为主席团成员，主席团下设土地、军事、财政、肃反、教育各部。会议选举黄子文为渭北革命委员会主席，马志舟为土地部部长，郑彦青为军事部部长，马平章为财政部部长，马宗德为肃反部部长兼政治保卫队队长。渭北革命委员会设有中共党团，领导革命委员会的工作。中共党团由李冲霄（书记）、黄子文、孙平章组成（后由郑彦青、黄子文、马志舟组成，郑彦青为书记）。会议还通过了实行苏维埃土地法，改造与扩大游击队组织并向周围发展，没收豪绅、地主、富农的土地分配给雇农贫农与中农等12条决议，在各村堡普遍成立了少先队、赤卫队、妇联会、雇农工会等群众组织，开展肃反、禁烟、禁赌等活动。会议还通过了渭北革命委员会成立宣言和给苏维埃中央政府、中国工农红军和东北义勇军的通电。

（二）红二十六军第四团成立旧址

红四团成立筹备会旧址

红二十六军第四团成立旧址位于三原县陵前镇小道口村。红二团南下渭华失败后，中共陕西省委决定将渭北游击队第一大队改编为红二十六军第四团（简称红四团）。7月24日，红26军政委杜衡、中共三原中心县委书记赵伯平等在三原县武字区焦村崔振元家召集渭北游击队、中共武字区委和武字区游击队负责人开会，黄子祥、杨森、李文义、李宏儒等30余人参加会议。会上由杜衡传达省委决定，议定了红四团的编制和干部名单。黄子祥任团长，杨森任政委，李天保任参谋长。编制四个连，实际只编了两个连和一个骑兵班。一连连长马志舟，政治指导员王柏栋。二连连长高占胜，政治指导员王安民。7月26日，红四团授旗典礼大会在武字区小道口村召开。参加大会的除渭北游击队全体指战员外，还有当地群众代表200余人。大会由红四团团长黄子祥主持，杜衡授旗，赵伯平代表中共三原中心县委出席了大会。

（三）老户沟战斗遗址

老户沟战斗遗址

老户沟战斗遗址位于三原县陵前镇柴尧村老户沟一带。红二十六军第四团成立后，为了牵制孙友仁民团继续北犯追击王泰吉率领的义勇军，狠狠打击1933年6月在长坳堡杀害渭北革命委员会财政部部长孙平章的富平县淡村民团，1933年7月30日，黄子祥率红二十六军第四团埋伏于富平县淡村与武字区交界的老户沟畔，乘富平淡村逢集之机，命参谋长李天保带孙铭章等化装扮作“土匪”入集市，以吃瓜吵闹、亮枪、鸣枪、拉人逃跑为诱饵，惊扰淡村民团，诱惑民团上钩，民团果然中计。民团团长张德润闻讯，即令民团100多人追捕，直接进入红四团伏击圈内。黄子祥立即命令围歼该敌。经过两小时战斗，民团大部分被击毙和俘获。张德润在弃枪逃跑中被生俘，黄子祥当即就地处决了这个首恶分子。此次战斗缴获长短枪30余支。战斗中，一连长马志舟、班长秦福善两位同志牺牲。

二、教学主题

西北地区第一块革命根据地

1931年5月至1933年8月，在党的领导下，贾拓夫、汪锋、赵伯平、习仲勋、黄子文、黄子祥、张秀山等共产党人，创造性地实践“工农武装割据”思想，历经艰难困苦、冲破重重险阻，创建了渭北革命根据地。渭北革命根据地是中国共产党在西北创建的第一块革命根据地。它以三原县武字区、心字区为中心，包括富平、耀县、泾阳、高陵、淳化、蒲城、白水等县的部分地区，东西长约30公里，南北宽约25公里，总面积750平方公里，人口4万多。三原县的武字区、心字区是渭北革命根据地的中心。

（一）发动渭北游击战争

习仲勋

1928年4月24日，在共产党员黄子文领导下，三原发生了著名的“交农运动”；渭华起义爆发后，为配合渭华起义，5月3日，中共三原县委发动了农民围城“交农”斗争。4月26日，泾阳县近万农民在总指挥张焕文、副总指挥雷志学的率领下，进攻县城，绑缚云梯登城，放火焚烧城门，县府官吏、守城军警惊恐万状。5月1日，礼泉18000多名农民，扛着杈把、扫帚、镢头等农具，在共产党员秋步月的率领下，包围了礼泉县城，并与守城土匪展开激战。5月7日，许才升、吕佑乾、吕凤岐等发动旬邑起义，成立了西北地区第一个县级革命政权——旬邑县苏维埃政府。5月12日，淳化县近万农民在总指挥赵新三率领下，用土枪土炮攻开县城，并占据县城四天，成立了淳化县苏维埃政府。5月18日，永寿县数百农民在张文正等率领下攻打永寿县城，反动官吏惊恐万状。与此同时，在渭北东部的澄城、合阳一带也爆发了声势浩大的农民起义浪潮。

渭北农民武装起义虽然遭到了国民党反动派的残酷镇压而失败，但它唤醒了渭北古原上劳苦大众的革命意识，为后来渭北革命斗争的蓬勃发展奠定了良好的基础。

1930年6月上旬，根据中共陕西省委在渭北开展游击战争，建立苏维埃政权的指示，中共陕西临时省委渭北巡视员、三原特支书记黄子文，西路巡视员陈冠英来到三原县发动灾民斗争，准备发动武装起义。6月16日，三原陂西镇的王德修率领武装群众30多人，高陵王学道率领武装群众100多人，富平田裕国率领武装群众50多人以及黄子文率领的武字区的武装群众百余人在武字区集合，成立了“渭北灾民自救队”，陈冠英任队长，黄子文任政委，下辖四个大队，开展打土豪、分粮食、建立革命政权的斗争。灾民自救军捣毁了陵前镇区公所，处决了所长岳海州。逮捕和处决了卸任回省途经三原的宜君县县长潘恩桐，缴获长枪五支，手枪一支。6月下旬，灾民自救军又在长坳堡分了地主赵应科、牛振和、叶子青的粮食，捣毁了马额乡的乡公所。至7月份，由于敌人“进剿”部队不断增加，加之第一大队第一分队队长张成义突然叛变，灾民自救军被迫解散，黄子文被派往北方局汇报工作，以武字区为中心的渭北革命斗争暂时处于低潮。

（二）建立革命政权

灾民自救军武装起义失败之后，经过了近一年时间的酝酿和准备，武字区的革命斗争又走上了新的发展阶段。1931 年 5 月，根据中共陕西省委的指示，中共武字区委重新恢复，马先民任书记，并建立了武装组织——武字区赤卫队。

1932 年春，中共陕西省委根据富平、三原一带群众斗争发展情况，指示渭北党组织开展游击战争，建立苏维埃政权。2 月中旬，由外地回陕的黄子文和渭北巡视员焦维炽到三原武字区举办党员训练班，培训党员 40 多人。3 月中旬，武字区赤卫队改为游击队，孙铭章任队长。4 月下旬，在区委委员黄子祥的负责下，游击队扩建为武字区游击大队。4 月 21 日，陕甘游击队五支队在阎红彦、杨重远的领导下，到达武字区，攻克了王茂臣民团所在的郝家堡；武字区委在火烧庙召开欢迎大会。在陕甘游击队的影响和号召下，青壮年农民纷纷参军，仅 3 天时间报名人数即达百余人。7 月，中共陕西省委决定成立新的中共三原县委，由金理科任书记，黄子文、赵应奎等为委员。8 月，在武字区游击大队的基础上，成立了渭北游击队，队长马志舟，政委金天华，活动于三原、富平、耀县一带。9 月中旬，陕甘游击队第三支队特务队队长程双印被害以后，该队由习仲勋率领到达武字区，改编为武字后区游击队（又称武字区第二游击队），队长陈国玺，政治指导员习仲勋。9 月 22 日，中共三原县委在武字区召开渭北革命委员会（即三原、富平、耀县革命委员会）成立大会，会议还通过了渭北革命委员会成立宣言和给苏维埃中央政府、中国工农红军和东北义勇军的通电。10 月 6 日，中共陕西省委在《关于开展游击运动创造渭北新苏区的决议》中，指示渭北各党部要发起广大群众的示威运动。10 月 8 日至 9 日，中共陕西省委主持召开渭北各县联席会议，成立中共渭北特委，创造渭北苏区；任命高维翰为特委书记，李冲霄、黄子文、汪锋、程建文等为委员；特委机关设在武字区，领导泾阳、三原、高陵、富平、蒲城等县的工作。同时，共青团渭北特委成立，程建文任书记，习仲勋、金天华等为委员。开展游击战争，建立革命政权，渭北苏区逐渐建立。正如 10 月 4 日中共陕西省委给三原县委指示信中所指出的那样：“在武字区，国民党县政府的一切命令等于一张废纸，往北去的一条大道完全截断，在这里统治的不是国民党的县政府或区公所，而是共产党和农民联合会，武字区俨然是一个赤色区域。”

（三）根据地的反“围剿”斗争

正当渭北根据地各项工作顺利开展的时候，中共陕西省委做出了《开展游击运动和创造渭北新苏区的决议》，指示渭北各党部必须发动和领导群众来纪念十月革命，发起广大的群众纪念大会与示威运动，形成广泛的群众运动。党要立刻准备这一工作。后来又专门发了《关于十月革命十五周年纪念运动的决议》，要求在渭北游击队活动的区域，于 11 月 7 日组织广大群众游行示威，纪念苏联十月革命。根据省委的指示，渭北革命委员会党团于 10 月 30 日召开了第一次党团会议，决定在 11 月 6 日、7 日、8 日三天召开群众大会，游行示威，纪念十月革命。6 日的庆祝大会由渭北革命委员主席黄子文主持并致开幕词，三原县委书记、农联会、妇联会、赤卫队、游击队、少先队和学生代表登台讲话。会后 1400 多人排着整齐的队伍到武字区向马额乡的民团示威。7 日，参加大会的达 2000 多人，中共渭北特委书记李杰夫做了形势报告后，举行了浩浩荡荡的游行示威。从武字区到西阳镇，穿街而过，又经过富平的淡村，然后返回武字区，往返行程三四十里。8 日又举行了盛大的游艺大会，散发传单 7000 多份，演出许多化装新剧，渭北党、政、军、民沉浸在胜利的欢乐之中。

大规模的游行示威，极大地震惊了敌人。11 月 9 日，泾阳、三原、高陵、富平、淳化、耀县六县的民团和三原、富平、耀县的国民党军队联合起来，“围剿”武字区，他们先搜区、后搜沟，一村一村往过搜，大肆搜捕了三天，给人民的生命财产造成了极大的损失，黄子文家的十几间房子被烧，骡马被牵走，群众的箱柜衣物被洗劫一空，麦场里的碌碡都被推到了井里。黄子文家所在村子的 30 多人被捕，渭北游击队被冲散，党的各级领导被迫隐蔽起来，60 多名共产党员和共青团员惨遭杀害，党和革委会的工作陷入瘫痪。

渭北根据地遭国民党军“围剿”后，中共陕西省委立即派干部到根据地进行恢复和重建工作，在不到四个月的时间里，调整党组织五次，先后组成新的中共渭北特委、中共三原中心县委。同时加强了对基层组织的恢复和发展。

党组织恢复后，即着手游击队的恢复和重建工作。三原中心县委负责军事工作的曾楚川将分散在各地的游击队员集中起来，在南原和武字后区各组建了一支游击队。不久，黄子文将两支游击队合并，恢复了渭北游击队。1933 年 3 月，中共三原中心县委领导成立了渭北游击队总指挥部，下设渭北游击队第一、第二大队及第一、第二补充支队。总指挥部指挥游击队与红二十六军第二团（简称红二团）配合行动，共同打击敌人。4 月底，渭北游击队总指挥部率第一大队配合红二团全歼侯家堡驻军一个骑兵排。6 月，攻打驻扎在长坳堡的富平淡村民团。7 月，三原中心县委将泾阳县游击队改编为渭北游击第二大队，大队长苗家祥，党支部书记刘清和，下设三个中队。游击队除配合红二团打击国民党保安团外，还组织发动群众在富平、耀县等地打土豪，分财物，并帮助富平、耀县、三原等地建立了五支游击队，约 170 余人。红二团南下渭华失败后，中共陕西省委决定将渭北游击队第一大队改编为红二十六军第四团（简称红四团），团长黄子祥，政治委员杨森，参谋长李天保，下设两个连和一个骑兵班。7 月底，红四团为策应王泰吉率领的西北民众抗日义勇军北上，在三原和富平交界的老户沟设伏，全歼富平淡村张德润民团。

八月，国民党“渭北剿匪司令”刘文伯调集了六个团的兵力和泾阳、三原、高陵、富平、淳化、耀县等县的民团，对渭北苏区进行疯狂的“围剿”，共产党员和人民群众牺牲 600 余人。在敌人重兵包围下，红四团于 8 月上旬撤离心字、武字两区，北上转移至照金。中共三原中心县委书记赵伯平被捕，渭北根据地被敌人占领，以武字区为中心的渭北苏区遭到严重破坏。

渭北革命根据地从 1931 年 5 月开始创建到 1933 年 8 月失守，坚持红色割据两年之久。渭北革命根据地在中国共产党陕西历史上占有重要的地位，习仲勋同志这样说：“渭北苏区是陕甘建立的第一个苏区。因为渭北的武字区、心字区，从大革命时期起就一直没有停止过武装斗争。渭北苏区的开辟为红二十六军的创建，为照金和南梁陕甘边革命根据地的创造和发展，提供了条件，培养了干部，输送了力量。”渭北革命根据地的失败，说明不能在离敌人中心城市较近的地区建立革命根据地，要到敌人统治力量薄弱的地区建立山区革命根据地，只有这样才能积蓄和发展革命力量。

三、资料链接

在纪念渭北革命根据地建成八十五周年座谈会上的讲话①（节选）

（二〇一七年十一月二十二日）

习远平

渭北革命根据地是土地革命战争时期，中国共产党在西北地区创建的第一块革命根据地。三原的武字区、心字区是渭北革命根据地的中心区域。渭北革命根

① 习远平：《在纪念渭北革命根据地建成八十五周年座谈会上的讲话》，《陕西日报》2017 年 11 月 23 日。

据地形成于1931年5月，在1932年得到迅速发展壮大。到1933年夏天在敌人三面“围剿”之下实施战略转移，在渭北革命根据地红色割据的两年多时间里，许多革命前辈不畏白色恐怖，深入发动群众，开展土地革命和武装斗争，出生入死，矢志不渝，让革命的烽火在渭北大地熊熊燃烧，沉重地打击了国民党反动当局的黑暗统治。

渭北革命根据地的建立和发展，是陕西共产党人探索武装割据和根据地建设的重要实践，为之后陕甘边革命根据地的创造和发展探索了道路，提供了条件。没有渭北的经验和教训，就不会有之后的照金和南梁。我父亲每每回忆起渭北革命斗争的岁月时，总是深有感触，他说：“我们把苏区叫作‘梢林’，这是从三原、渭北平原碰钉子碰出来的。”

1984年7月14日，我父亲在接见甘肃省委党史研究室的同志时，谈到陕甘边的历史问题时指出：“要写陕甘边，一定要先写心字区、武字区、渭北根据地和照金根据地、南梁根据地是继照金根据地之后发展起来的。”

在1986年4月7日，我父亲与时任陕西省委组织党史征集研究领导小组组长的习仲凯、副组长白玉洁谈话时也指出，“要说苏区，第一个苏维埃政府是渭北，因为渭北的心字区、武字区从大革命时期起，一直没有间断过武装斗争。不仅是秘密工作，还有武装斗争。要说第一个苏区，是渭北苏区，建立过苏维埃政权；第二个是照金；第三到南梁，是陕甘边政府。”

渭北革命根据地是一个风云际会的大舞台，为之后陕甘边革命根据地和陕甘红军的创建培养了干部，积蓄了力量。渭北革命根据地的工作是在中共陕西省委的直接领导下进行的，先后有许多著名的共产党人在这里进行土地革命和创建苏区的工作。刘志丹、黄子文、金理科、杨森、王伯栋等革命先烈曾在这片热土上带领红军战士英勇杀敌，贾拓夫、汪锋、张秀山、赵伯平、黄子祥、黄罗斌、刘映胜等革命先辈曾在这片热土上带领人民群众打土豪、分田地和建设根据地。在这片热土上，镌刻着许多伟大的名字，也书写下了许多可歌可泣的英雄故事。

1986年秋天，我父亲特意邀请黄子文烈士的遗孀李盛云来北京观光，他们在一起时谈论最多的话题就是当年那些难忘的岁月，我父亲称赞渭北黄家是“满门忠烈”。当年红二团南下作战失利，部队被打散。危难之际，红二团团长王世泰辗转来到渭北，黑夜里摸到黄家躲藏起来。几天后，黄子文的夫人李盛云不顾自己的安危，把王世泰伯伯的两支手枪装在篮子里，与他假扮夫妻，一直将他护送过渭河，使王世泰伯伯安全返回了照金根据地。

渭北的富平是我父亲走上革命道路的地方，而三原是他从共青团员成长为共产党员的光辉起点。我们老家富平淡村和三原武字区阡陌勾连、鸡犬相闻。1922年，我父亲在富平都村小学上学时，他的启蒙老师就是三原县陵前镇的郭培生先生，郭老先生治学严谨，思想开明，同情革命，对他后来走上革命道路产生了良好的影响。

1928年初，我父亲考入设立在三原的陕西省立第三师范学校，在学校党组织的领导下，积极开展革命工作。3月下旬，因参加革命活动，我父亲等9名进步学生被当局逮捕关押于三原县府监狱。在狱中，我父亲坚持革命斗争，并在中共三原县委学运干部武廷俊的主持下转为中国共产党正式党员，坚定地走上了革命道路。这一年他还不满十五周岁。他曾回忆说："我在狱中的一切行动，都听武廷俊的指示，他分配我干什么，如何干，我都坚决地按他的吩咐执行。"1928年8月我父亲出狱后，适逢"民国十八年年馑"，春秋颗粒无收，老百姓饥寒交迫。在中共武字区委和武字区地方筹赈委员会的领导下，我父亲往返于淡村与武字区之间，和黄子文、唐玉怀等组织开展筹赈分粮、抗粮抗捐和打击反动民团的革命斗争，他还在家乡发展了周冬至等一批共产党员。1930年春，受中共三原特支委派，我父亲冒着巨大危险，利用郭培生先生的亲戚关系，和郭明效一起，奔赴驻长武县的反冯（玉祥）地方武装毕梅轩部王德修支队，开始兵运工作。当时，从渭北进入这支武装的共产党人还有李秉荣、孙一君等数人。历经两年多的兵运工作，在1932年4月，我父亲与中共陕西省委军委秘书长、特派员刘林圃领导发动了两当兵变。

两当兵变后，我父亲又投身到渭北革命根据地的烽火岁月。1932年10月中下旬，在收棉花的时节，我父亲带领中国工农红军陕甘游击队第二大队特务队回到武字区，特务队改编为渭北游击队第二支队，又称武字区后区游击队，他担任政治指导员。武字区后区游击队常驻甘涝池村，在三原、富平、耀县交界地区带领群众打土豪、分粮食，开展抗粮、抗款、抗税、抗捐、抗债斗争。同年12月，中共三原中心县委成立，我父亲任县委委员。1933年2月，我父亲任共青团三原中心县委书记，主要从事学运和武装斗争，还分工联系富平地下党组织的工作。他在陕西省立第三中学、王泰吉骑兵团驻三原的两个班里面秘密发展了一批党员，其中就有王泰吉的侄子、十三班的班长王英。当时，他还坚决抵制了要求这两个班在三原县城就地起义的"左"的做法。

在三原期间，我父亲还和赵伯平等人结下了深厚的革命情谊。赵伯平时任中共三原中心县委书记，是他的上级领导，他们经常在一起畅谈中国革命。他曾回忆说："赵伯平对我帮助影响很大，每天抽出两个小时，到三原城外给我讲马列主义基本知识，讲中国革命的形势和历史。在三原城墙上和我说话的神态，就像刚发生在眼前，令人久久难忘。”我父亲视赵伯平为自己的良师益友，是对他帮助影响很大的人。

在1933年3月，中共陕西省委选派包括我父亲在内的一批干部到照金工作，至此，他离开了渭北这方红色的热土。

在渭北，我父亲和战友们带领人民群众一道打土豪、分田地，赈济灾荒，进行土地革命，建立红色政权，开展游击战争，形成武装割据。在血与火的年代，他们历经艰难和挫折，经受了枪林弹雨的生死考验，也把一腔赤诚和一段传奇永远地铭刻在渭北的土地上。我父亲对渭北革命根据地的历史贡献有着高度的评价。在《回忆在陕甘边区革命根据地的战斗岁月》一文中，他写道：“渭北苏区的开辟为红二十六军的创建，为照金和南梁陕甘边革命根据地的创造和发展提供了条件，培养了干部，输送了力量。”他认为，“渭北苏区的斗争有深远的历史意义，也为革命斗争积累了宝贵的经验。”

我父亲一直热爱着渭北这方热土，一直惦念着渭北的父老乡亲。1958年9月父亲在陕西视察工作期间，我父亲专程赶到三原陵前镇（原武字区）看望老战友黄子祥伯伯及黄子文的遗孀李盛云伯母。党的十一届三中全会以后，黄子祥伯伯给我父亲写了一封久别思念的信，反映三原老区的新变化。1979年8月，我父亲给黄子祥伯伯写了一封感人肺腑的回信，他写道，“府上一别，二十余载，怀念故人……”1979年，陵前公社党委书记张正同志向已在广东省委任职的他汇报他们迎来了包干到户的第一个粮食大丰收，并反映运输紧张的问题。为支援老区建设，我父亲即向公社党委写了慰问信，并将广东生产的南粤牌卡车调剂了两辆，以应急需。1984年4月，我父亲邀请武字区的老战友孙海章伯伯去北京，当得知孙海章伯伯的组织关系自1932年8月被错误开除一直未能恢复时，他随即写了证明材料，并亲自邮寄给三原县委。1987年3月，经省委组织部批准，孙海章伯伯的党籍终于得到恢复。1997年6月，三原县委召开黄子文烈士牺牲五十周年纪念座谈会，我父亲在电报中称赞“子文同志是知识分子与工农结合的楷模”。在1998年6月，他特意委托我母亲回到三原陵前镇专程看望88岁高龄的李盛云伯母。2000年6月下旬，我父亲怀着对老区人民的思念之情，再次委托我母亲带我和我姐姐回到三原，考察他当年革命战斗的旧址，走访、看望健在的老人，重温那段难忘的岁月。

历史是今天的镜鉴，也是未来的启迪。在全国人民学习十九大精神的热潮中重温历史，缅怀先辈，就是要不忘初心，牢记共产党人的使命和担当，矢志不渝、埋头苦干，为民族谋复兴，为人民谋幸福。渭北是陕西共产党人创建的第一个苏区，在陕西党史乃至中国革命史上都有着重要的位置。岁月沧桑，斗转星移。85 年过去了，今天的渭北大地一派生机勃勃、日新月异的景象。站在这方红色的热土上，似乎能聆听到那并不遥远的历史的声音，在激励我们沿着先辈们走过的足迹，承继先辈们坚忍不拔、革命到底的必胜信念，永葆先辈们艰苦奋斗、无私奉献的高贵品质，弘扬先辈们不畏艰险、舍生取义的英雄气概，在决胜全面建成小康社会、开启全面建设社会主义现代化国家的新征程上砥砺奋进，不断做出新的更大的贡献。

四、拓展阅读

1. 胡和平：《在纪念渭北革命根据地建成八十五周年座谈会上的讲话》，《陕西日报》2017 年 11 月 23 日。

2. 贾巨川：《习仲勋传》（上卷），中央文献出版社，2008。

五、探究思考

大革命失败后，中共陕西省委领导建立渭北革命根据地失败的原因是什么？它对我们今天建设中国特色社会主义有何启示？

第三节　土地革命战争初期的红色文物

一、文物简介

（一）用青砖砌成的字

1927 年，蒋介石背叛革命，在上海发动了“四一二”反革命政变，大肆屠杀共产党人和革命志士。4 月 28 日，李大钊在北京遇害。11 月，为了悼念死难烈士，唤起民众，共产党员陈述善、李维俊带领高塘小学、谷堆小学两校师生在高塘小学举行追悼大会。会后，他们与两校师生一起搬来青砖，又从附近的河里捡来了鹅卵石，用一砖一石在地上铺成了“踏着先烈的鲜血前进啊!!!”的巨幅标语。

1928 年 5 月，渭华起义爆发，西北工农革命军司令部就设在高塘小学院内。军委主席刘志丹发现这幅标语后，又精心把这幅鼓舞人心的标语加以点缀，形成了我们现在看到的“同志们赶快踏着先烈的鲜血前进啊!!!”15个大字，更增加了战斗的色彩。

由于渭华起义爆发于国民党反动统治的要害地带，致使国民党陕西当局十分震惊。从5月中旬到6月中旬，反动势力对渭华地区起义部队先后发动多次进攻，在敌我力量相差悬殊的情况下，西北工农革命军、陕东赤卫队及数千农民群众同敌人进行了殊死斗争，最后根据上级指示各部队退出渭华地区进入秦岭。部队撤退前，刘志丹带领警卫员用黄土把这一巨幅标语掩埋了起来。

渭华起义指挥部旧址用青砖铺成长20米、宽2米的巨幅标语：“同志们赶快踏着先烈的鲜血前进啊!!!”

此后反动军阀和清乡团大肆屠杀革命者，据不完全统计，先后有二三百名共产党员、共青团员、赤卫队员死于反动派的屠刀之下。他们试图抹去一切具有革命色彩的标志，但这一标语庆幸没有被敌人发现而得以完好保留。1951年，人们发现了这幅标语，除去上面的黄土，使这幅镶嵌在渭华大地上的巨幅标语重见天日。

这幅标语生动再现了渭华地区人民群众坚守信仰、勇于斗争的精神风貌，成为渭华起义“坚定信念，听党指挥，不怕牺牲，矢志奋斗”革命精神的历史见证。1998年，这条巨幅砖铺字标语被列入国家一级保护文物。

（二）一张特殊的“全家福”

渭华起义资料卷宗中，有一张发黄的黑白照片，格外引人注目。照片正中央一位身材高大的汉子木然地端坐在一把带有靠背的木椅上，四肢僵硬、双眼紧闭。左边一位少妇怀抱幼子，满面愁容，凄苦地依偎在汉子的身旁。他们的身后站着一位青年男子，他压低头上戴着的 草帽，掩饰着内心的悲愤！我们不禁产生疑问，照片上的主人公到底经历了什么？

照片中坐着的男子叫温济厚，照相时他已经去世。旁边抱着孩子的妇女是他

一张特殊的“全家福”

的妻子，并用胳膊顶着他。站着的男子是同村人温志德，在后面拉着他的腰带拽着他。1928 年 5 月渭华起义爆发后，共产党员温济厚被陕西省华县反动当局逮捕后枪杀。温济厚的妻子和温志德一起搬回他的遗体，给他穿上寿衣，从县城请来了摄影师，在村西头的小庙里拍下了这张阴阳两隔的照片。

（三）刘志丹使用过的油灯架

铁制，灯架由底座、铁架和挂钩三部分组成。底座为木制，呈圆形，中间有一盛放油灯的凹池。灯架柱铁制，有用于悬挂的挂钩。1928 年刘志丹任西北工农革命军军事委员会主席领导渭华起义时，晚上使用这个油灯架，点燃油灯写作起义的各种文告；提着油灯，走访群众。在渭华起义期间，群众创作了许多民谣，以表达对刘志丹的爱戴之情。

刘志丹使用过的油灯架

景桂主席到我家

渭华塬上开红花，刘景桂主席到我家；
盘上腿儿炕里头坐，和咱拉起家常话；
瓷壶里倒水哗啦啦，刘主席说出咱心里话；
穷苦人拧成一股绳，勒死土豪咱当家。

红旗一展亮了天

陕北出了个刘志丹，来到渭华闹共产；
说的都是知心话，杀的劣绅和贪官；
紧握手中刀和枪，不靠上帝和神仙；
村村建立苏维埃，红旗一展亮了天。

二、教学主题

渭华起义的精神内涵

渭华起义是继南昌起义、秋收起义、广州起义之后，党在中国北方地区领导的规模最大的一次武装起义，掀起了西北地区的革命高潮。起义虽然最终失败了，但它唤醒了广大群众，培养了一批党的干部，播下了革命的火种，熔铸了

“坚定信念，听党指挥，不怕牺牲，矢志奋斗”的革命精神。

坚定信念。在渭华起义中，革命先辈听从党的召唤，服从组织决定，抛头颅、洒热血，浴血奋战。渭华起义是革命的大熔炉，经过血与火的锻炼和考验，培养和造就了大批革命骨干。渭华起义的参与者在起义失败后，没有灰心丧气，也未曾动摇后退，而是方向更明、志向更坚。为国为民的革命理想和信念，激励着刘志丹、谢子长、习仲勋等共产党人，一往无前地继续革命，百折不挠地创建了渭北、陕北、陕甘边以及西北革命根据地。

听党指挥。在南昌起义、秋收起义、广州起义等先后失败后，革命转入低潮。中共陕西省委在西北革命力量还比较弱小的情况下，坚决贯彻党的八七会议精神，积极发展党的组织，决定在党的力量强大、群众基础较好的渭华地区发动起义。1928 年 3 月，中共陕西省委决定成立渭华起义的领导机关——中共陕东区特派委员会（简称陕东特委），陕东特委领导渭华地区的党组织和人民群众与国民党反动派进行了针锋相对、英勇顽强的殊死搏斗，彰显了陕西党组织和人民的革命性，是坚决执行中央决定、把中央的决定落到实处的有力反映，也是陕西党组织讲政治，注重政治建设结出的硕果。正是因为有了党的坚强领导，渭华起义才燃起了熊熊的革命火种，为创建渭北、陕北、陕甘边以及西北革命根据地积累了弥足珍贵的经验；正是因为有了党的坚强领导，才确保中共中央的指示能迅速而有力地传达和深入到普通贫苦群众之中，才使得渭华起义形成了迅速扩展之势；正是因为有了党的坚强领导，渭华起义才具有强大的生命力，为后来西北革命根据地的发展和壮大起到巨大政治推动作用。

不怕牺牲。渭华起义死伤惨重，大量党员干部和革命群众牺牲。西北工农革命军总司令唐澍被敌人重重包围，坚贞不屈，壮烈牺牲。他牺牲后，敌人将他的头颅残忍割下，悬挂在洛南县西城门楼上示众。西北工农革命军政治部主任廉益民、军党委书记吴浩然，陕东赤卫队副队长薛自爽、中队长徐汉儒等为革命英勇捐躯。渭华起义失败后，国民党反动派对起义地区的人民进行残酷镇压。凡是起义波及的地方，反动当局都设立“清乡团”，实行反动“连坐法”。土豪劣绅疯狂进行阶级报复，反攻倒算，恣意杀人放火。几百名共产党员、共青团员、赤卫队、少先队员和革命农民、学生惨遭杀害。有的父子、兄弟同时遇难，有的全家被杀。渭华原上一片火海，血流成河。渭华起义中相继有 300 多名共产党员、革命军战士、赤卫队员和人民群众为革命献出了宝贵生命，表现出大无畏的革命英雄气概。

矢志奋斗。在国民党反动派的残酷镇压下，轰轰烈烈的渭华起义最终失败了。但是，这次起义有力地锤炼和考验了一批党的优秀干部的意志力，他们不仅没有被吓倒，反而更加激发了矢志奋斗的革命意志，带着革命的火种回到陕北继续斗争。起义领导人刘志丹、谢子长将革命火种引向陕北，和习仲勋同志一道经过 1928 年至 1935 年艰苦卓绝的斗争，成功创建了西北革命根据地和西北红军，成为土地革命后期全国“硕果仅存”的革命根据地，进而成为党中央和中央红军长征的落脚点，为党中央把领导全国革命斗争的大本营驻扎在陕北奠定了基础。

三、资料链接

渭华起义歌谣

渭华起义时，群众创作了许多歌谣，表达了要积极参加革命斗争和对苏维埃政权的喜爱之情。

农民苦，农民难，一年四季不得闲；农民苦，农民难，打下粮食地主全收完。共产党，领导咱，打土豪，斗劣绅，为咱农民来申冤。

不爱银子不爱财，就爱革命苏维埃！不爱金子不爱钱，就爱人民新政权！

苏维埃是什么？听我把它说一说：苏维埃就是工农兵政权，不摊粮款不派钱，废除压迫与剥削，它对咱的好处说不完。快快成立苏维埃，幸福无边千万年。

史维汉（苏维埃政府的宣传委员），是能员，义娃子坟（苏维埃政府成立大会地址）里讲半天，农民拍手响连天，斗了居仁和绍谦（两个恶绅），烟土、银圆都抄完，恶绅若不还烟、元，骡马粮食拉到老君庵（苏维埃政府办公地点）……

《工农兵联合歌》：工农兵联合起来，向前进！勇敢向前进！追捕敌人，不达目的不罢休！

《打倒列强歌》：打倒列强！打倒列强！除坏蛋，除坏蛋，革命成功，齐欢唱！齐欢唱！

解放足，编成歌，同胞姊妹听我说，不缠脚，莫奈何，缠起小脚圪摇摇，好像钢刀脚心挑。同胞姊妹听我说，千万莫给娃缠脚。

《农民协会联合歌》：工友们，农友们，你们的工作为的何等事？你们的吃穿，全是血和汗！你们是世界上最有力的人。掮枪的工友们，团结起来，快快打倒它（指国民党）！

《苏维埃歌》：什么叫作苏维埃？工农兵、代表会、选举委员来。成立一个

委员会，它是最高之权威。打倒资产界，肃清一切反动派！33 5 | 53 2 | 23 21 | 。

四、拓展阅读

1. 胡和平：《在纪念渭华起义九十周年座谈会上的讲话》，《陕西日报》2018年4月29日。

2. 霍文军：《渭华起义革命精神历久弥新》，《光明日报》2019年10月28日。

五、探究思考

新时代如何弘扬渭华起义的革命精神？

第四章　陕甘革命根据地红色资源实践教学

由陕甘边革命根据地和陕北革命根据地发展而来的陕甘革命根据地，是大革命后期全国唯一硕果仅存的革命根据地，是党中央和中央红军长征的落脚点和中国革命走向新阶段的出发点。以刘志丹、谢子长、习仲勋等为代表的陕西共产党人和广大人民群众，在创建陕甘根据地的革命斗争历程中，在陕甘边和陕北地区留下了丰富的红色资源。

第一节　陕甘边革命根据地照金苏区红色旧址

陕甘边根据地照金苏区是由中共陕西省委领导、陕甘边党组织及陕甘边红军、游击队直接创建的红色割据区域。时间从1930年夏刘志丹、谢子长在陕甘边界开展兵运工作，发动游击战争起，到1933年10月16日照金陕甘边根据地中心薛家寨失守，照金苏区陷落。

一、红色旧址简介

（一）主要历史事件旧址

刘志丹彬县入狱　1931年春，中共陕西省委准备发动关中西府地区的总暴动，指示刘志丹率部到旬邑县职田镇驻防，并进一步开展苏雨生部的兵运工作，被苏雨生扣押，而且被带上12斤重的脚镣，投入彬县监狱。刘志丹被囚之后，在狱中同苏雨生等进行了针锋相对的斗争，表现了共产党人的高尚气节。部队党组织把此事报告了省委，省委千方百计进行营救。恰在这时，杨虎城将军的高级参议杜斌丞先生因公来到彬县，党组织请他出面干预。刘志丹是杜先生的得意门生，因此杜先生也乐意出面营救。苏雨生只好把刘志丹释放出来。杜斌丞离开彬县时，还送给刘志丹一把手枪、100元钱，鼓励他继续进行革命斗争。

红二十六军转角建军　旧址位于咸阳市旬邑县马栏镇转角村。1932年12月上旬，中共陕西省委派杜衡来到陕甘游击队，负责组建中国工农红军第二十六军。12月20日，杜衡在宜君县杨家店子召开党、团员大会，宣布省委关于改编陕甘游击队为中国工农红军第二十六军及杜衡任军政委的决定。在会上，杜衡错误地批评谢子长、刘志丹、阎红彦、杨重远等犯了“流寇主义”“梢山主义”的错误，并挑动战士，召开军人大会，批判谢子长、刘志丹、阎红彦、杨重远，并以调到上海“受训”为名，要把谢子长、刘志丹、阎红彦、杨重远赶走。为顾全大局，保持部队领导核心的稳定性，谢子长提出他和阎红彦离开部队，刘志丹和杨重远留下继续工作，黄子文也提出同样的意见。在谢子长、阎红彦离开部队后，1932年12月24日，陕甘游击队在宜君县转角举行改编授旗仪式，正式改编为“中国工农红军第二十六军”，杜衡拿出了由中央军委署名的红军番号任命书，[①] 但因人数太少，所以不设军部，只成立了红二团，使其为红二十六军的主力，军政治委员杜衡兼团政治委员，王世泰任团长，郑毅为参谋处处长，刘志丹任政治处处长，杨重远任团参谋处处长，黄子文为政治处处长，刘约三为经理处处长，杨琪任团管理处处长，师克寿任共青团委书记。红二团下辖骑兵连、步兵连和少年先锋队，骑兵连连长为曹胜荣，张秀山为政治指导员；杨致和任步兵第一连连长、杨文汉任政治指导员；李亚夫任第二连连长，李秉荣任政治指导员；王有福任少年先锋队队长，魏武任少年先锋队指导员。

红二团南下渭华 1933年6月中旬，中共陕甘边特委和红二十六军二团党委在照金举行联席会议，杜衡否定了刘志丹等人以桥山中段为依托发展陕甘边革命根据地的正确意见，坚持红二团南下渭华，创建渭（南）华（县）蓝（田）洛（南）根据地。6月下旬，红二团南下渭华，渡过渭河后遭国民党军队的围追堵截，红二团很快被打散，损失惨重。杜衡在南下途中跑回西安，不久被捕，叛变投敌。10月上旬，刘志丹、王世泰、黄子文、吴岱峰、高锦纯、刘约三、黄罗斌、牛岗等20多名幸存下来的指战员，历经千难万险，辗转回到照金。

（二）重要会议旧址

香山寺会议旧址 位于耀州香山寺。1932年2月16日，陕甘游击队在阳坡头战斗胜利之后，敌军调集几个团的兵力向游击队进行合围，游击队在重兵压顶、四面受敌的情况下，队委会研究决定挥戈南下，避实就虚，跳出敌之包围，各个歼灭敌人。2月20日，游击队进攻照金，在正月十五元宵节之夜，乘敌不

---

① 王世泰：《王世泰回忆录》，中央文献出版社2002年版，第64—65页。

备，收缴了当地民团的枪支弹药，准备在此建立根据地。但由于敌之进攻，2 月 22 日，部队又进至耀县的香山寺，队委会在这里召开了扩大会议，即香山会议，会议讨论了省委关于在三原、富平两个县城周围建立根据地的问题；与会同志从实际出发认为这两个县城地处平原地带，敌人兵力集中，距西安较近，又便于调遣，因此不宜在此建立根据地，而应按照毛泽东的方法向敌人统治力量薄弱的地方进军，并相机建立根据地，于是部队退出香山寺，继续北上宜君。

照金北梁会议旧址　位于铜川市耀州区照金镇北梁村北梁组。1933 年 6 月 17 日，红二团在照金北梁召开党政军联席会议，讨论边区工作和红二团行动计划。杜衡无视客观实际，拒绝了刘志丹、金理科等人以桥山中段为依托，广泛开展游击战争的正确意见，主张红二十六军离开照金，南下渭华，创建渭（南）华（县）蓝（田）洛（南）根据地，并不顾中共陕西省委、陕甘边特委的反对，强令红二团南下，致使红二团陷入国民党军队重围，终败南山。

陈家坡会议旧址　位于铜川市耀州区照金镇镇政府驻地东南 6 公里的北梁村陈家坡组。1933 年 8 月 14 日，陕甘边特委在照金陈家坡召开了陕甘边特委扩大会议，参加这次会议的有习仲勋、高岗、张秀山、黄子祥、杨森 、杨玉亭、王伯栋、史克寿、李妙斋、王泰吉、陈学鼎、张邦英、秦武山、陈国栋、周冬至、王满堂、刘鸣山等 20 多人。会议从当天下午一直开到第二天上午，统一了认识，决定坚持并扩大陕甘边根据地，恢复主力红军，成立陕甘边红军临时总指挥部，由恢复了党籍的王泰吉任总指挥，高岗任政委。陈家坡会议统一了党、政、军的认识，组建了陕甘红军的主力部队，提出了不打大仗打小仗，积小胜为大胜，集中主力红军深入陕甘边地区打击敌人，巩固和扩大照金根据地的正确方针。这次会议是红二十六军建军史上的一个关键步骤，对红二十六军有着十分重要的意义，对西北根据地的发展也具有重要意义。① 2012 年，铜川市耀州区修建了陈家坡会议纪念馆。陈家坡会议旧址于 1992 年 4 月被陕西省人民政府公布为第三批重点文物保护单位。

（三）主要战役、战斗

职田镇战斗　1932 年 2 月 12 日，在甘肃省合水县三甲塬的细咀子广场，举行了隆重的庆祝大会和授旗仪式，正式将“西北反帝同盟军”改编为“中国工农红军陕甘游击队”。谢子长为总指挥，李杰夫为政委，刘志丹为副总指挥，杨

---

① 张秀山：《我的八十五年——从西北到东北》，中共党史出版社 2007 年版，第 55—56 页。

重远为参谋长，组成陕甘游击队总指挥部。陕甘游击队南下到旬邑县职田镇，开展打土豪、分田地的革命斗争。1932 年 2 月 13 日，游击队将职田镇唐碧武等 8 个罪大恶极的土豪劣绅逮捕枪毙。谢子长还指挥游击队消灭了职田镇的民团，捣毁了伪区公所，烧毁了区公所的账簿和地主豪绅的契约。

阳坡头战斗 1932 年 2 月 16 日，中国工农红军陕甘游击队在旬邑县阳坡头设伏，我军集中优势兵力，诱敌深入，一鼓作气，全歼敌警卫团一个营 160 余人，俘敌 400 余人，敌县民团也死伤数百，缴获长短枪 400 余支及其他大批武器弹药。这就是有名的阳坡头战斗，是陕甘游击队建立之后的第一次重大胜利。

坟滩、柿坪战斗 1932 年 9 月 11 日，陕甘游击队在总指挥谢子长的指挥下，向铜川、宜君方向后退 20 多里，诱敌进入照金，然后连夜折回。9 月 12 日晨，乘大雾弥漫，三路包围敌人，在坟滩、柿坪等地，歼敌 400 余人，俘敌富（平）、铜（川）、耀（县）民团总指挥胡景铨，击毙敌民团副总指挥党谢芳和耀县民团团总柴子发等以下几十人，并且缴获了大批武器弹药。

焦坪战斗 旧址位于铜川市宜君县太安镇焦坪村。红二十六军决定攻打宜君县焦坪民团，1932 年 12 月 26 日，部队先向马栏方向佯动，迷惑敌人，然后趁天黑逼近敌人，次日天将拂晓时，出其不意地冲入敌阵，一个早晨将敌 60 余人全部消灭。然后部队又向薛家寨进攻，消灭了照金和旬邑县民团，使红色区域扩大到照金地区。部队在这里发动群众，打土豪，分粮食，建立农民协会和赤卫队。接着又开辟了香山、九保两个游击区，成立了区委，帮助地方党组织先后建立了照金、旬邑、香山、宜君、芋园五个游击队，为陕甘边照金根据地的建立创造了良好的条件。

耀县起义及辘轳把战斗 耀县起义旧址位于铜川市耀州区人民政府西侧武装部现址。1933 年 7 月 21 日，王泰吉率领十七路军骑兵团全体官兵在耀县起义，宣告成立“西北民众抗日义勇军”，王泰吉任总指挥，杨声任政治部主任，义勇军下辖六个大队，共约 1200 多人。起义军在耀县坚持战斗七天。为了争取国民党其他部队的起义，义勇军改变了原来北上白水、澄城的计划，而改为南下三原，再攻淳化，以便在此建立根据地。7 月 30 日，义勇军行军到三原心字区辘轳把时，突遇国民党军队孙友仁团、杨竹荪团的联合进攻，损失惨重。8 月上旬，王泰吉率余部向照金方向转移，与习仲勋、张秀山、李妙斋领导的游击队会合。

张洪镇战斗 1933 年 9 月 25 日，陕甘边红军临时总指挥部率红四团在合水古城川与强世清领导的陕北游击队一支队会合，共同奔袭张洪镇（旬邑县政府所在地)，游击队以少数兵力诱敌出城，敌中埋伏，然后游击队换上敌人服装混进城内，一举歼敌百余人，缴枪百余支，打死敌县民团团总朱洪章，活捉敌伪县长谢骞及各科科长 12 人，开仓济贫，打开监狱，释放了全部犯人，然后冒着大雨，避开石门关，绕道马栏川，胜利返回照金根据地。

甘嘴村战斗 1934 年 4 月中旬，红四十五师三团在淳化县甘嘴村与国民党军何高侯部两个连遭遇，在陕甘边区第三路游击总指挥部的配合下，全歼何部两个连，缴枪 100 余支。

薛家寨保卫战 旧址位于铜川市耀州区照金镇东北 5 公里的高山石崖上。薛家寨处于桥山山脉南端，海拔 1600 多米。这里重峦叠嶂，林密如海，中心地带壁立千仞，地势十分险峻，相传为薛刚反唐时的驻兵之地。在刘志丹、习仲勋等领导陕甘边军民创建陕甘边照金根据地的过程中，薛家寨成为根据地的中心和后方基地，在山上的 4 个寨子中分别设立了军医院、修械厂、被服厂、仓库等后勤单位，修建了寨楼、堞墙、战壕、哨卡、碉堡、吊桥等。1933 年 10 月初，国民党军队进攻薛家寨，耀西游击队总指挥部总指挥李妙斋、政委张秀山亲自率领总指挥部所属的一、五、七、九、十一等五个支队，坚守根据地，保卫薛家寨。在战斗中，李妙斋总指挥英勇牺牲，吴岱峰担任耀西游击队的总指挥。敌人几次进攻薛家寨都没有成功，后来敌人发现在石门工事与后山崾崄的阵地之间的悬崖峭壁上有几百米长的一个石缝，石缝内长满了许多小柏树，我们在这里疏于防守，于是在 10 月 15 日夜晚，国民党军组成了 100 多人的突击队，由叛徒陈克敏带路，趁天黑偷偷爬了上来进行偷袭，薛家寨失守，照金苏区陷落，根据地党政军机关转移到陕甘交界的南梁地区与主力红军会合。1992 年 4 月，被陕西省人民政府公布为陕西省第三批省级重点文物保护单位。

二、教学主题

陕甘边·革命根据地照金苏区

照金苏区的中心照金镇，位于耀县西北部，居桥山山脉南端的突出地带，与淳化、旬邑、宜君等县接壤。境内山峦起伏，河流纵横，沟壑交错，林密如海；中心地带险峰林立，其中以薛家寨为最险，海拔达 1600 米以上，悬崖峭壁，是开展游击战争的理想场所。

早在 1927 年大革命失败后，中国共产党就开始在陕甘边播撒革命的火种。刘志丹、谢子长、习仲勋等打入国民党部队，领导发动了 70 多次兵变和武装起义，均以失败告终，这使他们认识到建立自己的军队和根据地的重要性。1931

年9月，刘志丹在南梁地区建立了一支由中国共产党直接领导的工农武装——陕甘边境游击队，刘志丹任总指挥。1932年1月，同阎红彦率领的陕北游击支队合编为西北反帝同盟军，2月12日，改编为中国工农红军陕甘游击队，总指挥谢子长。陕甘游击队在渭北的三原、富平、耀县一带开展游击战争。

1932年6月，中共陕西省委根据中共中央指示，决定创建陕甘边根据地，成立红二十六军。9月中旬，陕甘游击队袭击耀县照金镇，并组织群众打土豪、分田地，拉开了以照金为中心的陕甘边革命根据地发展的序幕。12月24日，陕甘游击队在宜君县转角镇（今属旬邑县）举行改编授旗仪式，红二十六军正式组建。当时没有设立军部，也没有任命军长，只编有第二团，共200余人，杜衡（后叛变）任政治委员，王世泰任团长，刘志丹任政治处处长。

红二十六军成立后，同渭北群众革命斗争相结合，开始了创建陕甘边革命根据地的英勇斗争，很快把照金与渭北苏区连成一片，并看准机会向西路地区发展。

作为陕甘边革命根据地中心的照金，是党、军、政、团“四大家”的驻地。1933年3月8日，成立了中共陕甘边区特委，金理科为特委书记；同时成立了中国共产主义青年团中共陕甘边区特别委员会，成立时书记为师克寿，后来师克寿调红二十六军，习仲勋兼任书记；3月中旬，成立了陕甘边区游击队总指挥部，李妙斋任总指挥；4月5日成立了陕甘边革命委员会，贫农出身的周冬至为革命委员会主席。不满20岁的习仲勋身兼四职：陕甘边特委军委书记，陕甘边区游击队总指挥部政治委员，陕甘边革命委员会副主席，中国共产主义青年团中共陕甘边区特别委员会书记，展示了他的组织能力和领导能力。

到1933年5月，以照金为中心，位于旬邑、淳化、三原、耀县、宜君、正宁等县边界山区的陕甘边根据地基本形成，总面积约2500平方公里。

陕甘边革命根据地创建的初期，正是王明“左”倾教条主义在党中央占据统治地位的时期，刘志丹、谢子长、习仲勋创建陕甘边根据地照金苏区的斗争，一开始就受到党内左倾错误路线的干扰。

1932年4月18日，中共陕西省委书记杜衡来到陕甘游击队，指责游击队犯了“游而不击”“流寇主义”的严重错误，撤销了谢子长的总指挥职务，命令刘志丹带领部队东进富平、洛川等地，结果游击队在韩城遭国民党重兵围攻，损失惨重，只得越子午岭再入陇东。

1932年7月，中共陕西省委派省委常委李艮为陕甘游击队政委，李艮要求“红军冲破游击战的思想束缚，演习阵地战和平原战”，无休止地开会讨论，解决所谓游击队的“机会主义领导问题”“反革命阴谋问题”，声言“追查反革命”；敌人这时趁机进攻游击队，战斗开始后，李艮命令部队先死守、后强攻，三次战斗均失败，人员伤亡惨重，仅剩下200多人。

1932年12月，杜衡受陕西省委委派再次来到陕甘游击队，任新组建的红26军政委。杜衡污蔑刘志丹、谢子长、习仲勋在建立陕甘边根据地的斗争中犯了“梢林主义”“土匪路线”的错误。“梢林”指整个桥山山脉的灌木丛。“梢林主义”指刘志丹、谢子长、习仲勋在照金区开展游击战争、建立根据地的斗争。“土匪路线”，实际上是一种统一战线策略，团结一些哥老会头目、民团团总、保安团、红枪会共同斗争。杜衡主观臆断、违背实际“拍脑袋”决策，主张放弃陕甘边根据地，先是北上打通国际路线连通苏联，攻打同我们有统战关系的庙湾民团，火烧香山寺，结果部队损失惨重。北上失败后又命令刘志丹在1933年6月21日带领部队南下创造渭华苏区，试图同陕南红四方面军会合。红二团离开根据地，在国民党军队的围追堵截下，很快被打散，损失惨重。杜衡在南下途中跑回省委，不久被捕，叛变投敌。10月上旬，刘志丹化装成卖东西的货郎历尽艰辛回到照金，其他20多名南下幸存的指战员也辗转回到照金苏区。

1933年7、8月份，是根据地发展的最困难时期，红二团南下失败，外面人认为红二十六军整体被消灭；根据地内部的几支武装力量不团结，要各回各家；中共陕西省委遭破坏，省委书记袁岳栋、红二十六军政委杜衡叛变投敌，根据地上空弥漫着悲观失望的情绪，遇到了“红旗能打多久”的问题。在此情况下，1933年8月14日，陕甘边特委在照金陈家坡召开党政军联席会议，习仲勋和秦武山主持会议，黄子祥、王柏栋主张分散打游击，习仲勋等人主张高举红旗，统一行动。会议从下午开到第二天太阳出来，整整一夜，决定坚持并扩大陕甘边根据地，恢复红军主力，成立“陕甘边红军临时总指挥部”，任命王泰吉为总指挥。10月上旬，刘志丹回到照金后，任临时总指挥部参谋长，并于10月12日率陕甘边红军主力向北出征，为扩大陕甘边根据地而斗争。

总指挥部的成立和军事指挥的统一，使得部队战斗力有了显著提高，军事上取得了一连串的胜利，极大地提高了红军的声威，但也引起了反动统治者的恐惧，蒋介石命令国民党军队“围剿”照金苏区，占领薛家寨。

1933年10月13日，敌人四个正规团和六个县的民团共6000余人，携带迫击炮、重机枪等重型武器，对照金根据地的中心——薛家寨进行突然袭击，由于刘志丹已带领陕甘边红军主力向北出征，薛家寨只有三四百人留守，敌我力量悬殊，再加上山水游击队和龙王寨游击队的领导人叛变，李妙斋、周冬至等根据地领导人在战斗中相继牺牲。10月15日，在敌人登上薛家寨、我军腹背受敌的情况下，为了保存革命力量，根据地领导机关和后勤机关暂时撤出了照金苏区。

照金苏区失守后，1933年11月3日，中共陕甘边特委和陕甘边红军临时总指挥部在甘肃省合水县包家寨召开了联席会议，会议总结了照金苏区斗争和薛家寨失守的经验教训，彻底清算了杜衡的“左”倾冒险主义，决定恢复红二十六军（建制为红二十六军四十二师）；开辟以安定、南梁、照金为中心的三路游击区，建立三路游击队；开辟以甘肃南梁为中心的陕甘边根据地。包家寨会议同陈家坡会议一样，是陕甘边根据地发展史上的重要会议，标志着陕甘边区革命的发展已走向成熟阶段。

包家寨会议后，陕甘边各地游击战争蓬勃发展，迅速将渭北苏区、照金苏区和南梁苏区连成一片。1934年2月25日，选举成立了由习仲勋任主席的新的陕甘边区革命委员会。5月28日，建立了由刘志丹任军委主席的陕甘边军事委员会，恢复了陕甘边特委机关。在陕甘边特委和陕甘边革委领导下，南梁根据地各项革命和建设事业蓬勃发展，已经具备了建立边区一级革命政权的条件。1934年11月4日至6日，中共陕甘边特委和陕甘边革命委员会在南梁荔园堡召开陕甘边工农兵代表大会，选举成立了陕甘边区苏维埃政府，21岁的习仲勋任苏维埃政府主席。

陕甘边工农民主政府的成立是陕甘边革命斗争的一个历史转折点，它鼓舞了人民群众革命斗争的勇气，坚定了红军指战员的战斗意志和必胜信心。经过两年多艰苦的反“围剿”斗争，到1935年初，已在陕甘边纵横数百公里之地建立了巩固的苏区和游击区，建立了11个县的苏维埃政府，以南梁为中心的陕甘边革命根据地正式形成。

南梁苏区的建立，是刘志丹、谢子长、习仲勋等吸取了渭北苏区、照金苏区建设的经验教训而建立起来的，南梁苏区是陕甘边根据地的发展和巩固阶段，为西北根据地和陕甘宁边区的建立和发展奠定了坚实的基础。

三、资料链接

中央关于陕甘边游击队的工作及创造陕甘边新苏区的决议

一、在空前的灾荒与农民斗争的基础上生长起来的陕甘边的赤色游击队，在与国民党军队及民团的英勇战斗中，得到了许多新胜利，而且日益壮大起来。它正走向与三原的农民武装队伍汇合起来而成为一个很大的力量。陕甘边农民游击队的英勇的战斗与胜利，粉碎了一切机会主义者的“北方落后论”，给了“陕西农民还没有为苏维埃和土地革命争斗的勇气和决心”的机会主义的胡说以致命的打击。证明了党提出的“要在这些武装斗争已经成熟的农民区域集中力量去发动那边的农民斗争，一直到游击战争。在北方，更要特别注意兵变发展的区域，使这些兵变配合着当地的农民与工人的斗争创造出北方的苏维埃区域”的任务(中央九月二十日决议)① 是完全正确的适时的。

二、估计到目前陕西的农民反抗捐税，反对高利贷，反对国民党统治，争取土地，灾民分粮抢粮的斗争普遍与紧张，估计到陕西士兵的哗变的潮流的增长，估计〈到〉陕甘游击队及三原农民武装队的力量及该区敌人武力的薄弱，最后估计到全国革命危机的成熟，应该清楚地提出：在积极地开展当地的游击运动中，创立新的红军的队伍及陕甘边苏维埃的任务。

三、为着实现上面的任务，首先应该从现在的游击队中选拔中坚的有力的队伍编成为经常的正式的红军，这是丝毫不能延缓的最迫切的任务。“建立完全有战斗力的政治上坚定的红军，在现在中国的特殊条件之下，是第一等的任务，解决这个任务，就一定可以保障革命的强大的开展”，这在今天陕西的经济与政治的环境中是更加明显与迫切的。“红军的社会成分应当是工农的，主要的指挥干部应当是工人的，要有坚决的共产党的骨干领导者，要有最靠得住的指挥者，要有铁的纪律。”因之，在组织陕甘边的经常的红军时应该注意到：A. 以武装农民为新的红军的主要的成分，最大限度地吸收贫农和雇农参加。陕西省委必须从西安动员大批的工人群众去参加红军，建立在这部队中的工人的骨干。B. 从游击队中选拔最可靠的党员与工农分子来担任红军的指挥员，即刻组织陕甘边苏区革命军事委员会来指挥红军行动，在可能的情况之下，即刻开始开办红军的随营学校与干部学校来训练新的指挥员。C. 立即开始建立红军中的政治工作，指令可靠党员为政治委员与政治指导员，实现中央制定的红军编制，政治工作，政治委员，政治部，党和青年团的各种条例。红军中的政治委员是红军中苏维埃政权与党中的代表，他对于部队的纪律、政治觉悟与战斗力的加强等等与军事指挥员负同样的责任。党的团的组织的任务是提高红军战斗员的政治觉悟，巩固部队的纪律与战斗力，他们应该在政治委员的指导之下工作。中央责成陕西省委从自己的常委中选派一人去担任二十六军政委。D. 在最初应该编成红军一师（按照红军编制法，即该师应有三团，每团三连，每连三排，每排三班），并努力求得在最

① 指一九三一年九月二十日中央决议案——由于工农红军冲破第三次“围剿”及革命危机逐渐成熟而产生的党的紧急任务。

短期间达到红军二师。该部队番号暂用中国工农红军第二十六军第四十一师。E. 红军的军械军需及给养的补充的来源，只能把军阀的军队做目标；为着这个目的，可以而且应该实行游击敌人后方的辎重队和交通队。

四、在目前游击队行动的区域中，必立即彻底地执行下列的任务，以便将这个区域造成红军与游击队的巩固的根据地。这些任务是：A. 组织和领导农民群众起来没收一切地主绅士、祠堂庙宇及帮助反革命的富农的土地。将它平均分配苦力，雇农，贫农和中农。地主绝对不能在任何名义的掩盖之下分得土地，富农只有在他自己耕种的条件之下分得一份劳动的土地。土地应该按照人口与劳动力的标准来平均分配。在分配土地时，不仅要顾念雇农和贫农的利益，而且要顾念中农的利益。只有在基本农民群众愿意和直接拥护之下，才能实行平均分配一切土地。一切农民过去的欠债及租税应立即废除。B. 彻底地摧毁当地的反革命的政权机关，组织苏维埃的政权机关。应该从当地的群众组织及游击队中选择可靠的党员和非党员来组织陕甘边苏区革命委员会，来领导农民的斗争，扑灭反革命的势力与夺取武装。革命委员〈会〉必宣布全国苏维埃大会的一切决议与法令，并努力实现这些法令，他应该根据苏维埃的组织法来组织乡村县以至全边区的工农兵代表会议的政权，这里应该特别注意保证在苏维埃政权之中的无产阶级与雇农的骨干及党的领导。C. 解除边区内一切反革命派别的武装，广大地进行武装工人、雇农、贫农和中农，组织农民赤卫队与少年先锋队——这些队伍的任务是与苏区内部的反革命做争斗，保护苏区边界，参加一般的政治和组织的工作，他们同时应该是补充红军的后备军。迅速地彻底地实行上面的任务，才能创立真正的巩固〈根据〉地——目前游击队的行动的区域三水、正宁、三原这一带，有着建立这样根据地的优点（农民斗争的紧张，与［和］三原、长安等中心城市等等）。应该首先巩固这一带区域作为我们陕甘边苏区向前发展的根据地。

五、经常的红军部队与巩固的根据地的创立，绝对不是说要来取消或减弱游击战争的开展，相反地，应该用更大的力量开展这个区域及其附近的游击队的行动，要记得，如果在国民党统治的区域没有广大的农民游击战争，红军是很难得到决定的胜利的。环绕在行区周围的农民游击战争是苏维埃运动的开展与苏区的巩固的保障。因之，在三原、同官、蒲城一带去开展广大的农民游击战争为迫切的任务。游击队的主要任务，要在敌人后方动作，消灭敌人的小部队夺取枪械，发动当地的农民斗争摧毁反动的乡村或县城中的政权进行土地革命等等，游击队应该是土地革命的宣传者与组织者。游击队应该吸收当地的农民群众参加自己的队伍，并努力从游击队生长成为正式的红军。红军的指挥员应该努力指导游击队的动作并将他与红军的作战任务联系起来。红军的动作在任何情况之下（进攻或防御等）都应采取绝对的积极性。在目前对于敌人（井岳秀、民团等）应该采取积极进攻的策略。但是在今天争取大城市或截断渭河交通（如省委的提议）还不是目前陕西红军与游击队能胜任的。这种情况，在将来军事的进展、红军的坚强与根据地的巩固之后，必定能够改变的，改变到有利于红军的这种动作，但是在今天是不适合的。红军目前发展的方向应该是在泾渭二水之间，消灭敌人在这里的力量，创立较大的根据地。

六、红军的基本任务：除了以武装对付国民党的军队之外，还要用红军全部人员与政治机关去做瓦解国民党军队的工作，用传单标语联欢会等等去夺取白色的士兵群众，并应该派遣我们的工作人员到敌人军队中去组织兵变与煽动他们投入红军。这种工作要与红军的武装战斗同时并进。同时中央责成陕西省委去加强在杨虎城及其他军阀的中心部队中的我们的工作。

七、在苏区及红军中建立强固的党的委员会与党的组织上的中心任务。这些党部要能够保证对于苏维埃政权机关、游击队与红军和区域内各种群众组织的工作的领导。中央责成陕西省委及中央组织局采取必要的办法来加强陕甘特委的领导，现在的渭北特委应该移到苏区中去。在红军根据地与游击队的区域中应该最大限度地发展党的组织，吸收雇农、贫农及优秀的中农分子入党，严格地防止富农及阶级异己分子混入政权机关及党内来。最大限度地加强党员群众的政治教育与军事训练，使党的队伍能够适合于向前发展的革命的国内战争的环境。必须立刻在这区域建立群众的青年团、贫农团、工会的组织，发展他们工作上最大限度的积极性。中央责成团中央及陕西省委采取一切必要的方法来创立这区域中的团的组织，并改换与加强团西安市委的领导，应该考虑建立强有力的团的陕西省委的问题。党及一切群众组织应该在深入土地革命、创立红军与苏区根据地及扩大红军及游击队上发展其极大的积极性。应该利用其他苏区的经验来进行广大的拥护红军扩大红军的运动（慰劳、收集粮食、打草鞋、动员到红军中去等等）。

八、陕西省委必须以最大的力量来开展西安等中心城市中的工人的罢工运动与反帝运动，及蒲城、富平、渭南、凤翔的农民游击战争的发动，组织士兵的革命兵变以及灾民分粮抢粮的斗争，“每一个经济斗争，每一个罢工，每一个群众的发动，这在非苏区之中不但是组织群众的一步，亦就是进到武装暴动的一步，而且〈是〉直接对于苏维埃区域的帮助”。陕西省委及陕西党的组织必须十倍地加紧反对右倾机会主义的斗争，这种倾向表现在：对于目前情势的估计不足，认为陕西没有发动游击战争与革命兵变的可能，认为“陕西农民还没有为苏维埃政权及土地革命争斗的决心和勇气”，忽视无产阶级在反帝运动与土地革命中的领导权等等，坚决的布尔什维克的两条战线上的斗争，能够顺利地克服这些部分的动摇游疑，而在坚决地实现这个决议的基础上，在光荣与勇敢的斗争中，创造成新的广大的强固的陕甘边苏区与英勇的红二十六军！

中央

一九三二年四月二十日

根据中央档案原油印件刊印（二）

四、拓展阅读

1.《第五章　在照金苏区》《第六章　转战陕甘边》《第七章　遭遇错误肃反》，载《习仲勋传》（上卷），中央文献出版社，2008。

2. 中共铜川市委：《照金革命史》，中央文献出版社，2013。

3. 中共陕西省委党史研究室　中共甘肃省委党史研究室：《陕甘边革命根据地》，中共党史出版社，1997。

五、探究思考

照金陕甘边革命根据地的建立如何实践了毛泽东工农武装割据的思想？

第二节　陕北革命根据地红色旧址

中共陕北特委先后在中共陕西省委、中共河北省委、中共中央北方局、中共中央驻北方代表的领导下，带领陕北人民创建了陕北革命根据地。时间从1928年4月中共陕北特委成立，到1935年2月陕甘边特委和陕北特委举行的周家硷会议。

一、红色旧址简介

（一）主要历史事件旧址

中秋事件　陕北特委成立后，特委机关设于米脂县城内。为了传达中共“六大”精神，同时检查和总结陕北特委成立半年来的工作情况，交流革命斗争的经验，中共陕北特委决定于1928年9月28日（即农历八月十五）在米脂县城召开第二次代表大会。但在各县代表快要到齐、会议即将召开的时候，被敌人发现了，敌人在城内搜查一些旅馆和学校，逮捕了特委书记杜衡、团特委书记焦维炽、团特委组织委员贾拓夫和中共榆林县委书记李文芳，这就是“中秋事件”。贾拓夫、李文芳被关押20多天后释放，杜衡和焦维炽被押解到榆林，直到1928年底才被党组织营救出狱。“中秋事件”后，党的特委机关转移到清涧县的折家坪。

木头峪暴动 1933年冬，陕北特委将马佩勋由神府调到佳吴，同刘子义等研究在佳县木头峪暴动和成立红四支队的问题。马佩勋到佳吴后，即和驻在吴堡宋家川一带的一些烟商武装进行联系，把他们组织起来，1933年12月14日，成立了“抗日义勇军”，薛俊山为队长，马佩勋为政委，暂时隐蔽在吴堡宋家川一带，待命行动。

1934年2月6日晚，佳县一些反动士绅和反动民团以及伪县政府的衙警，准备在木头峪开会，商讨屠杀共产党和向人民催租讨账问题。陕北特委决定乘敌人在木头峪开会之机，实行暴动。于是将隐蔽在宋家川的“抗日义勇队”集中起来，奔赴木头峪，经过6日一个夜晚的战斗，消灭了作恶多端的县民团团总张东皎、县教育局局长李维琪和聚丰号老板张宗聚。随后，部队开到吴堡县樊家圪坨，发动群众，开展游击战争。根据陕北特委的决定，1934年2月15日成立了“中国工农红军陕北游击队第四支队”，薛俊山为队长，马佩勋为政委，

（二）主要会议旧址

中共陕北特委成立会议旧址 位于榆林市子洲县苗家坪镇苗家坪村南丰寨。1928年4月，中共陕北特委第一次代表大会在苗家坪（今属子洲县）附近的南丰寨古庙召开。会议传达了中共中央八七会议精神和陕西省委“九二六”扩大会议精神，讨论通过陕北政治形势与当前工作任务等决议，选举成立了中共陕北特委和团陕北特委。确定杜衡为特委书记，冯文江任组织委员兼农运委员；马瑞生任宣传委员（未到职），军事委员杨国栋，青年委员兼团特委书记焦维炽，赵通儒、白明善等为候补委员。特委机关设在米脂县城。中共陕北党组织第一次代表大会具有重要的历史意义，它宣告了中共陕北特委的成立，为恢复和发展陕北党团组织，加强对革命运动的领导，使陕北人民的革命斗争从敌人的严重破坏下迅速恢复和发展起来准备了重要的条件和奠定了坚实的组织基础，使陕北的革命斗争进入了一个新的历史阶段。

陕北特委第一次扩大会议旧址 位于榆林市子洲县马家沟岔乡师家坪村。1929年2月，中共陕北特委在绥德西川马家沟岔乡张家岔村（今属子洲）召开。

会议决定接受“六大”的决议，承认革命形势暂时处于低潮，认为当时陕北还不具备立即建立苏维埃的条件，党的工作必须进一步加强农民运动，巩固好学校阵地，积极开展兵运工作，分派党团员到白军中去准备哗变等。会议确定陕北党的工作方针为深入群众，争取群众，积蓄力量，准备条件，等待时机，进行苏维埃运动，以迎接陕北革命新高潮的到来。会议对代理特委书记杨国栋的错误思想进行了批评，但仍决定由其代理特委书记，另增补白明善、霍世杰为特委委员、常委，选举谢子长为特委军事委员。会后，特委机关迁往榆林。

陕北特委第二次扩大会议旧址　位于榆林市榆阳区镇北岳庙村西南2公里处的红石峡景区内。陕北特委第一次扩大会议之后，特委主要领导人杨国栋坚持右倾机会主义错误，给党的工作造成很大损失。1929年4月，陕北特委第二次扩大会议在榆林城北红石峡山上一个叫雄山寺的庙里召开。参加会议的有杨国栋（前期参加后期未参加）、白明善、刘澜涛、冯文江、贾拓夫、李力果、常立德、刘秉钧、霍世杰、乔乃文、李文芳等，大会清算了杨国栋的错误倾向，会议讨论了加强陕北地区武装斗争的问题，会议提出进行武装斗争可以有三种方式：白色的，派人到国民党军队中去搞兵运，做争取白军的工作；灰色的，就是派人到后九殿山的杨庚武部或其他土匪部队中去做争取工作；红色的，就是我们自己放手发动群众，建立工农革命武装。在这三种形式中，决定先以争取白军工作为主，所以在会议结束之后，特委和各县党组织派了一大批同志到陕北井岳秀部、高志清部和宁夏苏雨生部、甘肃谭世麟部搞兵运工作。

会议同时还讨论了加强对陕北地区灾民斗争的领导等问题。会议选举白明善为特委书记，会后不久，中共陕西省委任命刘志丹为陕北特委书记，改派白明善为府谷县委书记。这次会议也是陕北特委历史上一次非常重要的会议，它不但纠正了杨国栋的严重错误，而且加强了党对武装斗争和灾民斗争的领导，使陕北党的工作大大前进了一步。

陕北特委榆林会议　1929年6月，刘志丹根据中共陕西省委的指示，由家乡保安县到榆林特委机关，担任陕北特委书记。7月，在榆林城内，他秘密主持召开了中共陕北特委会议。会议决定党员应利用亲友及其他社会关系，打入陕甘军阀军队内部，积极开展兵运工作，待条件成熟即举行武装哗变，以建立由党直接领导的革命武装力量。因刘志丹在榆林熟人较多，不好公开活动，所以在各项工作布置妥当之后，经中共陕西省委同意，他又返回保安县从事改造民团的工作，特委书记由李力果（李鼎铭次子）暂时代理，不久中共陕西省委又任命吉国桢为陕北特委书记。[①]

陕北特委合龙山会议 1930年4月下旬，陕北特委在绥德城西5里地的合龙山寺庙中召开会议。参加这次会议的有党、团特委委员吉国桢、苏士杰、张文华、刘澜涛、马文瑞、贾拓夫、常黎夫、李文芳等，此外，还有各县代表白明善（府谷）、马瑞生（绥德）、师应三（清涧）等，佳县代表苗仰实迟到，延安代表因故未能出席。这次会议的主要内容是传达陕西代表团去中央汇报工作的情况和中央对陕西工作的指示，各县代表汇报自己的工作，讨论当前形势和任务以及开展“红五月”宣传运动月的问题。杜衡就第一项议程做了报告，要求陕北特委要继续贯彻“六大”决议，迅速发展党团组织，壮大革命力量，同时要抓紧军事工作，准备开展武装斗争。

陕北特委第三次扩大会议 1930年10月初，陕北特委在绥德城西的合龙山寺庙召开了第三次扩大会议。参加会议的有赵伯平、刘志丹、谢子长、刘澜涛、张德生、白明善、苏士杰、杨重远、李文芳、常黎夫、冯文江、崔田夫、毕维舟、常学恭、常立德等20多人，北方局代表高维翰、孔祥贞也参加了会议。会议传达了中央“六一二”决议案（即立三路线关于组织中心城市武装暴动的决议）和中共陕西省委《政治任务决议案》《对陕北工作的决议案》以及关于划陕北为军事暴动区、陕北特委归北方局领导的决定。会议新选出的特委成员有：赵伯平为书记、常立德为常委兼组织委员、孔祥贞为常委兼军事委员、李文芳为执委兼秘书、刘澜涛为执委。团特委的成员有：常黎夫为书记，杜鸿章为组织委员。会议根据武装暴动的要求，还成立了“陕北特委军事行动委员会”，由谢子长、刘志丹任正副总指挥。

陕北特委第四次扩大会议 1933年7月23日至25日，陕北特委第四次扩大会议在佳县高起家坬召开。会议由陕北特委代理书记马明方主持，出席会议的除马明方、马文瑞、毕维舟、王兆卿、常学恭、崔逢运、鲁学曾等特委委员外，还有各县代表和一些特邀代表，如崔田夫、崔田民、贾怀智、张达志、高长久、高禄孝、张岗等20多人。会议的主要内容是传达中共中央和北方代表的有关文件精神，总结特委工作，分析陕北地区的革命形势，恢复和选举陕北特委的领导机构。会议的重点是讨论和研究关于在陕北根据地开展游击战争和建立革命政权问题。会议是陕北地区党的工作的一个重大转折，会后，陕北党组织逐步由秘密到公开，各地的武装斗争蓬勃发展，为陕北根据地的巩固和扩大创造了有利条件。

---

① 中共陕西临时省委：《八月份工作报告》（1929年9月20日），陕西省档案馆。

南坬村联席会议　1934 年 1 月底，由特委书记崔田夫在佳县南坬村主持召开了陕北特委党团联席会议。参加会议的有崔田夫、郭洪涛、马明方、张达志、高长久、马文瑞、李铁伦七人，郭洪涛传达了北平会议精神和北方代表对陕北特委“陕北特委领导游击战争不力”“忽视城市工人斗争”“富农路线”等错误批评，受到特委与会同志的抵制。会议决定继续执行高起家坬会议的方针，恢复陕北游击队一支队，加强对陕北游击队第二、第三支队的领导，准备新建绥米佳县和定边靖边两个游击支队；会议还决定将党团组织分开活动，自成体系，并建立各种群众组织。

神堂沟会议　1934 年 4 月 5 日，中共陕北特委在佳县神堂沟召开会议，其主要内容是听取木头峪暴动和店子沟斗争以及各地工作进展情况的汇报。会议再次抵制了中共中央驻北方代表关于“陕北特委领导游击战争不力”“忽视城市工人斗争”“富农路线”等不切实际的指责，决定继续开展游击战争，扩大游击队的组织，武装开辟村庄，将已有的游击根据地连成一片，普遍成立赤卫队、少先队，开展群众性的游击战争。

王家畔会议　1934 年 5 月 2 日，陕北特委在佳县王家畔召开游击队代表和根据地代表联席会议，传达神堂沟会议精神，总结陕北地区一年来开展武装斗争的经验教训，研究今后的行动方向和行动计划。会议通过了《开展游击运动与创造陕北新红军与苏区的决议》，决定建立“中国工农红军陕北游击队总指挥部”，并决定将绥米佳吴、绥清延水、安定西区等三个根据地连成一片。7 月 8 日，陕北游击队总指挥部成立，总指挥为谢子长，政委为郭洪涛，参谋长为贺晋年。

寺墕里会议　1934 年 8 月 28 日，中共陕北特委在清涧东区寺墕里召开会议，会议做出了《关于冲破敌人围剿的决议》，号召陕北根据地军民紧急行动起来，反对日本帝国主义侵略，收复东北四省，保卫华北不受侵犯，誓死不当亡国奴，在游击区内建立工农政权，开展分配土地工作；扩大游击队、赤卫队、少先队等群众武装组织，广泛开展游击战争。会议还决定把陕北游击队一、二、三支队改编为“中国工农红军陕北独立师第一、二、三团”，并决定再成立七、八、九三个游击支队。寺墕里会议之后，陕北党的力量有了进一步的发展，陕北革命根据地基本连成一片。

（三）重要战役、战斗

安定城战斗　1934 年 7 月 16 日，谢子长率陕北游击队一、二、五支队和薛兰斌领导的赤卫队，经过一夜激战，于 17 日攻开安定县城，打开监狱，释放政治犯，扩大了政治影响，使陕北游击队和游击战争有了更大的发展。10 月 15 日，谢子长带伤指挥部队再次攻打安定县城，在城内共产党员刘光汉、白应奎等接应下，攻入城内，击毙民团团总李培成。

景武家塔战斗 1934 年 8 月 17 日，谢子长率领红二十六军第三团和陕北游击队一、二、五支队，在安定县景武家塔全歼国民党军八十六师姜梅生部一个连。

河口镇战斗 1934 年 8 月 26 日，谢子长率领红二十六军第三团和陕北游击队夜袭清涧县河口镇守敌，击溃国民党军八十六师一个连和一部分民团，战斗中谢子长胸部受伤，流血过多伤势严重，因此红军游击队撤出战斗。敌人被迫放弃据点，逃回清涧县城。

哈拉寨战斗 1934 年 9 月至 11 月，国民党调集两个团和两个营的兵力，对神府根据地进行“围剿”。10 月初，陕北红三团突破国民党军队的包围，直入府谷北区，与陕北游击队七支队会合，打进府谷北区重要集镇哈拉寨，消灭一个民团，处决了国民党联保主任，并给群众平分了地主豪绅的粮食衣物。

王家圪垯战斗 1935 年 1 月 19 日，贺晋年决定率红一团赶到延川县楼儿沟与高朗亭率领的延川县九支队会合，趁敌延川县民团出城找九支队决战之机将敌歼灭于城外。部队到了清平川的王家圪垯附近布下包围圈，当敌民团 200 多人进入伏击圈之后，红一团两面夹攻，九支队前堵后截，将敌逼进一条狭窄的山沟里，很快被全歼，活捉反动团总，缴枪 200 多支，充实和改善了红一团与九支队的装备。

南沟岔战斗 敌八十四师高桂滋部进入陕北之后非常骄横，分数路向陕北革命根据地腹地进攻，1935 年元月底，高部又从绥德向南沟岔进攻。1935 年 1 月 31 日，红二十七军发动了南沟岔战斗，红一团正面进攻，红二团侧后方攻击，经过 3 个小时的战斗，将敌击退。在追击的过程中，又歼敌一个连，拔除了敌人在此地的据点。缴获步枪 50 多支，轻机枪 3 挺，陕北红军第一次有了轻机枪。

阎王砭战斗 1935 年 2 月 13 日，红二十七军主力在陕北游击队新二支队的配合下，将驻守清涧县高杰村的国民党军两个排诱至阎王砭全部歼灭。新二支队队长惠世良在战斗中牺牲。

二、教学主题

革命之火燃遍了陕北的黄土地

中国共产党成立和大革命时期，陕北是陕西革命发展较好的地区之一，具有较好的革命基础。大革命失败后，以刘志丹、谢子长为代表的陕西共产党人，在陕北进行武装斗争，使革命之火燃遍了陕北这块黄土地，建成了包括延安、延川、清涧、绥德、吴堡、佳县、安定、米脂、横山、靖边、子洲 11 个县在内的陕北革命根据地，它在 1935 年 2 月同陕甘革命根据地合并形成西北革命根据地。

1927 年 11 月，陕西省委决定设立中共陕北特委，领导陕北的党组织。1928 年 4 月底，陕北特委成立会议召开。参加会议的代表们乔装打扮，有的以商人身份，有的打扮成公差模样，来到了苗家坪（今属子洲县）附近的南丰寨古庙里参加会议。会议由省委特派员杜衡主持。出席会议的有焦维炽、李文芳、赵通儒、景仰山、师应三、张蜀卿、柴培桂、苗仰实、杨国栋、冯文江、朱幼康、窦增荣、李蓉鉴、王兆卿、薛尚英、李登霄、苏维祥、崔怀珠、周发源等人。会议开了三天三夜，主要内容是传达党的“八七”会议精神、传达陕西省委指示、制定党在陕北地区的政治路线和工作任务。会议最后选举成立了陕北地区党组织的领导机关——中国共产党陕北特别委员会（简称陕北特委），杜衡为特委书记（省委提名，会议通过），冯文江负责组织兼农运；马瑞生负责宣传（未到职），杨国栋负责军事，焦维炽为青年委员兼团特委书记，赵通儒、白明善等为候补委员。因绥德、榆林反革命势力较强，特委机关不便活动，而米脂环境、交通和群众基础都比较好，因此会议决定特委机关暂设于米脂县城内。陕北特委创办了公开性的机关刊物《工农先锋》，辟有“政治时事”“消息报道”“理论短评”等栏目，刊物封面是工农高举着一面镰刀斧头红旗迈步前进。此刊物在陕北的影响很大。

陕北特委成立后，积极在陕北开展革命斗争。拟于 1928 年 9 月 28 日（即农历八月十五）在米脂县城召开临时会议，由于之前敌人已知道风声，并着手全城搜捕，而特委书记杜衡却麻痹轻敌，导致敌人在 9 月 28 日一大早逮捕了特委书记杜衡、团特委书记焦维炽、团特委组织委员贾拓夫和中共榆林县委书记李文芳，这就是“中秋节事件”。贾拓夫、李文芳被捕后，因为伪县长和审堂官都是神木人，同贾拓夫、李文芳不仅有老乡关系且有师生之谊，因此关押 20 多天即被释放，而杜衡和焦维炽被押解到榆林，直到 1928 年年底才被党组织营救出狱。

“中秋节事件”后，特委虽受到打击，但组织仍存在，杨国栋、贾拓夫、冯文江、刘澜涛、白明善等在特委机关工作，特委机关也由米脂迁往清涧县的折家坪，以开旅店做掩护。1929 年 2 月上旬，陕北特委第一次扩大会议在绥德县周家硷附近的张家岔召开，参加会议的有特委委员杜衡、杨国栋、白明善、赵通儒、冯文江、常黎夫、刘澜涛、贾拓夫、马文瑞、常立德、谢子长等。谢子长化装成一个行路人，先到了冯文江家，后到张家岔。会议传达了中共六大的精神，确定陕北党的工作方针为深入群众，争取群众，积蓄力量，准备条件，等待时机，进行苏维埃运动，以迎接陕北革命新高潮的到来。

四五月间，中共陕北特委在榆林城北红石峡召开第二次扩大会议。会议批判了杨国栋政治上右倾、军事上消极、生活上腐化等错误，撤销了他的代理书记职务，决定由刘志丹任特委军委书记，主持特委工作。会议提出了可以通过三种形式搞武装斗争，即：可以有白色的（派人做争取国民党军队及民团的工作）；可以有灰色的（派人做土匪武装的工作）；可以有红色的（建立工农武装）。以搞白色的形式为主。“三色”革命的思想是中共陕北特委从陕北革命斗争的实际出发，提出的建立统一战线的策略思想，对于革命势力的发展具有积极的作用。会后不久，刘志丹前往保安，做当地民团的工作。10月，吉国桢接任中共陕北特委书记，张文华为团陕北特委书记。

1930年10月，陕北特委直属中共北方局领导，只与陕西省委发生横向关系；12月又归中共河北省委领导，但实际上从1931年初到1932年底，陕北特委与中共河北省委并没有太多联系；1933年3月后，受中共中央驻北方代表领导。

陕北特委隶属关系的变化，反映了中国共产党在土地革命战争时期的曲折发展历程，对陕北的革命运动也产生了深刻的影响。但不管隶属关系如何变化，陕北特委始终高举理想信仰的旗帜，在艰苦的环境中，革命斗争一刻也没有停止过，并且有众多的共产党人，为了革命理想献出了自己的生命。

1930年6月，在中国共产党内发生了以李立三为代表的左倾冒险主义错误，10月初，陕北特委在绥德城西的合龙山寺庙召开第三次扩大会议，贯彻“立三路线”关于组织中心城市武装暴动的决议，成立了准备暴动的“陕北特委军事行动委员会”，谢子长、刘志丹任正、副总指挥。但由于陕北暴动条件很不成熟，一无军队，二无武器，武装暴动只是一句空话。当时发动的两次兵变也遭到了失败，“立三路线”在酝酿之中即遭破产。

1931年1月7日，党中央召开了六届四中全会，以王明为代表的“左”倾路线在党内占了统治地位。由于代替北方局领导陕北特委的河北省委也分成了两派，即“旧省委”和“省委紧急会议筹备处”。陕北特委在一年多时间里没有得到上级明确指示，由于白色恐怖中敌人的追捕，特委机关到处搬迁、无法立足，在异常困难的环境中坚持斗争。

1933年3月后，陕北特委受中共中央驻北方代表领导，根据北方代表的指示，陕北特委在7月23日到25日，在佳县高起家坬的高禄孝家中召开了陕北特委第四次扩大会议。陕北特委代理书记马明方就开展游击战争和建立根据地问题做了报告，报告详尽分析了当时陕北的革命形势、敌我力量对比，充分说明了在陕北地区开展游击战争的必要性和可能性，明确提出了开展游击战争的具体任务。

高起家坬会议结束之后，特委任命毕维舟为一支队政治委员，并同特委的军事委员王兆卿一起去安定，整顿一支队，同时还派高禄孝一块去安定，为特委筹集经费。7 月 31 日，他们三人行至镇川，住在特委地下交通员崔明道家中，被叛徒发现、出卖，敌人将毕维舟、王兆卿、高禄孝、崔明道逮捕，同时还逮捕了陕北特委米脂地下党区委（相当于县委）的宣传委员王守义、工作人员高庆恩，六位被捕的同志虽被严刑拷打，但始终坚贞不屈，他们坚定地说："要吃张口，要杀开刀！要我们背叛共产党，办不到！"敌人从王兆卿等同志嘴里什么也没有得到，又害怕游击队劫狱救人。8 月 3 日，敌人在清水沟枪杀了六烈士，他们的头被敌人割下来，挂在米脂县的城门上，尸体被抛入无定河，血染河水 40 里，后来在无定河到黄河的会合口才找到几个同志的尸体，有的同志连尸体也没有找到。

高齐家坬会议是陕北地区党的工作的一个巨大转折点，陕北党组织逐步由秘密到公开。会后各地的武装斗争如雨后春笋，蓬勃发展。

在陕北特委的领导下，1932 年 3 月，中国工农红军延川游击队成立，4 月，游击队改名为中国工农红军西北先锋军，后改编为中国工农红军陕北游击队第九支队；1933 年 4 月下旬，陕北特委将九支队改编为中国工农红军陕北游击队第一支队；以后又建立了陕北游击队第二、三、四、五、六、七、八、十、十一、十二、十三、十四、十五支队。陕北游击队在各游击区发动和组织群众打土豪，进行土地革命，开展游击战争，在 1934 年夏季把陕北各个游击区连成一片，陕北革命根据地初步建成，地域包括延安、延川、清涧、绥德、吴堡、佳县、安定、米脂、横山、靖边、子洲 11 个县；划分为以安定为中心，以清涧为中心，以吴堡、佳县交界处为中心的三个区域和神木、府谷独立区域。

为了进一步加强对各游击队和各个地区游击战争的统一领导，1934 年 7 月 8 日，陕北特委在安定县杨道峁成立了"中国工农红军陕北游击队总指挥部"，谢子长任总指挥、郭洪涛任政委、贺晋年任参谋长。7 月 25 日，谢子长率陕北游击队一、二、五支队和赤卫队 300 多人，南下陕甘边与红二十六军四十二师在南梁会合。7 月 28 日，召开了陕甘边、陕北两个根据地党政军联席会议，会议制定了四十二师和陕北游击队互相配合、共同粉碎敌人对陕北根据地"围剿"的战略部署。会后，王世泰率领四十二师第三团援助陕北根据地粉碎了敌人对陕北根据地的第一次“围剿”。

陕北根据地第一次反“围剿”斗争取得胜利后，革命形势迅速发展，根据地也进一步扩大，在此形势下，中共陕北特委在安定县景家河召开扩大会议，决定将原来的红一、二、三支队改编为第一、二、三团，并在此基础上准备成立中国工农红军第二十七军。1935 年 1 月 30 日，陕北特委根据中央驻北方代表的指示，在安定县的白庙岔召开隆重的授旗大会，宣布成立“中国工农红军第二十七军”（以八十四师为主力），杨琪为红二十七军八十四师师长，张达志为政委，朱子休为参谋长。与此同时，在赤源县的白庙岔召开了陕北苏区第一次工农兵代表大会，正式成立了陕北省苏维埃政府，主席马明方，副主席霍维德、崔田民。至此，陕北革命根据地基本形成，在陕北建立了 9 个县的苏维埃政府（革委会）。

三、资料链接

（一）中共陕西省委 1932 年 3 月 8 日颁发的游击战争行动纲领（节录）

（四）游击战争的任务与行动

（7）扩大红军与苏维埃的影响，建立部分的苏维埃政权，执行苏维埃中央政府一切法令。

（8）执行土地革命，没收一切地主的土地财产分配给中农和贫农。

（9）没收豪绅的粮食和财产，分配给贫农雇农和苦力。

（10）摧毁豪绅在乡村一切政权机关。

（11）宣布一切高利贷无效，焚毁一切奴役和剥削农民的契约。

（12）废除一切苛捐杂税，征收统一的累进税的税收，加重负担与〈予〉富农身上（或临时征收也照同样原则）。

（13）建立革命委员会，由此准备建（立）苏（维埃）政府。

（14）解决豪绅地主的武装，武装各地的农民，组织赤卫队、少先队。

（15）援助农民暴动或兵士哗变，帮助贫农雇农对富农的一切斗争，不损坏〈害〉中农的利益。

（16）陷城市之后首先拘捕豪绅，以便制止其他豪绅武装力量之进攻，然后交给群众大会审判。

（二）谢子长挽词选

谢子长，名德元，安定人，一九二五年在北平加入共产党。自此即以共产主义为解放中国人民之道路，创农民讲习所，组农协会，领导人民参加反帝、反军阀运动，人民因有“谢青天”之称。一九二七年大革命失败后，子长起义于清涧，继参加渭南暴动，败不丧志，奔走西北、华北各地。九一八事变后，于陕甘之间组织反帝同盟军，改为中国工农红军陕甘游击队，即是第二十六军之前身。一九三三年赴察哈尔参加抗日同盟军，失败后，回陕北组织第二十七军，协同刘志丹、高岗诸同志，创建了陕甘宁边区。一九三四年于河口之役负伤，一九三五年春因伤逝世。党政军民各界感子长之功德，改安定县为子长县，以志纪念。

于政府及人民为子长立墓时书以叙之。

毛泽东题

中华民国二十八年七月初九

谢子长同志千古

前仆后继

打倒人民公敌蒋介石

毛泽东

中华民国三十五年二月二十八日

谢子长同志

陕北人民领袖 前仆后继

朱德

一九四六年二月

子长同志的革命精神和光辉业绩永垂不朽

习仲勋

一九八八年五月八日

陕北红军杰出的领导人，民族英雄谢子长同志革命精神永垂不朽

刘澜涛敬题

为党为民，忠勇苦斗。

功绩卓著，遗范千秋。

纪念子长同志逝世五十三周年

马文瑞

一九八八年一月二十五日

谢子长同志是西北革命武装创始人之一的“谢青天”，纪念他、学习他一生艰苦朴素、英勇奋斗、不屈不挠、全心全意为人民服务的革命精神。

阎揆要怀念

一九八二年

（三）陕北民歌《歌唱谢子长》

陕北的那游击队，哎老谢是总指挥，打开了那个安定县
哎山川红一片
陕北的那游击队
哎老谢是总指挥
男女呀那个动员起
哎参战分田地
陕北的那游击队
哎老谢是总指挥
打倒了那个反动派
哎铲除吸血鬼
陕北的那游击队
哎老谢是总指挥
红旗呀那个大发展
哎建立新社会
红旗呀那个大发展
哎建立新社会

四、拓展阅读

1. 中共陕西省委党史研究室、中共榆林地委党史研究室：《陕北革命根据地》，中共党史出版社，1995。

2. 张化民：《谢子长传》，中共中央党校出版社，2015。

五、探究思考

1. 党领导创建陕北革命根据地进行的武装斗争有哪些特点？

2. 陕北革命根据地的创建对中国革命发展的意义。

第三节　陕甘根据地红色旧址

陕甘革命根据地是在陕甘边、陕北根据地的基础上发展起来的一块根据地，是土地革命战争后期全国“硕果仅存”的一块根据地。1935 年 2 月陕甘边特委和陕北特委在陕北安定县周家硷召开联席会议，成立中共中央西北工作委员会和

西北军事委员会，统一领导陕甘边和陕北革命根据地的党、政、军、群工作，标志陕甘革命根据地的形成。1937 年 2 月，中共陕甘宁边区委员会成立，统一领导西北苏区党的工作，陕甘根据地巩固发展为陕甘宁革命根据地。

一、红色旧址简介

（一）重要会议旧址

周家硷联席会议 旧址位于延安市子长县李家岔镇阳道峁村委会周家硷村阳湾。为了推动陕甘边和陕北根据地革命斗争的进一步发展，需要两个根据地在组织上和军事行动上实行统一领导。1935 年 1 月，陕甘边特委书记惠子俊、军委主席刘志丹等由红二十六军第二团护送，通过敌人的封锁，到达陕北特委机关所在地——赤源县周家硷，并到赤源县的水晶沟探望重病养伤的谢子长，就陕北和陕甘两个根据地党、政、军的统一领导及粉碎敌人第二次反革命“围剿”等问题进行了研究。1935 年 2 月 5 日，中共陕甘边特委和中共陕北特委联席会议在赤源县周家硷附近一个小山村——剌儿圪埮召开，决定正式成立“中国共产党西北工作委员会”（简称西北工委），由惠子俊任书记（在惠未到职之前由崔田夫代理），崔田夫为组织部部长，张秀山为宣传部部长，郭洪涛为秘书长，习仲勋、马明方、刘志丹、杨森、张达志、霍维德、杨琪等为委员。会议还决定正式成立“中国工农红军西北革命军事委员会”（简称西北军委），确定刘志丹为军委主席，谢子长、杨森、杨琪、张秀山、张达志等为委员。

永坪联席会议 1935 年 9 月 16 日，中共鄂豫陕省委率红二十五军长征到达中共西北工委所在地延川县永坪镇。9 月 17 日，中共中央驻北方代表派驻西北代表团在永坪召开了西北工委和鄂豫陕省委和军队领导干部联席会议。会议最后做出了五项决定：（1）成立“上海临时中央局和北方局驻西北代表团”（简称中央代表团），是西北苏区最高领导机构。（2）宣布撤销西北工委和鄂豫陕省委，成立中共陕甘晋省委。朱理治任书记，郭洪涛任副书记，王达成任组织部部长、郭述申任宣传部部长、戴季英任政治保卫局局长、李景波任秘书长、慕生忠任白区工作部部长，白茜任妇女工作部部长。（3）改组西北军委，聂洪钧任军委主席，范子文任秘书长，白如冰任供给部部长，戴季英为参谋长。（4）成立红军第十五军团，由徐海东任军团长、程子华任政委、刘志丹任副军团长兼参谋长、高岗任政治部主任、郭述申为政治部副主任。（5）改红二十五军为七十五师，张绍东任师长、赵凌波任政委；改红二十六军为七十八师，杨森任师长，张明先任政委；改红二十七军为八十一师，贺晋年任师长，张达志任政委。

（二）重要历史事件旧址

白庙岔会师 旧址位于延安市子长县安定镇白庙岔村。1935 年 4 月 15 日，张秀山、吴岱峰、黄罗斌等率领的红二十六军第三团和郭宝珊、任浪花率领的西北抗日义勇军北上陕北，到达赤源县（今子长县）黄家峁、王家渠一带，受到陕北根据地人民的热烈欢迎。4 月 22 日，在刘志丹的指挥下，红二十六军和陕北游击队在当地群众配合下，在长胜湾一举歼敌二五六旅五一一团一个连。6 月 1 日，红二十六军第三团和义勇军 900 多人在赤源县白庙岔与红二十七军一、二、三团 1200 多人胜利会师。当天举行了数千人参加的联欢大会，显示了两支部队亲密团结的革命精神和战斗友谊。5 月 2 日，刘志丹以西北军委主席的名义颁布了军事纪律、政治纪律和战勤动员条例以及处理土豪劣绅等一系列规章制度。5 月 4 日，在玉家湾成立了“中国工农红军西北革命军事委员会前敌总指挥部”，刘志丹兼任总指挥，高岗任政委，白坚任政治部主任，统一指挥红二十六军和二十七军的作战行动。

永坪会师 1935 年 9 月 16 日，中共鄂豫陕省委率领红二十五军长征到达延川县永坪镇，受到西北党政军民、干部群众的热烈欢迎。接着西北红军主力也回到永坪，两支兄弟部队胜利会师，洋溢着兄弟团结的战斗情谊。根据地人民奔走相告，欢欣鼓舞，送黄米，磨白面，做米酒，蒸年糕，杀猪宰羊，热烈欢迎红二十五军。两支红军部队的会师，标志着西北根据地发展到了一个新的阶段。

西北苏区“肃反” 1935 年 10 月初，中共中央北方局派驻西北代表团在西北苏区进行错误“肃反”，将刘志丹、习仲勋等一大批党政军领导干部关押起来，原红二十六军营以上干部和陕甘边区县以上干部几乎全部被捕，这些被捕的同志在监狱里，被带上脚镣和手铐，受着残酷的人身迫害，蒙受不白之冤，200 多人被错杀。特别是在洛河川前线部队的“肃反”中，就地活埋了许多革命同志，造成了严重的、骇人听闻的冤假错案。党中央到达陕北后，对西北“肃反”进行审查，认定了西北“肃反”的错误性质，释放了刘志丹、习仲勋等人，从而挽救了红军和苏区。

（三）主要战役、战斗

贺家湾战斗 1935 年 3 月初，红二十七军主力行军至清涧贺家湾一带时，遇敌人护送军饷和物资的一个连，被我全歼，缴获白洋 2000 多元和大量武器弹药。

杨家园子战斗 1935年5月1日，红二十六军和红二十七军在白庙岔会师后，在刘志丹率领下，采用围点打援战术，于5月6日包围驻守杨家园子的高桂滋部八十四师第五〇二团郭子封部。7日晨，在杨家园子以西吴家寨伏击国民党军一个连。郭子封率一个营前来增援，红军发动攻击，激战6小时，全歼郭营。我军又追敌至芋子湾和张家峁的南山沟，将敌全部歼灭。此役共计缴获轻机枪9挺、驳壳枪5支，步枪10余支，俘敌百余人。

马家坪战斗 1935年5月7日—9日，高朗亭率领的陕北游击九支队在数千名赤卫军和群众的配合下，将从清涧向瓦窑堡护送军用物资的高桂滋部八十四师五〇〇团第三营围困在安定马家坪。5月9日，刘志丹率领红军主力兵团在杨家园子以东的马家坪，同高朗亭率领的陕北游击九支队全歼高桂滋部八十四师五〇〇团第三营和团属机炮连。战斗结束时，毙伤敌营长以下45人，俘敌460多人，缴获步枪460多支，轻机枪27挺，迫击炮两门，单军装2000多套，银洋2万余元。

张家圪台战斗 1935年5月25日，西北红军主力在清涧张家圪台村全歼国民党军一个连，毙、俘连长以下170余人，缴获各种武器100余支。

李家塌战斗 安塞李家塌是连通陕甘边和陕北两个根据地的咽喉要道，又是安塞县反动土豪恶霸集中的地方。1935年6月22日，西北主力红军到达城下，这里非常险要，悬崖峭壁，高不可攀，刘志丹亲自观察地形，贺晋年亲自担任突击队队长，第一个爬上寨墙，被敌打昏下来，醒过来后，又组织突击队，架起人梯，继续攀登。这时，刘志丹用望远镜观察发现寨子南岩有一个久经风雨冲刷形成的陡石峡槽，隐蔽在柳藤林枝之下，寨子南端又是敌人防御比较薄弱的地方，由此爬上去，可以出敌不意，抢占寨子南角，然后向东扩展，打开寨门，迎进主力。方案确定后，下午2时，发起突击，37名勇士在贺晋年团长率领下奋勇攀登，当突击队全部登上寨墙时被敌发现，敌人立即进行反击，这时我军20多挺机枪全部开火，压住敌人的火力，掩护突击队进寨，打退敌人，打开寨门，迎接主力进城，战斗持续到晚上7时，全歼守敌300余人，打通了连接陕甘和陕北两个根据地的交通要道。

老君殿战斗 1935年7月17日，西北红军主力挥师东进，在绥德老君殿击溃国民党军八十四师一个团，击伤团长艾捷三，缴获一部分枪支弹药。

慕家塬战斗 1935年8月11日，刘志丹率西北红军主力千余人从清涧袁家沟出发北上吴堡，在慕家塬一带集结，准备消灭该寨守敌。采用围堡打援的方法，红二十七军红一团和二十六军红三团强攻敌之碉堡，其余部队准备伏击由宋家川、辛家沟和郭家沟来援之敌。两个主力团奋勇突击，强行登城，全歼守敌一个连，第二天又歼灭三处来援之敌一个营和两个连，共计歼敌600多人，缴枪600多支。

定仙墕战斗 1935年8月下旬，西北红军主力秘密开赴清涧县，围困绥德县定仙墕晋军二〇六旅四一二团一个营，断敌粮源和水道，使敌供给发生困难，喝不上水，吃不上饭，叫苦连天，屡请援兵。8月28日，晋军孙楚部第三旅旅长马延寿率一个团从军渡出发，向定仙墕急援，这时刘志丹命令游击队100余人绕到敌后，断敌后路；步三团和义勇军从正面进攻；红二十七军的独一、二、三团在南北两侧夹攻，准备消灭跳沟逃跑之敌。当敌军行至石墕塔，闯入我伏击圈，到距我军只有50米时，我隐蔽部队全部出击，突然开火，猛打猛冲。在红军和游击队的全力包围之下，敌人全线崩溃，我军主力又将敌人压入15华里长的一条沟内，红军战士、赤卫队员、少先队员、人民群众一起奔下沟去，激战3小时后，敌全部被消灭。这次战斗击毙敌团长齐汝英以下200余人，俘敌1800余人，缴获八二迫击炮6门，轻机枪69挺，长短枪1980多支，战马80多匹。还击落了阎锡山派来的一架飞机，俘敌驾驶员两人。此役是西北红军围城打援最成功的一次，它创造了西北红军第一次歼灭敌人一个整团的作战成果。

劳山战役 1935年9月中旬，中国工农红军第二十五军长征胜利到达陕北苏区，同红二十六军、红二十七军合编为红十五军团，共7000余人，徐海东任军团长、程子华任政委、刘志丹任副军团长兼参谋长、高岗任政治部主任。1935年10月1日，红十五军团在甘泉县劳山全歼国民党军第一一〇师，击毙东北军一一〇师师长何立中。

榆林桥战斗 1935年10月上旬，红十五军团在取得劳山战役胜利后，即挥师南下，进攻敌人盘踞之重镇富县榆林桥。10月25日拂晓，红军发起攻击，全歼东北军一〇七师六一九团，俘获团长高福源。

二、教学主题

全国硕果仅存的革命根据地

由陕甘边革命根据地和陕北革命根据地发展起来的陕甘革命根据地，是土地革命战争后期全国仅存的一块完整的革命根据地，为中共中央把全国革命的大本营放在西北，准备了落脚点，也为红军抗日提供了出发点。毛泽东这样评价这块根据地：“陕北是两点，一个是落脚点，一个是出发点。”这是对陕甘革命根据地历史作用和地位的高度概括。

陕甘边、陕北地区革命斗争的发展，引起了国民党当局的恐慌。1934 年 2 月，陕甘当局兵分九路对陕甘边红军发动了第一次大规模“围剿”；3 月，陕北军阀井岳秀的八十六师也对陕北根据地发动“围剿”。陕甘边和陕北红军在刘志丹、谢子长领导下，经过几个月艰苦战斗，歼敌 3000 余人，至 8 月底取得了第一次反“围剿”的胜利。8 月 26 日，谢子长率部夜袭清涧县河口镇，在战斗中谢子长冲锋在前，胸部被敌人枪弹击伤，流血过多伤势严重。

陕甘边、陕北革命斗争形势的发展，迫切需要统一两个根据地党政军的领导，把两个根据地连成一片，共同粉碎敌人的反革命“围剿”。

1935 年 1 月 20 日，刘志丹由白坚陪同，专程从陕甘边到陕北特委机关所在地赤源县，在水晶沟探望了在清涧河口战斗中负伤的谢子长，并就建立党和军队的统一领导机构、争取和瓦解白军的政策、根据地内部的土地改革、没收地主土地和分配土地等问题，进行了深入的讨论，取得了一致的意见。2 月 5 日，中共陕甘边特委和陕北特委联席会议在赤源县周家硷附近一个小山村刺儿圪坮举行。参加会议的有刘志丹、惠子俊、高岗、崔田夫、郭洪涛、马明方等。会议决定成立中共西北工委和中共西北军委。西北工委和西北军委的成立，标志着陕甘边和陕北两个根据地党的领导和军事指挥的统一，也标志着陕甘革命根据地的正式形成。

在西北军委和刘志丹的统一指挥下，红二十七军和红二十六军经过半年多的英勇奋战，粉碎了国民党军的第二次“围剿”，相继解放了安定、延长、延川、安塞、靖边、保安六座县城，把两个苏区连成一片，苏区范围扩大到北起长城，南至淳化、耀县，西接环县，东至黄河的广大地区。

正当陕甘革命根据地蓬勃发展的时候，1935 年 6 月，中共中央驻北方代表先后派朱理治、聂洪钧来到陕北，他们对陕甘根据地的历史和现实不做正确的分析，而是指责刘志丹和其他负责人右倾，把两块根据地取得第二次反“围剿”战争的胜利说成是“在敌人进攻面前悲观失望，在战略上退却逃跑以及单纯的坚壁清野政策，阻碍革命战争的开展，没有充分开展敌人后方的游击战争，完全忽视地方暴动之配合”。9 月，在中央驻北方代表派驻西北代表团主持召开的西北工委和鄂豫陕省委与红二十五军主要领导干部会议上，左倾教条主义的执行者声称帮助“肃反”是他们来陕的主要任务之一。

9 月 22 日，中共陕甘晋省委发出关于进行“肃反”运动的指示，颁布“赤色戒严条例”，建立政治保卫局的工作系统，提出“火线上反右倾取消主义”的口号，正式开始“肃反”。

从10月1日起，“肃反”执行者开始进行大逮捕。是日，逮捕了原陕甘边特委秘书长兼组织部部长蔡子伟，陕甘边苏维埃政府秘书长张文华和黄子文、江旭、李西萍五人。同时，他们又在甘泉县的下寺湾召开军政干部会议，采取突然袭击的办法，以“莫须有”的罪名，将习仲勋、张策、马文瑞、刘景范、张仲良、黄罗斌、杨森、王聚德等一大批领导干部逮捕起来。凡是原红二十六军营以上的干部和地方县级的干部几乎无一幸免。这些被捕的同志在监狱里，被带上脚镣和手铐，受着残酷的人身迫害，蒙受不白之冤，许多人被迫害致死。特别是在洛河川前线部队的“肃反”中杀害了许多革命同志。

1935年10月6日，“肃反”执行者密令红十五军团保卫部准备逮捕刘志丹，但他们考虑到事态严重，在前方逮捕刘志丹容易发生“乱子”，造成军心不稳，于是以将刘志丹调到后方主持军委工作和指挥北线作战为名，欲骗刘志丹回瓦窑堡。刘志丹在回瓦窑堡的路上，碰到传送逮捕命令的通讯员，通讯员不识字，也不知底细，就把信交给刘志丹看，刘志丹看到信中所写“已确定刘为反动无疑，速调刘、高回来”的字样后非常生气，但坚强的党性和对革命至死不渝的忠诚，使他宁肯面对诬陷，牺牲自己，也不愿看到党的分裂和红军自相残杀。他把信交给通讯员说：“你赶快把信送到军团部去，就说我到瓦窑堡去了。”刘志丹一到瓦窑堡，饭没吃一口，水没喝一口，就立即被逮捕入狱。同时被捕的还有他的爱人同桂荣和女儿刘力贞。

西北苏区的“肃反”，是王明左倾错误的主观主义和宗派主义恶性膨胀的产物，使根据地气氛紧张，人人自危，军心涣散。地主、富农乘机挑拨煽动，以致保安、安塞、定边、靖边等几个县都“反水”了（我党建立的游击区和根据地，在肃反中，老百姓又投向了军阀和国民党，“红区”变成了“白区”）；白匪乘机大举进攻，根据地日益缩小，陷入空前严重危机。

毛泽东一到吴起镇，就听取了赤安县游击队支队队长张明科和原陕甘边区游击队第二路政委、赤安县独立营教导员龚逢春关于西北红军和苏区的情况及关于肃反情况的汇报。龚、张明确表示，刘志丹和他的战友们不是什么“右派”“反革命”。毛泽东指示龚逢春等人，要发动群众做好边沿苏区群众的思想政治工作，不要跑到国民党那边去，并明确表示，相信创造了这块根据地的同志们是党的好干部；陕北的“肃反”问题、刘志丹的问题都可以得到解决。随后，中央派随中央红军长征到陕北的陕北籍干部贾拓夫、中央组织部部长李维汉等人携带电台，作为先遣队去找刘志丹和陕北红军。

贾拓夫等人在甘泉县下寺湾遇见中共陕甘晋省委副书记郭洪涛，证实刘志丹等人确实被捕，当即电告中央和毛泽东。毛泽东立即下令，停止逮捕，停止杀人，一切听候中央来解决。

11 月初，中共西北中央局组成了审查错误“肃反”的党务委员会，接管了陕甘晋省委保卫局，中央随即释放了被冤屈的刘志丹等 10 多人，接着释放了所有被关押的人员。

11 月 30 日，中央组织部主持召开为刘志丹等人平反的大会，宣读了《西北中央局审查肃反工作的决定》，王首道代表党务委员会郑重宣布：刘志丹是无罪的，党中央决定为他分配工作；同时还宣布了中共中央对戴季英、聂洪钧的处分决定。

由于中共中央及时到达陕北，并采取果断措施，在很短的时间内制止了错误“肃反”，使刘志丹等一大批西北红军和根据地领导人幸免于难，也使西北根据地转危为安，中国革命从此有了新的“落脚点”和“出发点”。

三、资料链接

红日照陕甘[①]

习仲勋

1935 年 10 月，毛主席率领中国工农红军胜利完成战略转移，长征到达陕北。从此，党中央和毛主席直接领导着陕甘革命根据地的斗争。迅速克服了王明左倾机会主义路线所造成的危机，扭转了局势，使陕甘根据地走上了新的发展道路。当时，我作为陕甘边区的负责人之一，有幸在毛主席的直接领导下工作，多次聆听他的教诲。这是一段令人难忘的岁月。

陕甘革命根据地是在王明路线失败后保留下的最后一个根据地。毛主席到达陕北前，陕北的革命斗争几经起伏。早在大革命时期，在中国共产党领导下，陕西各地就曾经出现过蓬蓬勃勃的农民运动、工人运动、士兵运动和学生运动。大革命失败后，刘志丹、谢子长等同志坚持武装斗争，先后组织了反帝同盟军和陕甘工农红军游击队，并在陕、甘两省交界的照金创立了小块的革命根据地。我于 1932 年春在甘肃两当发动兵变，失败后转到照金。1932 年冬，中国工农红军第二十六军正式成立，由于军政治委员杜衡（后来叛变革命）推行王明“左”倾机会主义路线，诬蔑刘志丹同志所坚持的正确路线是什么“梢山主义”“土匪路线”，硬要红二十六军离开根据地，南下终南山，使这支队伍受到严重损失。

① 中共陕西省委党史研究室：《西北革命根据地》，中共党史出版社 1998 年版，第 414 页。

1933 年 8 月，我们在陈家坡开会，克服了存在于一些同志中的失败主义思想，恢复了红二十六军。我们吸取过去的教训，决定分三路建立游击区：第一路陕北，以安定为中心；第二路陇东，以南梁为中心；第三路关中，以照金为中心。到 1934 年冬 1935 年春，我们分别建立和发展了陕甘边根据地和陕北根据地。陕甘边根据地把二、三路连接起来，北起定边、盐池，南抵三原，东至延东，西达陇东的庆阳、曲子、环县一带，建立了人民政权。陕北根据地在陕北特委领导下也建立了一大片人民政权。这时，在陕北地区活动的红二十七军也建立起来了。两个根据地分别召开了工农兵代表大会，正式成立了陕甘边区工农民主政府和陕北省工农民主政府。为了统一党和红军的领导，1934 年底，陕甘边特委派刘志丹等同志去延安地区和陕北特委开联席会议，成立了以刘志丹、马明方等同志为核心的党的西北工作委员会和西北革命军事委员会，刘志丹同志任军委主席。刘志丹同志以军委名义发布了粉碎敌人二次“围剿”的动员令，命令红二十六军主力北上陕北作战。1935 年 5 月，刘志丹同志兼任前敌总指挥，彻底粉碎了蒋介石的第二次“围剿”，根据地进一步扩大到 20 几个县，陕甘边与陕北连成一片。后来红二十五军转战千里来到陕北。这一段，是革命根据地和人民武装力量大发展的时期。

不幸，王明左倾机会主义路线也影响到陕北。他们不做调查研究，不了解陕甘革命历史，不了解敌情、我情，全凭主观臆断，强调对外是一切斗争，否认联合；对内凡不同意他们错误观点的就残酷斗争，无情打击。他们指责刘志丹同志等只分川地，不分山地（陕甘边某些地方土地多，光川地平均每人就有十几亩、几十亩，群众只要川地不要山地），不全部没收富农的东西，不在游击区分配土地，是“不实行土地革命”；指责我们纠正一些人违犯纪律的土匪行为是“镇压群众”；还说我们同杨虎城有联系，是“勾结军阀”。他们无中生有，无限上纲，先说我们“右倾”，继而说我们“右倾取消主义”，更进而说我们是“右派”，诬陷我是“右派前线委员会书记”，诬蔑刘志丹同志“和杨虎城有勾结”，是“白军军官”。当时，蒋介石正在对陕甘边区进行第三次“围剿”。于是出现了这样的一种怪现象：红军在前方打仗，抵抗蒋介石的进攻，不断地取得胜利，左倾机会主义路线的执行者却在后方先夺权，后抓人，把刘志丹同志等一大批干部扣押起来，红二十六军营以上的主要干部，陕甘边县以上的主要干部，几乎无一幸免。白匪军乘机大举进攻，边区日益缩小。左倾机会主义路线的执行者的倒行逆施，引起了群众的极大疑虑；地主、富农乘机挑拨煽动，以致保安、安塞、定边、靖边等几个县都“反水”了。根据地陷入严重的危机。

我被扣押了。起初关在王家坪，后又押到瓦窑堡，和刘志丹等同志一起被关在一个旧当铺里。左倾机会主义路线的执行者搞法西斯审讯方式，天气很冷，不给我们被子盖，晚上睡觉绑着手脚，绳子上都长满虱子；一天只放两次风，有人拿着鞭子、大刀，看到谁不顺眼就用鞭子抽，用刀背砍。在莫须有的罪名下，许多人被迫害致死。

千里雷声万里闪。在这十分危急的关头，党中央派的先遣联络员带来了令人无比高兴的喜讯：毛主席来了！1935 年 10 月，毛主席率领中央红军进入陕甘边的吴旗。他立即向群众和地方干部进行调查。当时陕甘边特委的龚逢春同志去迎接毛主席，向毛主席汇报了陕北苏区和红军胜利发展的情况，又汇报了当时乱搞"肃反"，把刘志丹等红二十六军的干部抓起来的问题。毛主席马上下达指示：立即停止任何逮捕，所逮捕的干部全部交给中央处理，并派王首道等同志去瓦窑堡办理此事。我们这一百多个幸存者被释放了。毛主席挽救了陕北的党，挽救了陕北革命，出现了团结战斗的新局面。在毛主席亲自指挥下，中央红军和西北红军在直罗镇歼敌一〇九师和一〇六师一个团，粉碎了蒋介石的第三次"围剿"，给党中央把全国革命大本营放在西北的任务，举行了一个奠基礼。

毛主席对陕甘根据地的创始人刘志丹同志和广大干部十分关怀，非常爱护。志丹同志出狱后，毛主席安排他担任中央革命军事委员会西北办事处副主任、北路军总指挥和红二十八军军长。后来，1936 年春，刘志丹同志率部队渡黄河东征，不幸牺牲于山西中阳县的三交镇。毛泽东同志题了挽词，称赞刘志丹同志是"群众领袖，民族英雄"。周恩来同志题词说："上下五千年，英雄万万千，人民的英雄，要数刘志丹。"朱德同志称他是"红军模范"。毛主席、周副主席、朱总司令给予刘志丹同志高度评价，使那些同刘志丹同志一起工作的干部也受到很大的鼓舞。

我被释放后，到中央党校学习，以后相继在地方、部队担任领导工作。在这些日子里，我有机会多次同毛主席接触。他有时吸收我参加中央有关会议，有时找我谈话，有时写信给我，以至题词勉励我，使我不断受到教育。1935 年 12 月 27 日，在瓦窑堡党的活动分子会议上，我第一次见到毛主席。会上，毛主席做了《论反对日本帝国主义的策略》的报告，系统地分析了当时的形势，完整地阐述了我党的政治策略，批判了党内过去长期存在的"左"的关门主义倾向，决定了建立广泛的抗日民族统一战线的策略。我凝神谛听毛主席的报告，觉得他讲的完全合乎实际，路线完全正确。我感到迷雾顿散，信心倍增。1939 年，毛主席亲笔在一幅约 1 尺长、5 寸宽的漂白布上写了"党的利益在第一位"八个大字，上款写“赠给习仲勋同志”，下署“毛泽东”。这个题词，我长期带在身边，成了鼓励我努力改造世界观的一面镜子。毛主席在我们这些人身上倾注了许多心血，这鲜明地体现了他为党制定的爱护地方干部和广大干部的政策。

四、拓展阅读

1. 中共陕西省委党史研究室：《西北革命根据地》，中共党史出版社，1998。
2. 任学岭：《陕甘革命根据地》，人民出版社，2013。

五、探究思考

如何理解陕甘革命根据地“两点一存”的内涵和对中国革命的价值。

第四节　陕甘革命根据地的红色故事

一、故事简介

（一）习仲勋照金受伤

不满20岁的习仲勋在陕甘边根据地身兼四职：陕甘边特委军委书记、陕甘边区游击队总指挥部政治委员、陕甘边革命委员会副主席、共青团陕甘边特委书记。他身先士卒，始终奋战在前线。1933年5月的一天，习仲勋带领20多人的政治保卫队外出开会，顺便征收粮草，在陈家坡遭到反动民团突然袭击，习仲勋不幸腰部中弹，倒在地上，鲜血顿时染红了衣衫。敌人将习仲勋等几个队员包围逮捕，并将他们押向敌人的驻地。押解途中，习仲勋忍着伤痛趁机逃走，但没跑多远，就被敌人发现了。几十个敌人追上来，边放枪边高喊：“抓活的！抓活的！”眼看前面是一条深沟坡，习仲勋顺着坡势滚了下去，被挂在一棵树上，幸免于难。匪徒们望着陡峭的密林山坡，以为人肯定摔死了，乱打了一阵枪后就走了。等敌人走后，习仲勋两手捂着流血的伤口，慢慢顺着梢林（照金山区的灌木丛）爬下山坡，被附近的贫苦农民救回家中治疗。

（二）红军女英雄任志贞

任志贞，1914年生于陕西省子长县，1930年加入共产主义青年团，1931年转为共产党员。曾任陕北红军游击队一支队一分队政治指导员。因被叛徒出卖，被捕入狱。在狱中，任志贞与敌人进行了针锋相对的斗争。敌人以委官重金招降，任志贞斥之为“蠢人多美梦”。敌人用酷刑迫降，任志贞几死几活，她坚定地说：“打、杀，都由你们，休想从我嘴里掏出你们需要的半个字！”敌人把任志贞带到关押她丈夫白德胜的男牢，任志贞平静地对白德胜说：“他们安排咱们一起就义，也不枉夫妻一场。”黔驴技穷的敌人便决定杀害她和她的丈夫白德胜。1934 年 2 月 13 日，任志贞高喊：“共产党万岁！”“打倒国民党反动派！”走向刑场。任志贞牺牲后，党组织授予她“妇女解放的先锋”“革命青年的典范”的荣誉称号。她的英雄事迹被排成歌剧《任志贞》和电影《夫妻英烈》。

二、教学主题

照金精神的内涵

照金精神是在土地革命战争时期，刘志丹、谢子长、习仲勋在带领广大共产党员和人民群众创建陕甘边、陕北、陕甘革命根据地的斗争实践中形成的革命精神，是延安精神的重要来源之一。

（一）忠诚于党的坚定信念

刘志丹、谢子长、习仲勋等老一辈革命家在创建西北根据地的实践中，经历过极其艰苦复杂的斗争和无数的艰辛、曲折，进行了许多惊心动魄的斗争，无论是被敌人逮捕、战斗中负伤、失散后脱离部队、被左倾错误领导者错误地降职和无端指责，甚至被错误地“肃反”关押，但他们都能坚持真理，宁死不屈，相忍为党，顾全大局，表现出对党和人民革命事业无限忠诚的精神，体现了极强的党性原则。

谢子长身负重伤，却错误地遭到缴枪、撤销警卫班的不公正待遇，但他牺牲前仍想着给人民做的事太少。

党中央到达陕北后，为错误肃反中受到不公正待遇的同志平反，对蒙受不白之冤的同志，刘志丹告诉大家：“党内的历史问题不必性急，要忠诚为党工作，让党在实际行动中鉴定每个党员。”刘志丹对平反后在党校工作的习仲勋说：“向受过整的同志都说说，……要听从中央分配，到各自岗位上去，积极工作。后方的工作很重要，我们有了巩固的后方，前方才能打胜仗。”党中央在后来指出：“刘志丹等同志坚持的政治路线和立场是正确的”“当陕北‘肃反’问题未彻底弄清楚时，他们一贯地把握了布尔什维克立场和态度，这是值得我党同志们学习和效法的。”

（二）顽强斗争的英雄气概

土地革命战争时期，南方许多革命根据地是在党中央的直接领导下建立的，像井冈山革命根据地、中央革命根据地；而西北地区距离党中央所在地路途遥远，加之20世纪20年代末期和30年代初期在中国共产党内连续发生了三次“左”倾错误，党内一些重要领导人叛变，党中央遭到严重破坏；中共陕西省委也先后15次遭受破坏，发生了省委主要领导人叛变的事件。刘志丹、谢子长、习仲勋等在陕甘边、陕北的斗争是在长期中断同党中央的联系，不能得到上级党组织指导的情况下进行的。

大革命失败后，中共陕西省委领导了清涧起义、渭华起义等多次武装起义和革命兵变，均以失败告终。刘志丹、谢子长、习仲勋等逐渐意识到，革命必须要不等不靠，要从陕甘边和陕北的实际出发，走出一条新路。

两当兵变失败后，1932年8月，习仲勋在照金西四五里路的杨柳坪找到刘志丹时，刘志丹分析了几年来陕甘地区党领导的70多次兵变失败的原因时说：“最根本的原因就是军事运动没有同农民运动结合起来，没有建立起根据地。”他们决心要建立自己的根据地。谢子长也叮嘱习仲勋说：“过去我们没有根据地，现在要搞。……你要在发动群众的基础上，成立农民协会，组织游击队，开展游击战争。”

但是，根据地的创建并不是一件十分容易的事。以陕甘边、陕北来说，实际存在的困难就很多：一是自然条件较为恶劣，生存发展特别不易；二是反动势力较为庞大，虽然它们之间不团结，但在镇压革命方面是一致的；三是党组织建立时间较短，虽有一些群众基础，但较为薄弱；四是革命实践不足，革命理论尚不完备。

面对如此巨大的困难，刘志丹、谢子长、习仲勋等人硬是凭借顽强拼搏的精神，创造性地在梢林地带建立根据地；创造性地开展土地革命，如改造二流子，改造后表现好的地主也可以分得土地，只分川地，不分山坡地等；创造性地提出了红、白、黑“三色”革命的思想，红色指组建自己的武装，白色指做白军工作，灰色指做土匪工作、改造哥老会、收编山大王，在陕甘边、陕北开辟了一片新天地。到1935年西北根据地形成时，已拥有红二十六军、红二十七军、游击队等多种武装力量，在陕北、陇东、关中建立了20多个县工农民主政权，30多个县成为游击根据地。在南北1000公里、东西500公里的区域里，风展红旗如画，军民一片欢腾，为党中央和中央红军长征落脚陕北提供了一个稳固的据点。

（三）扎根群众的工作作风

刘志丹、谢子长、习仲勋等老一辈革命家20岁出头就成为陕甘边、陕北出名的革命家、革命领袖，得到人民群众的广泛支持和热烈拥护，其根本原因就在于他们及其领导的共产党人和红军时时处处坚持全心全意为人民服务的宗旨，始终保持同最广大人民群众的血肉联系。

“要使全中国人民都过上好生活”，是刘志丹、谢子长、习仲勋等共产党人共同的人生价值追求。习仲勋回忆第一次见到刘志丹时，同志们都亲切地称呼他为“老刘”。刘志丹殷切地嘱咐习仲勋说：“你是关中人，种过庄稼，能跟农民打成一片。你一定要做好根据地的开展工作。”并说：“只要政策对头，紧紧依靠群众，困难是可以克服的。”在陕甘边，习仲勋深入群众，同群众同生活、共劳动，一村一村做调查研究，一家一户做群众工作，相继组织起农会、贫农团、赤卫队和游击队。他同群众建立了亲情关系，在照金地区有许多拜把子的农民干兄弟，有几个干娘。他相信群众自己解放自己，积极在陕甘边培养农民干部，根据地农村政权负责人很多由农民担任。习仲勋以热情洋溢的文字回忆当时根据地的小伙子见红军回来了，高兴地唱起了信天游：“鸡娃子叫来狗娃子咬，当红军的哥哥回来了。”毛泽东称赞习仲勋“是群众领袖，是一个从群众中走出来的群众领袖”。

刘志丹与陕北群众的密切关系曾给周恩来留下了深刻印象。1970 年 3 月 26 日，周恩来在接见延安地区插队知青工作座谈会代表时深情地说：“刘志丹在陕北人民中很得人心，确实是人民群众的领袖。我和他东征到清涧时，群众听说刘志丹来了，都来看望他。其中，有两个瞎子看不见，跑到窑洞里，摸他的手。这一点，我现在印象还很深刻。”所以，陕北大地上才有“正月里来是新年，陕北出了个刘志丹。刘志丹是清官，他一心要共产……”的民歌广泛流传。谢子长被陕北老百姓称为“谢青天”。

照金精神是陕甘边根据地、陕北根据地、陕甘根据地建立发展的精神动力，它培养和造就了一大批治党、治军、治国的高级干部，刘志丹、谢子长、习仲勋是其中卓越的群众领袖，在他们的领导和培养下，陕甘边根据地、陕北根据地、陕甘根据地还涌现出了高岗、马文瑞、阎红彦、杨森、杨琪、张秀山、张达志、王世泰等一大批领导干部，他们不仅为西北红军和陕甘根据地的建立和发展做出了重要贡献，也为抗日战争和解放战争的胜利立下了丰功伟绩，更是新中国建立和建设的中坚骨干。

三、资料链接

（一）中国工农红军陕甘游击队布告（一九三二年）

为布告事，中国工农红军陕甘游击队经过晋陕甘数省与国民党军阀血战数十次，战无不胜，攻无不克，所到之地，白军闻风披靡，帮助正宁、山水、淳化农民建立革命委员会，组织赤卫队，帮助三原、富平、彬州、礼泉、宜君、中部等数十县工农分配豪绅地主的食粮财产。数百万劳苦群众和红军游击队团结一致，根本动摇西北国民党军阀统治，推进西北革命迅速向前发展，使广大劳苦工农及白军士兵同志起来，为打倒国民党军阀剥削与压迫而斗争，为解放自己而斗争来参加红军游击队，拥护红军游击队起见，特宣布本军根本任务于左：

一、本军是贫苦工农自己的武装力量，在中国共产党领导之下，与国民党军阀作必死的斗争，绝不与任何统治势力相妥协。

二、本军所到区域对于国民党军阀统治机关——县政府、区公所、民团局、里正等一律铲除。

三、原国民党军阀给予工农劳苦群众一切苛捐杂税摊派勒索概作无效。

四、帮助穷苦工农、白军士兵起来分配豪绅地主的食粮财产和土地。

五、一切文字口头的高利贷、账债、契约，宣告无效

六、缴收白军、民团、警察的武装，武装农民赤卫队，保护自身的利益。

七、建立陕甘农工兵代表会议——苏维埃政府。

八、创造西北工农红军。

以上为本军之根本任务，望各地劳苦工农及白军士兵同志深刻认识迅速协同本军努力执行以期早日实现，是为至要。此布。

总指挥　刘志丹

政治主任　黄子文

中华苏维埃共和国二年　月　日

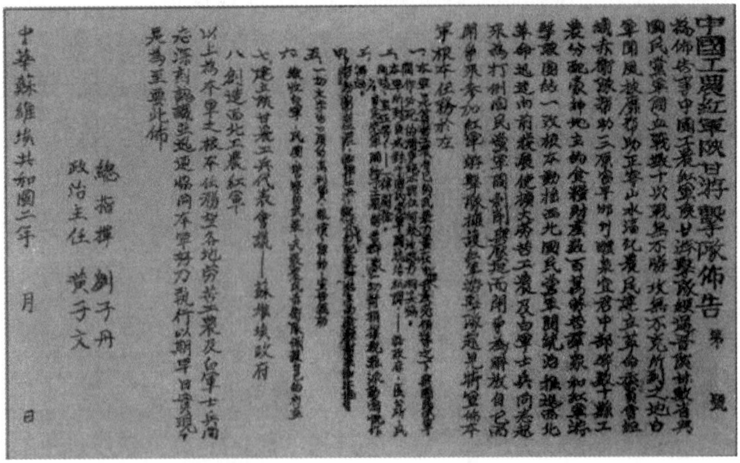

中國工農紅軍陝甘游擊隊佈告

總指揮　劉子丹

政治主任　黃子文

中華蘇維埃共和國二年　月　日

中国工农红军陕甘游击队布告

（二）陕甘军区革命军事委员会颁布的赤卫军暂行简明军律

总 则　本会为了加强赤卫军阶级基础，提高其战斗力量，促进其团结精神，各级政府除特加紧政治教育训练外，更应站在无产阶级利益的 立场上，规立暂时简明军律，以补助政治教育训练之不及，使其很快地转变为真正红军游击队后备军。同时在未奉到苏维埃临时中央政府的赤卫队军（律）前，这一简明军律为有效实施。第一条违抗命令者处死刑。第二条私放豪绅地主及反革命分子者处死刑。第三条侵犯劳苦群众利益者处死刑。第四条强奸妇女者治罪如下：（一）强奸妇女有证据者处死刑。（二）强奸未遂者罚苦役半年。第五条凡在斗争中无故打骂劳苦群众者斟酌情形轻重罚以 1 月以上 3 月以下之苦役。第六条无有命令私自焚烧豪绅房屋食粮者罚苦役 3 月，延及穷人房屋者，首犯罚苦役 10 月，从犯罚苦役 6 月，并共同负赔偿责任。第七条凡在斗争中没收豪绅地主及反革命分子的财物而不报告者治罪如下：（甲）价值在 20 元以上者处死刑。（乙）价值在 20 元以下者斟酌情形轻重处以徒刑或苦役。第八条凡无故集合不到者治罪如下：（甲）一次不到者罚苦役半月。（乙）二次不到者罚苦役 1 月。（丙）三次不到者罚苦役 3 月。第九条凡集合时以老弱或儿童代替充数者治罪如下：（甲）一次罚苦役 10 日。（乙）二次罚苦役 20 日。（丙）三次罚苦役 1 月。第十条凡在斗争中未奉命令私自没收豪绅地主及反革命分子财物者罚苦役 3 月。第十一条凡在斗争中私自脱逃者斟酌情形轻重罚以 3 月以上半年以下之有期徒刑或苦役。第十二条本军律自呈请边区苏（维埃）政府批准颁布后执行之。

附则 1. 本简明军律系在赤卫军斗争中所常犯的错误规定出的，凡本 会所属之一切赤卫军皆适用之。2. 凡赤卫军遇有违犯本军律之一者，得由该指挥机关军政负责 人以及下层代表，组织革命法庭执行之。3. 如有不服从该级革命法庭之判决者，得提出理由向本会上诉，做最后之判决。

陕甘军区革命军事委员会边区分会印 1935 年 8 月 15 日

（三）刘志丹挽词选

群众领袖，民族英雄

毛泽东

我到陕北只和刘志丹同志见过一面，就知道他是一个很好的共产党员。他的英勇牺牲，出于意外，但他的忠心耿耿为党为国的精神永远留在党与人民中间，不会磨灭的。

毛泽东

上下五千年，英雄万万千。人民的英雄，要数刘志丹。

周恩来

志丹同志是优秀的共产党员，忠实英勇的红军领导，陕甘苏区的创造者。

朱德

志丹同志的路线是我党领袖毛泽东同志的路线，是我党的布尔什维克的路线，是真正中国的马列主义路线。

洛甫

共产党员的模范

陈云

为人民而生，为人民而死，西北之光，民族俊杰。

彭德怀

懿惟志丹，革命英雄。国际主义，奋志坚行。
裹革沙场，虽死犹存。纪念先烈，以启后人。

叶剑英

长使丹心贯日月，拼将热血洗乾坤。
拯民卫国更忠党，史绩不刊千载存。

林伯渠

全国革命根据地受到摧残之后，番下边区做抗日根据地，为国家民族存亡所系。创造者谁？志丹、子长及其他同志，志丹为主要领导者。

徐特立

为国家尽大忠　为民族尽大孝

谢觉哉

以共产党员的最高品质终生服从于民族的阶级的利益来创造了陕甘宁边区的革命根据地。

贺龙

民族光辉，我党楷模

李富春

中华民族的最优秀子孙　革命队伍的最忠诚战士

徐向前

与陕甘宁边区同垂千古

王稼祥

谨以无限的哀悼和铭感来纪念志丹同志——陕甘宁边区的创造者，中华民族的最优秀子弟，中国共产党的英勇党员。志丹同志的路是我们每个中国人民、中国共产党员的路。我们将步随着先烈的足迹向前奋斗，以达到中华民族之解放和中国劳动者之解放。

博古

（四）陕北民歌《刘志丹》

正月里来是新年，陕北出了个刘志丹，刘志丹来是清官，他带上队伍上横山，一心要共产。

二月里来刮春风，江西上来个毛泽东，毛泽东势力众，他坐上飞机在空中，后带百万兵。

三月里三月三，如今的世事大改变，男当红军女宣传，裤腿挽在半腿弯，走路真好看。

四月里来四月八，老谢要把绥德打，绥德白军害了怕，刘志丹队伍吴堡扎，陕北全红啦。

五月里来麦浪滚，刘志丹来爱百姓，粮食票子都不要，土地分给老百姓，家家享太平。

六月里来割麦忙，男男女女上农场，前方的红军去打仗，后方的百姓送公粮，红军打胜仗。

七月里来刮狂风，梁占魁土匪胡行凶，刘志丹来本事大，他把土匪全扫清，百姓得安宁。

八月里来月儿圆，毛泽东命令往下传，动员红军和百姓，男女老少忙生产，有吃又有穿。

九月里来秋风紧，白军开来打红军，飞机大炮轰隆隆，抢了百姓又烧村，人人都痛恨。

十月里来天气寒，杨猴小队伍下了山，断得个老百姓钻老山，咱们的红军来到了，人人都喜欢。

十一月里来是寒冬，刘志丹来真英勇，靖边的白军都打光，缴得枪炮数不清，散给老百姓。

十二月来整一年，毛泽东来有远见，他给人民把路引，全国联合来抗战，百姓都喜欢。

（五）王泰吉《绝命诗》《绝命词》

《绝命诗》：崤函振鼓山河动，萧关频翻宇宙红。系念袍泽千里外，梦魂应知寄愁容。

《绝命词》：为圆寂，将门儿掩，谁也不见；学秃陀参禅，像睡佛咒天；将孔孟抛在一边。劳什子吓破几许英雄胆！咱从来不说奈何天。这头颅任你割断，这肉体任你踏践，一切听自然。

四、拓展阅读

1. 中共陕西省委党史研究室：《西北革命根据地》，中共党史出版社，1998。

2. 中共陕西省委党史研究室：《中共中央在延安十三年（上）》，中央文献出版社，2016。

五、探究思考

1. 如何认识陕甘根据地的革命精神是中国共产党革命精神的重要组成部分？如何认识它同延安精神的关系？

2. 我们应该学习刘志丹、谢子长、习仲勋等革命前辈身上的哪些高尚品质？

第五章　陕南苏区红色资源实践教学

“苏区”是苏维埃区域的简称，指在土地革命战争时期建立的根据地，因这些根据地内的工农民主政权采用的是苏俄革命政权的组织形式——苏维埃来建制，故称“苏区”。这些苏区是新中国的最初雏形，是中国共产党在革命斗争的背景下，在军事、经济、政治、文化等各个领域对国家进行治理和管理的一次实践。陕南苏区指中共陕南特委在陕南创建的苏维埃政权所在区域，红四军和红二十五军创建的川陕和鄂豫陕革命根据地的陕西省陕南地区，包括今天汉中市、安康市、商洛市的28个县、区。

第一节　红色旧址

一、红色旧址简介

（一）中共陕南特委的红色旧址

1927年10月，中共陕西省委决定成立中共陕南特别委员会（简称陕南特委），领导陕南人民的革命斗争。中共陕南特委发动人民，建立领导了武装组织，开展武装斗争，建立了苏维埃政权，1936年2月，由于陕南地区白色恐怖严重，陕南特委停止活动。

1. 重要历史事件旧址

汉中女师风波　1932年3月初，国民党汉中当局查封了汉中省立第二女子师范党支部以学生自治会的名义创办的期刊《冲锋》三八妇女节特刊，并将共产党员、女师学生刘秀珍和石印局老板扣押。事件发生后，中共陕南特委组织各校党支部动员上千名学生上街游行，抗议国民党当局无理干涉言论自由和扣押学生的行为。愤怒的学生冲进公安局，砸毁门窗和桌椅。双方谈判时，公安局又扣押了学生谈判代表，并于次日逮捕了陈浅伦、郑月波等3名教师。在党组织的营救和社会舆论的压力下，国民党汉中当局被迫释放了被捕的教师和学生，并将公安局局长撤职，斗争取得了胜利。

马儿岩事变 根据中共中央和中共陕西省委的指示精神，中共陕南特委组建了川陕边区游击队。1933 年 1 月，川陕边区游击队更名为红二十九军游击支队。2 月 13 日，红二十九军正式宣布成立，红四方面军任命陈浅伦为军长，中共陕西省委任命李艮为政治委员，下辖两个团及一个教导大队，共 2000 余人。红二十九军成立后，军部住西乡县骆家坝之龙灯村，开辟了以西乡马儿岩为中心的游击根据地。4 月 1 日，混入红二十九军的原“神团”① 头子张正万与国民党军队相勾结，包围了正在马儿岩开会的中共陕南特委和红二十九军领导干部 40 多人，陈浅伦、李艮等被杀害。

红色交通线 在红四方面军与第十七路军达成了秘密协议后，中共陕南特委和十七路军中的中共党组织充分利用这一有利条件，以汉中为起点，相继建立了三条通往川北苏区的红色交通线：一条是经南郑县的牟家坝、回军坝、羊圈关、碑坝进入川北苏区；一条是经南郑县的牟家坝，城固县的二里、天明寺，再经南郑县的法慈院进入川北苏区；一条是经城固、西乡、镇巴边境进入川北苏区。红色交通线的主要任务是搜集敌军情报及时送达红四方面军总部，协助后勤总部采购物资及转运事项，掩护进出根据地的革命同志。它的建立，打破了敌人对川陕革命根据地的封锁，根据地需要的大批武器、弹药、通信器材、药品等源源不断地通过红色交通线从白区运来，对根据地的巩固与发展起了巨大作用。

安康起义 1934 年 2 月 22 日，国民党安康区绥晋司令部所属的特务三连、手枪连和炮兵营部分官兵，在中共安康军特支的领导下举行武装起义。部队改编为中国工农红军三十军第一纵队，袁作舟任纵队长，王辛德任纵队政委，王泰诚为纵队游击指挥。起义后，部队撤出安康县城，开往川陕革命根据地。3 月中旬，部队在紫阳县毛坝营盘大梁遭到国民党地方民团的截击，王泰诚阵亡，王辛德等起义领导人被捕牺牲。

2. 主要会议旧址

陕南第一次党代表会议 1930 年 11 月，陕南第一次党代表会议在南郑县龙岗寺召开，八个县共派 20 余名代表参加。会议选举产生了中共陕南特委，梁益堂任书记。

3. 主要战役战斗旧址

---

① 一种带有迷信色彩的地方武装势力。

元墩子遭遇战　1934年2月6日，红二十九军第三游击大队袭击勉县元墩子王化志民团时，遭到伏击，激战一日，除少数战士在政委杨国光率领下突围外，30多人被捕。事件发生后，驻勉县国民革命军第十七路军警卫团团长张汉民（中共党员）命史唯然（中共党员）率一个加强排，以追捕逃兵为由，向王化志要人，并以民团隐匿士兵为口实，击毙了王化志，解救了被俘的游击队战士。

青鹤观战斗　1934年11月8日凌晨，中共陕南县委、陕南县苏维埃政府机关驻地青鹤观（今镇巴赤南乡平落村）被镇巴县民团包围，县委书记潘天成指挥机关干部和游击队员同民团激战竟日，终因力量悬殊，青鹤观失守，中共陕南县委宣传部部长陈文先和赤化区委书记陈忠瑞牺牲。

4. 陕南特委建立的苏维埃政权旧址

陕南特委建立后，在成立武装力量和领导根据地武装斗争的过程中，把苏维埃政权建设放在重要的位置。在根据地内建立了马儿岩乡工农民主政府，主席陈明伦。工农民主政府成立后，领导农民开展打土豪、分田地斗争。农民在歌谣中唱："太阳一出红山岩，马儿岩建立苏维埃。均田又均地，分粮又分衣。地主发了抖，白天不敢走。"①

此外还建立了八个村的工农民主政府：张家坝工农民主政府、红庙河工农民主政府、让小田工农民主政府、罗家坪工农民主政府、安沟工农民主政府、何家沟工农民主政府、雍家岩工农民主政府、八海坪工农民主政府。

（二）川陕革命根据地陕南苏区红色旧址

川陕根据地的陕南苏区是川陕革命根据地的重要组成部分，辖区主要分布在汉中地区的镇巴、西乡、南郑、勉县、宁强等5个县境内。时间从1932年12月红四方面军进入陕南汉中地区，到1935年2月下旬红四方面军撤出陕南，开始长征。

1. 主要会议旧址

红四方面军小河口会议　1932年12月9日，红四方面军在城固县小河口召开方面军师以上干部会议。会上，原中共鄂豫皖特委书记曾中生、原红四军军长旷继勋、原红四军政治委员余笃三等人对张国焘的让部队无计划、无目的转移的错误和军阀主义领导作风进行了尖锐批评，会议宣布成立"前敌委员会"，鄂豫皖革命军事委员会改称西北革命军事委员会，并决定继续南进，建立新的革命根

① 安康市委党史研究室：《陕南红色歌谣》，中国文史出版社2007年版，第252页。

据地。会后，红四方面军南渡汉水，翻越大巴山，进军川北，经过5个月的浴血奋战，初步奠定了川陕根据地的雏形。

2. 主要战役战斗

漫川关战斗 1932年11月11日，红四方面军主力在战略转移途中进抵山阳漫川关以东云岭地区，被国民党军5个师又4个团包围于云岭、碾子坪、康家坪、板庙10余里的峡谷之中，漫川关地势险峻，有“进了漫川关，恰似鬼门关。风吹石头响，仰脸不见天”之说。由于此地为进入汉中的必经之路，因此历来是兵家必争之地。红四方面军在总指挥徐向前的率领下集中兵力从漫川关东国民党军布防薄弱环节实行突围。经过三天两夜激战，11月13日，红四方面军十二师三十四团在团长许世友率领下，杀开一条血道，全军从张家庄垭口胜利突围。

王曲、子午镇战斗 红四方面军漫川关突围中改变了由漫川关去汉中的路线，北折沿丹江川道，横穿商洛中心地带，从商州城边经过，南进到柞水县红岩寺；沿金钱河而下，在凤凰嘴以东肖台子受阻，再次北折进金井河，溯河而上，由丰北河十字分两路出柞水翻秦岭，1932年11月28日，翻越秦岭抵达蓝田县汤峪、长安县库峪等地。红七十三师在西安以南之王曲镇击溃国民党陕军混成旅和特务团，歼陕军4个营。11月29日，四方面军后卫十一师在西安以南之子午镇击溃国民党十七师，歼敌2个营。

陕南战役 1935年1月下旬，中共中央电令红四方面军西渡嘉陵江，配合长征途中拟从黔北入川的中央红军。红四方面军一面命令红三十一军进行渡江准备，一面集中红4、红30、红9军进攻陕南，调动敌人。2月3日晚，红军进攻宁强县城，4日拂晓，攻克宁强县城，消灭国民党军三十八军独一旅二团一、二营；同日，在阳平关战斗中，消灭该团三营。2月5日，红军向阳平关、宁强东北推进，于8日歼灭十七路军孙蔚如部第十七师四十九旅大部。随后，红军占领勉县，围攻褒城，直抵汉中近郊。胡宗南和川军邓锡侯部急将主力调往陕甘边境。红四方面军见调动国民党军队的目的已经达到，遂于2月中旬回师川北。

3. 川陕革命根据地陕南苏区苏维埃政权旧址遗址

陕南县苏维埃政府 1933年1月初，红四方面军第十师一部在镇巴长滩坝（今赤南）建立了区苏维埃政府，下辖长滩、桃园子、南沟三个乡苏维埃政府，18个村苏维埃政府。5月26日，红四方面军一部又到镇巴县瓦场坪一带活动，成立了坪上、后河等村苏维埃政权。9月16日，红四军十二师一部经过长期艰苦工作，解放陕西镇巴南境。在坪落青鹤观（今镇巴赤南乡平落村）成立陕南县苏维埃政府，选举康洪礼为主席。辖两个区苏维埃政府，16个乡苏维埃政府，

54 个村苏维埃政府。农民在歌谣中唱到：“高山打锣响得远，红军队伍到川陕，苏维埃设在青鹤观，石板搭桥万万年。”①后人在《赤南苏维埃》一诗中写道：“烽火当年青鹤观，山林血染万人坑。前人魂在后人志，峻岭长溪可证明。”②

简池区苏维埃政府　1933 年 3 月，红四方面军二十九团一部在镇巴县简池街建立了简池区苏维埃政府，属赤北县，下辖窑罐厂、雷公田、蒿坪寺、田坪四个乡苏维埃政府，11 个村苏维埃政府。

楼房坪区苏维埃政府　1933 年 2 月 7 日，红四方面军第十师二十八团一部在西乡县楼房坪成立了楼房坪区苏维埃政府，属赤北县，辖五个村苏维埃政府。

核桃村乡苏维埃政府　1933 年 2 月，红四方面军第七十三师二一九团三营在镇巴县核桃村建立核桃村乡苏维埃政府，属赤北县长坪区，辖五个村苏维埃政府。

文家坪乡苏维埃政府　1933 年 4 月，红四方面军第十师特务团三营到镇巴县文家坪、苏家坪一带发动群众，进行革命斗争。22 日，民运股主持成立了文家坪乡苏维埃政府，属赤北县钢溪区，下辖四个村苏维埃政府。

坝溪区苏维埃政府　1933 年 1 月，红四方面军第七十三师二一七团在芭蕉坪、坝溪一带领导群众打土豪，分田地，剿匪反霸，建立起乡村苏维埃政府。4 月，成立中共坝溪区委和坝溪区苏维埃政府，属红江县，下辖程家坝、朱家坝、马巷子、碑坝、坝溪、西河秦家湾六个乡、29 个村苏维埃政府。

宁强县苏维埃政府　1935 年 2 月 4 日，红四方面军解放宁强县城，1935 年 2 月下旬，召开宁强县工农兵代表大会，正式成立宁强县苏维埃政府，农民沈连章当选为主席。在建立县苏维埃的同时，全县建立了宁强市镇和城关、高寨子、回水河、大安、关口坝、二郎坝、胡家坝、唐家坝等八个区，下辖 30 个乡、86 个村的苏维埃政府。

阳平县苏维埃政府　1935 年 2 月 5 日，红四方面军解放阳平关，并设立阳平县，抽调宁强县委书记龙国元任阳平县委书记，成立阳平县委员会。2 月 9 日，成立阳平县苏维埃政府，选举阎如裕为主席，下设一个阳平市镇和阳平关、燕子砭、代家坝、黑水等四个区，辖 10 个乡、42 个村。

勉县苏维埃政府　1935 年 2 月 9 日，红四方面军解放勉县，2 月 11 日，成立勉县苏维埃政府，杨芝林任主席，下辖青羊驿、阜川、旧州、黄沙、柳树营五

① 安康市委党史研究室：《陕南红色歌谣》，中国文史出版社 2007 年版，第 249 页。
② 刘迈：《现代名人咏三秦》，陕西人民出版社 1993 年版，第 15 页。

个乡苏维埃政权，65 个村苏维埃政权。

南郑县苏维埃政府　1935 年 2 月 9 日，红四军政治部与中共南郑县委研究决定，在新集镇召开南郑各界代表会议，成立川陕省南褒县革命委员会。12 日，红四军政治部和南褒县革命委员会在新集镇柴集坝召开群众大会，成立南郑县苏维埃政府，杜明德为主席，下辖黄官、新集两个区、16 个乡、23 个村。

（三）鄂豫陕根据地陕南苏区的红色旧址

鄂豫陕革命根据地陕南苏区，由中共鄂豫陕省委、鄂豫陕特委和红二十五军、红七十四师创立，时间从 1934 年 12 月 10 日红二十五军到达陕西洛南县，到 1937 年 4 月红七十四师奉命到长安县大峪口整训。

1. 主要历史事件旧址

蔡川整编　1934 年 12 月 11 日，鄂豫陕省委将部队移至丹凤蔡川镇的太子庙，对部队进行了为期一周的整编。在这期间，中共鄂豫陕省委向战士传达了庾家河会议关于创建鄂豫陕省委、创建以商洛为中心的鄂豫陕苏区的精神，同时对部队进行了整编，因减员过大，撤销红第二二四团，充实到二二三团和二二五团。红二十五军的领导人也做了调整，军政治部主任戴季英任军参谋长，省委秘书长郑位三任军政治部主任，调第二二四团政治处主任郭述申任军政治部副主任，从思想、组织上为创建鄂豫陕根据地做了准备。

九间房事件　1935 年 4 月 9 日，红二十五军在柞水县九间房，误将中共组织掌握的陕西警备第三旅大部歼灭，1935 年 5 月，旅长张汉民等 30 余名中共党员被俘后在龙驹寨遭错杀。1945 年党的七大追认张汉民等为革命烈士。

引驾回起义　1935 年 12 月 7 日至 11 日，在中国共产党和红军第二十五军北上抗日主张及其政策影响下，国民党陕军警备第二旅第四团四连、九连在进步青年张子新、王展（王武林）、何继周（何振亚）等人率领下，先后在柞水县营盘和长安县引驾回（今引镇）举行起义。在红七十四师的建议下，起义军宣布成立陕南游击纵队，何振亚任指挥，在镇安、柞水、宁陕、石泉、汉阴、安康等地开展游击战争。后由于斗争环境的严酷，为保存实力，陕南游击纵队先后在镇安和安康，有条件地接受了国民党地方政府的两次改编。1936 年 8 月，在中共西北特支的领导下，陕南游击纵队在镇安县紫荆乡（今属安康）再次起义，宣布成立陕南人民抗日第一军，军长何振亚，在镇安、宁陕、石泉及安康等地与国民党军队进行斗争。1937 年 1 月，红军第十五军团南下商县时，陕南人民抗日第一军调归第十五军团领导。

2. 党组织、军队及其指挥机构旧址

中共鄂豫陕省委成立旧址　1934年12月10日，红二十五军进抵洛南县庾家河（今属丹凤县），当天，鄂豫皖省委在庾家河街春永茂中药铺召开了第十八次常委会，决定改鄂豫皖省委为鄂豫陕省委，为创造鄂豫陕苏区而斗争。

中共鄂陕特委、鄂陕游击司令部旧址　1935年2月上旬，中共鄂陕特委、鄂陕游击司令部在镇安县杨地镇店垭子成立，郭述申任特委书记兼游击司令部政委，陈先瑞任司令。中共鄂陕特委隶属中共鄂豫陕省委领导。鄂陕特委先后下辖中共镇安县委、中共五星县委。主要活动在镇安、山阳、柞水、旬阳和湖北的郧西等县边界地区。鄂陕游击司令部隶属中共鄂陕特委领导，下辖鄂陕第三路、第四路、第五路、第六路、第七路、第九路等共六个游击师和鄂陕游击司令部战斗营。在中共鄂豫陕省委的领导下，中共鄂陕特委及其领导下的鄂陕游击司令部，加强了鄂豫陕革命根据地南部和中部的斗争。

中共豫陕特委建立旧址　为了加强鄂豫陕革命根据地东部地区（以孙家山为中心，在洛南、卢氏、商县、商南四县边界）的工作，1935年4月下旬，中共鄂豫陕省委在庾家河宣布成立了中共豫陕特委和豫陕游击师，任命省委委员、军政治部主任郑位三为特委书记，方升普、曾焜、袁崇安、李书全为特委委员。方升普任豫陕游击师师长，曾焜任政委。豫陕游击师下辖四个大队，主要活动在卢氏、洛南、商南、丹凤、商县。郑位三调任鄂陕特委书记后，李隆贵任豫陕特委书记。豫陕特委和豫陕游击师的成立，推动了鄂豫陕革命根据地东部地区革命斗争的开展。

中共鄂豫陕特委、中国工农红军第七十四师师部旧址　1935年9月初，中共鄂陕特委与中共豫陕特委在商南县赵川镇西北之梁家坟会合，初步商定，先各自返回原活动区域，安排地方工作，动员群众以各种形式与敌斗争，收容伤病员，寻找到各路游击师后再行会合，研究下一步的行动。9月8日，中共鄂陕特委和豫陕特委再次会合梁家坟，9月9日，召开了联席会议。会议经过讨论，决定将鄂陕、豫陕特委合并为陕南特委，后称鄂豫陕特委。会议选举郑位三为书记，陈先瑞、李隆贵、方升普、曾焜为常委。

在中共鄂豫陕特委领导下，1935年10月6日，豫陕游击师各大队，鄂陕第六路、第七路游击师，山阳西区游击大队，集中在商南县梁家坟附近的碾子坪村，成立了中国工农红军第七十四师，师长陈先瑞，政委李隆贵，副师长兼参谋长方升普，政治部主任曾焜，全师近700人，合编为两个战斗营，一个手枪团。

商南县白鲁础关帝庙革命旧址　1932年11月5日，红四方面军的先头部队在商南县赵川三官庙乡河坪村入陕，在商南县白鲁础关帝庙成立了白鲁础区苏维埃政府，白鲁础区苏维埃政府是商洛地区第一个红色政权。

1946 年 7 月 23 日，中共中央中原局在白鲁础关帝庙召开会议，讨论中共中央、中央军委关于“依靠巩部（注：巩德芳领导的陕南游击队）及广大人民群众在陕南 10 余县建立根据地”的电报指示。中原局常委李先念、郑位三、陈少敏，委员戴季英、任质斌和第二纵队司令员文建武等出席会议。会议遵照中共中央、中央军委指示，决定将中原北路突围部队分散为 7 支，在以商洛为中心的豫鄂陕边开展游击战，发动群众，依靠群众，创建革命根据地。

中共商洛特委和抗捐第一军旧址 1934 年 12 月下旬，中国工农红军第二十五军从郧西、山阳一带北返，打下景村镇后，鄂豫陕省委为了开辟商洛地方工作，为创建鄂豫陕革命根据地打基础，成立了鄂豫陕省委第一个地方党组织中共商洛特委和抗捐第一军。1934 年 12 月 29 日，在洛南县景村镇车塬召开了抗捐第一军成立大会，举起了打倒土豪劣绅、平分地权，打倒国民党反动统治、建立苏维埃的旗帜。红二十五军手枪团政委宋兴国任特委书记，军部少年先锋队队长程启文、手枪团二分队政治指导员陈小霞为委员，当地“红枪会”的首领洛南农民刘实通、岳新明分别任抗捐军司令和副司令。商洛特委和抗捐第一军的建立，打击了地方反动势力，扩大了鄂豫陕省委在当地人民群众中的影响，为以后建立地方党组织和地方武装提供了经验。

3. 主要会议旧址

华阳会议 1935 年 3 月中旬，鄂豫陕省委在洋县华阳镇召开重要会议，会前，省委经过对汉中汉水以北秦岭山区的考察，认为这里条件远不及商洛、豫西、鄂西区域。故这次会议进一步提出了红军宜以商洛为中心区域向豫西湖北方向发展，建立鄂豫陕革命根据地的指导思想。并且认为，创建鄂豫陕根据地，对于配合川陕、陕甘边、陕北苏区与红军的行动有着重要的意义。这次会议进一步坚定了广大干部群众在鄂豫陕边创建根据地的信心。

葛牌镇扩大会议 1935 年 4 月中旬，鄂豫陕省委在蓝田县葛牌镇召开有地方和红军中的积极分子参加的扩大会议，会议总结了入陕四个多月来的工作和成绩，指出了存在的问题。选举了省委委员，徐宝珊、吴焕先、戴季英、程子华、徐海东、李隆贵、赵凌波、张明先、张希才、田守尧等为省委委员；徐宝珊任省委书记，吴焕先为副书记。后又增补郑位三、郭述申、陈先瑞为省委委员。这次会议对于健全省委领导，进一步坚定在鄂豫陕边建立根据地的信心具有重要意义。

沣峪口紧急会议　中共鄂豫陕省委在得知中央红军和红四方面军已在川西会师并有北上动向的确切消息后，根据已经变化了的政治形势，7月15日晚，在长安县沣峪口召开紧急会议。会议通观全局分析了当时的形势，独立自主地做出战略决策，毅然决定："为配合主力，牵制敌人，使主力顺利完成北上任务，红二十五军应立即离开陕南西征，陕南留郑位三、陈先瑞等同志坚持鄂豫陕游击根据地。"会议决定省委率红二十五军西征北上，鄂豫、豫陕两特委及其领导的武装力量继续坚持鄂豫陕革命根据地的斗争。会后，省委率红二十五军从沣峪口出发，踏上继续长征的道路，与陕甘边红军会师。

梁家坟会议　1935年9月9日，中共鄂陕特委和豫陕特委在商南县赵川镇西北之梁家坟召开联席会议。会议决定将鄂陕、豫陕特委合并为鄂豫陕特委，树立独立坚持斗争的思想，以陕南为中心，广泛开展游击战争。鄂豫陕特委的成立，统一了思想认识，确定了独立坚持鄂豫陕革命根据地斗争的方针，制定了切合实际的斗争策略和游击战术，对当时在鄂豫陕边区长期坚持游击战争，打破国民党军的"划区清剿"，扭转困难局势，保存和发展革命力量，具有决定性的意义。

4. 主要战役战斗旧址

三要司战斗　1934年12月8日下午，从鄂豫皖根据地突围的红二十五军部队进抵洛南三要司，国民党陕军四十二师二四八团三营凭据三要司以南九泉山高地顽抗，我军攀岩攻击，两翼包抄，全歼敌营后，部队进入洛南庾家河。

庾家河战斗　1934年12月10日，中共鄂豫皖省委会议正在庾家河街春永茂中药铺进行之时，尾追而来的国民党第六十师先头部队很快抢占了庾家河街东七里荫山梁的有利地形，当哨兵发现时，敌军居高临下，即向军部驻地庾家河街发起进攻。午后一时接火，红二十五军手枪团迅速赶到前哨阵地，一面拼命阻击敌人，一面报告军部。情况紧急，会议中止。红二十五军副军长徐海东首先带领红第二二三团跑步出发，军长程子华、军政委吴焕先各带一个团迅速跟了上去。红二二三团奋力夺回了七里荫山梁，第二二四团、第二二五团抢占了两侧高地，协同第二二三团将敌击退。这时，敌第六十师的后继部队第三五五团、第三五七团相继赶到，激烈的争夺战全线展开。激战中，徐海东、程子华先后身负重伤，红二十五军全体指战员殊死奋战，经过20多次反复冲杀，打死打伤敌人300多名，挫败了敌人的追击，迫使敌军于黄昏时分撤出战斗，向卢氏方向退逃。红军伤亡100多人。庾家河战斗是红二十五军长征途中最险恶的战斗之一。此战获胜，结束了红二十五军历时20多天，长驱1800余里挺进陕南的战斗历程，使红军暂时摆脱困境，为创建鄂豫陕革命根据地举行了奠基礼。

蔡玉窑战斗 1935 年 2 月 1 日，红二十五军主力在柞水县蔡玉窑打垮国民党军四十二师一二六旅两个营，歼灭一个营。

文公岭战斗 1935 年 2 月 5 日，红二十五军在蓝田县葛牌镇南之文公岭设伏，歼灭国民党军一二六旅五营。

石塔寺伏击战 1935 年 3 月 10 日，红二十五军在洋县华阳镇石塔寺附近设伏，打垮围追之国民党军陕西警备第二旅五个营，毙伤俘国民党军 600 余人，击伤旅长张飞生。农民在歌谣中高兴地唱："二月六（阳历 3 月 10 日）炮声响，警备二旅垮个光。华阳建起苏维埃，土豪恶霸一扫光。分田分地又分粮，穷人翻身把家当。吃饭莫忘红二十五，翻身不忘共产党。"①

夜村战斗 1935 年 6 月 5 日，红二十五军主力相继在商县夜村、商洛镇（今属丹凤县）附近，毙伤敌一一〇师、一二九师团长以下 200 余人，缴枪 100 多支。

富水关战斗 1935 年 6 月 14 日，红二十五军攻占商南县富水镇，俘敌国民党军四十四师营长以下 170 多人。

袁家沟口战斗 1935 年 7 月 2 日，红二十五军主力及鄂陕三、四路游击师与国民党军陕西警备第一旅在山阳县袁家沟口发生激战，全歼敌警一旅，俘旅长唐嗣桐以下 1400 余人。

宁陕战斗 1935 年 12 月 26 日，红七十四师攻占宁陕县城，处决了敌县长剧文绍，惩办反动分子 20 多人，成立宁陕县土地委员会，没收豪绅财物，分给贫苦农民。

5. 红二十五军建立的苏维埃政府遗址旧址

葛牌镇区苏维埃政府 1935 年 2 月上旬，中共鄂豫陕省委在蓝田县葛牌镇建立了葛牌镇区苏维埃政府，辖葛牌乡、草坪乡、玉川乡、蓝桥乡、红门寺乡、秦岭山乡等 7 个乡苏维埃政府，面积 765 平方公里，294 个自然村，人口 5.3 万，区政府设在葛牌镇。苏维埃政府发动群众打土豪、分田地，铲除封建势力，实现了人民当家做主。区政府设有赤卫队，队员最多时达 500 多人，并且为红二十五军输送和培养了一大批武装力量。今天，在葛牌镇建有苏维埃政权纪念馆，展品有照片、书籍、文物以及大炮、轻机枪、步枪等。

店垭子苏维埃政府 1935 年 1 月初，红二十五军来到镇安米粮川，打开姚家寨、清水寨、百水洞和西寨，处决了大财东姚义建父子，并在米粮川召开大会，

① 安康市委党史研究室：《陕南红色歌谣》，中国文史出版社 2007 年版，第 249 页。

给穷人分粮分衣服，号召大家起来闹革命，参加游击师。1935 年 2 月的一天，在滑水河戏楼召开成立店垭子苏维埃政府大会，成立苏维埃政权。店垭子苏维埃政府成立后，白塔区、西沟区苏维埃政府相继建立，使店垭子周围的红色根据地连成一片。店垭子苏维埃政府建立只有四个多月的时间，但由于它曾是鄂陕特委、鄂陕游击总司令部旧址，当年又是红军在镇安县建立的第一个红色革命政权，这里的群众始终没有忘记红军当年领导的轰轰烈烈的均地、镇压豪绅运动，至今流传着“民国二十三，红军来镇安。老财不敢见，穷人都喜欢”的歌谣。

袁家沟口鄂陕边区苏维埃政府　在鄂豫陕省委的领导下，1935 年 2 月 17 日，山阳县小河口镇的袁家沟口区苏维埃政府成立，全区先后建立了 14 个乡和 60 多个村苏维埃政府，人口 8 万多人，土地 15 万多亩。1935 年 4 月上旬，在袁家沟口成立了鄂陕边区苏维埃政府，统一领导鄂陕边区的各级苏维埃政府。原袁家沟口区苏维埃政府主席程家盛任主席，阮英豪任副主席，机关驻地设在袁家沟街道“丰源”商号里。中共鄂豫陕省委给鄂陕边区苏维埃政府颁发刻有“鄂陕边区苏维埃政府”的铜制印章一枚。

袁家沟口鄂陕边区苏维埃政府纪念碑

潘家河区苏维埃政府　1935 年 2 月，中国工农红军第二十五军首次到达旬阳县潘家河、双河口、小河口街一带，开展武装斗争。中共鄂陕特委领导的游击总司令部所辖的第五路、第六路游击师在旬阳县东区、北区一带进行革命活动。在国民党统治比较薄弱的汉江以北地区，红军经过广泛发动群众，建立了潘家河区苏维埃政府。辖小河口乡、卷棚乡、潘家乡、三岔河乡、双焦乡、五龙沟乡、洛河乡、水泉坪乡、桐木乡、茅坪乡、水泉坪乡 11 个乡苏维埃政府。

红岩寺镇苏维埃区政府　1935 年 4 月中旬，中共鄂豫陕省委在镇安、柞水、山阳、商县、蓝田五个县交界处的柞水县红岩寺街成立了五星县苏维埃政府，辖袁家沟口、红岩寺、葛牌镇三个区、29 个乡苏维埃政府，受鄂陕边区苏维埃政府领导。县苏维埃政府及以下各级苏维埃政府都建立了农民土地委员会、妇女会、抗捐军等，县委和县苏维埃政府在全县范围内广泛宣传鄂豫陕省委颁发的《关于商业政策问题》布告的精神、分配土地的政策和方法，以及红军对待白军士兵的政策等，在红岩寺区将地主的土地分给了无地少地的贫苦农民。

龙驹寨区苏维埃政府 1935年5月上旬，中共鄂豫陕省委率红二十五军在丹凤龙驹寨整训期间，发动群众，建立了龙驹寨区苏维埃政府，推选赵双印为主席，詹有道、鲍金花（女）、张和、刘尾巴、余裁缝、屈六娃（木匠）、黄永长（木匠）、宋启文（铁匠）、张铁匠、梅理发师等10余人为委员。苏维埃政府下辖的赤卫队武装，约数十人，赵双印兼赤卫队队长。龙驹寨区苏维埃政府下辖的百顷湾乡苏维埃政府，刘保安为主席，王林周等为委员。

刘家花屋区苏维埃政府旧址

刘家花屋区苏维埃政府 1935年5月18日，中共豫陕特委在商南清油河镇两岔河村刘家花屋召开群众大会，宣传建立革命根据地和苏维埃政权的重大意义，号召群众推选苏维埃干部，建立苏维埃政府。5月19日，经群众选举，刘家花屋区苏维埃政府宣告成立，隶属中共豫陕特委领导。刘家花屋区苏维埃政府成立后，机关无固定住址，下辖沙坪、祝家店两个乡苏维埃政府，其辖区以今商南县两岔河为中心，西起丹凤桃坪，东到商南富水、松树沟一带，北起河南卢氏县的毛河、胭脂河，南至试马寨，面积千余平方公里，人口1.4万。同年7月，红二十五军主动转移。8月，刘家花屋苏区遭敌残酷“清剿”，先后被杀害的干部、群众达28人之多，区、乡苏维埃政府随之解体。

中共鄂豫陕特委和红七十四师建立的菩萨店区苏维埃政权 中共鄂豫陕特委在领导红七十四师同敌人斗争的过程中，十分重视根据地的政权建设。1935年10月下旬，红七十四师来到镇安、柞水、宁陕三县交界的菩萨店地区，发动群众打土豪，除劣绅，创建了菩萨店区苏维埃政府。宁陕六里沟人胡德清任区苏维埃政府主席，宁陕反阳坡人陈少堂任副主席，镇安鸳鸯池人陈光玲任妇女主席。区苏维埃建立了乡农民协会和乡苏维埃政府，并且建立了游击队。1935年底，郑位三、陈先瑞率部在宁陕猴子坪休整期间，建立了丰富、沙洛两个乡苏维埃政府。菩萨店区苏维埃政权是中共鄂豫陕特委成立以来建立的唯一的区级政权，在红二十五军实行战略转移后，革命处于低潮之时，它有力地推动了鄂豫陕根据地西南部地区革命运动的发展。

二、教学主题

苏维埃红了陕南的天

苏维埃政权是大革命失败后，中国共产党在农村根据地建立的工农民主政权，采用苏俄革命政权的组织形式——苏维埃来建制。红四方面军、红二十五军、红二十九军在创建陕南苏区的斗争中，始终把建立苏维埃政权作为首要的革命任务，每到一地，广泛发动群众，打土豪，斗地主，分田地，建立苏维埃政权，苏维埃映红了陕南的天。陕南苏区苏维埃政权的广泛建立，解放了人民，培养了革命力量，锻炼了广大人民群众，提高了他们的革命主体意识，为陕南的解放奠定了良好的基础。

（一）中共陕南特别委员会创建苏区的斗争

土地革命战争时期，中共陕南特委在陕南开展了广泛的游击战争。1927 年 10 月，中共陕西省委决定成立陕南特委，任命刘甲三为书记，易厚庵为组织委员，陈宇霆为宣传委员。刘、陈到汉中后，商定先建立各县党组织，再建立特委机关，并分头在南郑、宁强、城固三县先后建立了两个党支部、一个党小组。1928 年 3 月，陈宇霆被捕，刘甲三、易厚庵被迫转移外地，中共陕南特委活动就此中止。1930 年 8 月，中共陕西省委派梁益堂（杨子才）到汉中进行恢复中共陕南特委的工作。10 月，中共陕南特委在南郑县城内设立机关和联络站。11 月，陕南第一次党代表会议在南郑县龙岗寺召开，八个县共有 20 余人参加。会议选举产生了中共陕南特委，梁益堂任书记。特委成立后，主要在南郑、城固等中心区域开展建党和学运工作。1932 年 8 月，陈浅伦任中共陕南特委书记。

红四方面军进入陕南后，1932 年 12 月 20 日，中共陕南特委发出“为欢迎红四方面军发动群众斗争开展游击运动创建汉南新苏区”的紧急通知，明确提出了创建汉南新苏区的任务和目标。中共陕南特委发动群众，在西乡、城固、洋县、褒城、南郑、勉县、宁强等地开展游击战争，建立了新苏区。1933 年 3 月，中共陕南特委决定建立城（固）洋（县）西（乡）、洋（县）华（阳）宁（陕）、城（固）南（郑）褒（城）、南（郑）褒（城）勉（县）四个边区，要求各级党组织在建立边区中积极开展游击战争。最先建立的是西乡城固边根据地，设有党的区委和政权机关，建立了边区革命委员会，陈明伦任主席；后改为边区苏维埃政府，孟芳洲任主席。

1933 年 1 月 6 日，中共陕南特委做出《关于扩大西乡城固边新苏区，创建红二十九军的决议》。决议指出：积极领导群众开展游击区域，扩大西乡城固边新苏区，是摆在陕南党组织面前的“严重任务”。党在创造陕南新苏区的任务之下，首先要加强在苏区及周围党的工作，在领导群众斗争的过程中，扩大与改造游击队，创建正式的红二十九军，建立西乡、城固、洋县边苏维埃政府。同时，陕西省委派李艮、杜润芝、孟芳洲等领导骨干相继抵达西乡、城固边区，开展创建红军和根据地工作。1933 年 2 月 13 日，陕南特委根据陕西省委和红四方面军的指示，将川陕边区游击队改编为红二十九军，军长陈浅伦，政委李艮；创建了西乡城固边区革命委员会和南城褒边革命委员会。根据地面积 550 平方公里。在根据地内没收了地主的土地、财物分给贫苦农民。

红二十九军的军部设在马儿岩。马儿岩与陕西的镇巴、四川的万源山脉相连，风光秀美，举目四望，山峰入云，北面则是一片小丘陵，水田相连，村落星罗棋布，人口稠密，鸡犬之声相闻。马儿岩一峰挺立，东西形如马头。

3 月 31 日，中共陕南特委、红二十九军和边区苏维埃政府在马儿岩召开党军政联席会议。当时，由于国民党军和西乡县反动民团分四路向马儿岩发动围攻，红军的大部分兵力被派往根据地边沿作战，军部兵力空虚。叛徒张正万探知这一情况后，纠集亲信张万贵、张登祥、黄朝汉、曾安发等 10 多人密谋发动叛乱。4 月 1 日，陕南革命史上最为惨烈的一幕发生了。会议还在进行时，国民党第一〇二团两个营在民团协助下，分四路向马儿岩进攻。敌人偷袭得手，党政军领导人陈浅伦、李艮及孟芳洲、程子文、杜润芝等 40 余人牺牲。

陈浅伦壮烈牺牲的那一天，正值清明节赶会，猖狂的敌人把陈浅伦、程子文两位烈士的头颅送到国民党第五十一旅司令部请功后，又装进木笼悬挂在西乡城南门外河坝的柳树下“示众”。陈浅伦牺牲时只有 27 岁。

马儿岩事件之后，中共陕西省委和陕南特委又派出一批干部，恢复和组建了红二十九军第三、第十等几个游击大队，继续在西乡、城固、洋县、南郑、褒城、勉县边界地区坚持武装斗争。

（二）红四方面军创建陕南苏区的斗争

1932 年 6 月，蒋介石调集 60 余万军队，对包括鄂豫皖在内的革命根据地发动第四次“围剿”。10 月，红四方面军撤出鄂豫皖苏区，在鄂豫皖中央分局书记张国焘、总指挥徐向前、政委陈昌浩的率领下进行西征。11 月初，转战到湖北郧县南化塘。11 月 5 日，从湖北郧县进入商南三官庙、赵川镇。11 月 7 日，建立了商洛第一个红色政权——商南县白鲁础区苏维埃政府。11 月 11 日至 14 日，在战略转移途中进抵山阳漫川关以东地区云岭村，被国民党军五个师 4 万余人四面包围于云岭、碾子坪、康家坪、板庙、万福间 10 余里的峡谷之中。红四方面军在总指挥徐向前、政委陈昌浩率领下向敌薄弱方向北部突围。经过三天两夜激战，杀开一条血道，全军从张家庄垭口胜利突围。突围中改变由漫川关去汉中的路线，北折沿丹江川道，横穿商洛中心地带，从商州城边经过，南进到柞水县红岩寺；11 月 24 日，出柞水，抵达蓝田县汤峪、长安县库峪等地。12 月 3 日，由周至县辛口子入秦岭向汉中进发。12 月 9 日，到达城固县小河口，在此召开师以上干部会议，决定继续南进。12 月 11 日，红四方面军由徐向前率领从汉中、城固之间的柳林铺徒步涉汉江。12 月 12 日，红四方面军到西乡县私渡、廷水、钟家沟、骆家坝和城固县上元观一带驻扎，休整七天。在此期间，红四方面军宣传群众，组织群众，建立游击队，打击土豪劣绅，分粮分地，许多无地少地的农民得到了土地，农民在歌谣中唱："你挖窝，我打桩，木桩入土三尺三。分田莫忘红四军，打下木桩做纪念。"

12 月 19 日，红四方面军翻越大巴山进入四川，连克通江、南江、巴中等县城，建立了川陕根据地。川陕革命根据地建立后，红四方面军发动陕南人民积极开展武装斗争，建立苏维埃政权。川陕根据地的陕南苏区是川陕革命根据地的重要组成部分，辖区主要分布在汉中地区的镇巴、西乡、南郑、勉县、宁强五个县境内。1932 年 12 月下旬至 1934 年 4 月，红四方面军在陕南的镇巴、西乡、南郑开展游击战争中先后建立了六个区、32 个乡、122 个村苏维埃政府；1935 年 2 月初，红四方面军举行"陕南战役"，解放宁强、勉县、南郑的大部分地区后，又相继建立了 16 个区、镇，63 个乡，198 个村的苏维埃政府。陕南人民在歌谣中对苏维埃表示了高度的热爱之情："红四军一来，遍地鲜花开；鲜花名叫苏维埃，穷苦人儿都喜爱。"

（三）鄂豫陕省委、鄂豫陕特委创建陕南苏区的斗争

鄂豫陕革命根据地是由中共鄂豫陕省委领导创建的。根据地以商洛为中心，包括湖北郧县、郧西，河南卢氏、西峡、淅川，陕西洛南、商南、丹凤、商州、山阳、镇安、柞水、蓝田、长安、宁陕、佛坪、洋县、旬阳等县（区）的中心地带或边界地区。

1934 年 12 月 8 日，红二十五军在中共鄂豫皖省委书记徐宝珊、军长程子华、政委吴焕先等率领下，由鄂豫皖革命根据地长征进入陕西洛南县。12 月 10 日，鄂豫皖省委在丹凤县庾家河召开常委会议，决定改鄂豫皖省委为鄂豫陕省委，创

建鄂豫陕革命根据地。随后，红二十五军主力向郧西、洛南、卢氏、蓝田等地出击，号召群众打土豪、分田地，建立革命政权。12 月下旬，中共商洛特委成立。

1935 年 2 月，中共鄂陕特委和鄂陕游击总司令部成立。4 月上旬，鄂陕边区苏维埃政府在山阳成立，下辖镇安县、五星县苏维埃政府及山阳县苏维埃筹备处。5 月中旬，中共鄂陕特委和豫陕游击师成立，同时成立了中共山阳西区区委和华阳、茅坪等游击队。在中共鄂豫陕省委领导下，红二十五军和各路游击师、游击队、赤卫队在鄂豫陕边区的广大区域内，取得了一个又一个的胜利，到 1935 年夏季已开辟出东起河南卢氏、西峡、淅川边，西至陕西佛坪、洋县边，南起湖北郧县、郧西和陕西旬阳边，北至陕西长安、蓝田边的一大块根据地。在镇安、柞水、山阳、郧西、旬阳、洋县、商南等全县或部分地区进行了土地分配。

1935 年 7 月，鄂豫陕省委得到中共中央率中央红军北上的消息后，决定率红二十五军北上西北苏区，配合中央红军行动，并留鄂陕、豫陕两特委及其领导的武装力量继续坚持斗争。中共鄂豫陕省委率领红二十五军离开陕南后，9 月 9 日，鄂陕、豫陕两个特委在商南县梁家坟村召开会议，决定成立鄂豫陕特委，书记郑位三，统一领导鄂豫陕边的革命斗争；合编各路武装力量，成立红七十四师，师长陈先瑞，政委李隆贵。红七十四师成立后，在中共鄂豫陕特委领导下，从 1935 年 10 月至 1936 年 12 月的 15 个月里，在鄂豫陕苏区的广大区域内，由东到西，由西到东，由北到南，由南到北，打了五个来回，打了一个又一个的胜仗。1935 年 11 月 8 日，袭占佛坪县城袁家庄，发动群众没收分配了土豪劣绅的财物；12 月 6 日，在镇安县青铜关打垮敌四十军一个营；12 月 27 日，攻占宁陕县城，处决敌县长，惩办反动分子，成立宁陕县土地委员会，没收豪绅财物，分给贫苦农民。1936 年 1 月 23 日，翻越秦岭，夜袭户县，打土豪，分浮财；3 月 22 日，攻克丹凤县龙驹寨，没收反动地主财物，布告军民保护邮政通信；4 月上旬至豫陕边，在峦庄、官坡等地歼灭民团 200 余人；5 月中旬特委将部队编为第一、第五、第六三个团进行游击活动，在 3 个月中，所到之处都给敌人以沉重打击；9 月，为策应红二方面军北上会师，特委又集零为整，将三个团集中起来活动；10 月初，袭占镇安县云盖寺，歼民团 100 多人；11 月 15 日，在商南县富水关歼灭敌公秉藩部 100 多人；12 月初，进入蓝田县境，歼徐家庙民团 120 余人，并派少数部队登上华山，搅得敌人四处告急。12 月 22 日，中共鄂豫陕特委在蓝田县灞龙庙召开扩大会议，传达了中央建立抗日民族统一战线的指示。根据会议精神，会后于 12 月 24 日成立了鄂豫陕边区军政委员会，红七十四师改编为抗日南路军（对内仍称红七十四师），军长陈先瑞，全军共 1700 余人。西安事变和平解决后，1937年2月8日，抗日南路军对外恢复原来红七十四师番号。1937年4月，红七十四师奉命撤出鄂豫陕根据地，移住长安县大峪口进行整训。抗日战争全面爆发后，红七十四师奉命从大峪口开赴三原，改编为国民革命军第八路军一一五师留守处，参加抗日战争。

三、资料链接

（一）中国工农红二十五军为占领镇安县告群众书

镇安县的工人农民劳动的群众：

赶快团结起来啊！

红军已经占领了镇安县城把压迫剥削咱们穷人的国民党镇安县政府打倒了把屠杀摧残咱们的豪绅地主的大本营推翻了！过去大人老爷们把穷人当马牛的世界，现在快完了目前已经是咱们穷老子们走上了光明大路，大家赶快起来创造我们穷人的世界啊！

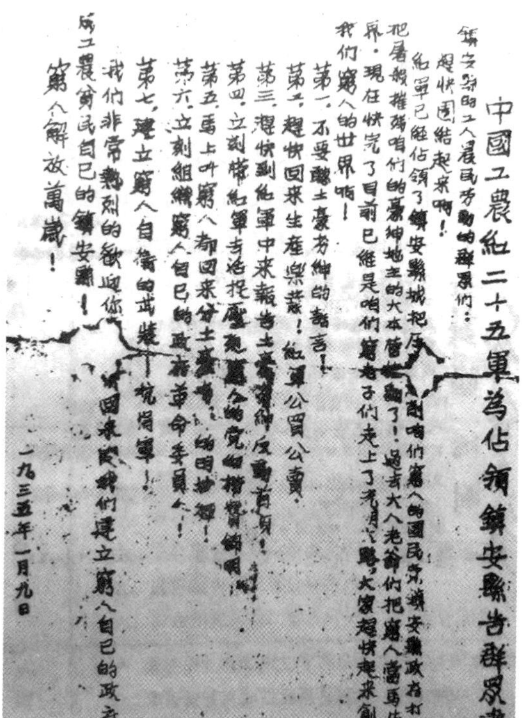
中國工農紅二十五軍為佔領鎮安縣告群眾書
鎮安縣的工人農民勞動的群眾們：
趕快團結起來啊！
紅軍已經佔領了鎮安縣城把压迫剝削咱們窮人的國民黨鎮安縣政府打倒了把屠殺摧殘咱們的豪紳地主的大本營推翻了！過去大人老爺們把窮人當馬牛的世界，現在快完了目前已經是咱們窮老子們走上了光明大路，大家趕快起來創造我們窮人的世界啊！
第一，不要聽土豪劣紳的謠言！
第二，趕快回來生產樂業！紅軍公買公賣。
第三，趕快到紅軍中來報告土豪劣紳反動首領！
第四，立刻帶紅軍去活捉壓迫窮人的党幼楷贊錦明！
第五，馬上叫窮人都回來分土豪劣紳的田地種！
第六，立刻組織窮人自己的政府革命委員會！
第七，建立窮人自衛的武裝——抗捐軍！
我們非常熱烈的歡迎你們快回來同我們建立窮人自己的政府造成工農貧民自己的鎮安縣！
窮人解放萬歲！
一九三五年一月九日

中国工农红二十五军为占领镇安县告群众书

第一，不要听土豪劣绅的谣言！

第二，赶快回来生产乐业！红军公买公卖。

第三，赶快到红军中来报告土豪劣绅反动首领！

第四，立刻带红军去活捉压迫穷人的党幼楷赞锦明（注：全县罪恶昭彰的两个恶霸）！

第五，马上叫穷人都回来分土豪劣绅的田地种！

第六，立刻组织穷人自己的政府革命委员会！

第七，建立穷人自卫的武装——抗捐军！

我们非常热烈地欢迎你们〔赶〕快回来同我们建立穷人自己的政府造成工农贫民自己的镇安县！

穷人解放万岁！

一九三五年一月九日

（二）我为红二十九军雕刻印章[①]

康德生

我叫康德生，原名康俊发，老家原住城固天明寺活水沟。从一九二三年以后，我在城固丰乐桥上边张家房后、盐店巷、白果树巷等地摆小摊刻字。有一段时间，陈浅伦的父亲陈敦行和我住一个院子。陈浅伦不常在家，他和我是姑血老表关系。

一九三二年农历五月间陈浅伦从汉中回来，叫我给做些活，他给我宣传共产党的好处，并给我说要小心，不能让别人知道。叫我有空就刻，说刻好了，将来共产党闹革命成功了，我也就有工作了。陈浅伦把二十一个印章样式画了图，记得都是圆形，宋字体。我把样式仿绘好，就马上把他绘的图样烧毁了。每一个上面都刻有“红二十九军”的字，下边还刻些什么，时间长了，记不得了，从五月到十月才刻好。先给刻了九个急用的，来取的人是陈浅伦的外祖父姚敬事。最后在十月间，也是陈浅伦写信叫姚敬亭取的，拿了十二个。总共二十一个章子，都是圆形，直径大约有二寸，上面全是字，没有其他图案，是从军到下面各组织的。

红二十九军关防印章

二十一个印章刻了后，我没有拿报酬，我也知道红军经济困难。章子未刻起时，叫我到马儿岩去，一是给送信，一是研究章子哪几个要先刻，哪几个迟点刻。

四、拓展阅读

1. 中共陕西省委党史研究室、中共商洛地委党史研究室：《鄂豫陕革命根据地史略》，中共党史出版社，1992。

---

① 中共陕西省委党史研究室、中共汉中地委党史研究室：《中共陕南特委》，陕西人民出版社 1992 年版，第 419 页。

2. 中共陕西省委党史研究室、中共汉中地委党史研究室：《中共陕南特委》，陕西人民出版社，1992。

五、探究思考

1. 陕南苏区苏维埃政权全方位执政的经验与启示。
2. 探析红二十九军失败的原因及教训。

第二节　红色文物

一、文物简介

（一）红军标语

20 世纪 30 年代，红四方面军、红二十五军、红二十九军在创建陕南苏区的斗争中，始终把建立苏维埃政权作为首要的革命任务，每到一地，广泛发动群众，打土豪，斗地主，分田地，建立苏维埃政权。

在苏维埃政权建立的过程中，主要通过标语，向广大群众宣传苏维埃和红军的革命主张。这些标语从制作手法上经历了从墨书到石刻的转变，内容非常丰富，有反映红军性质、宗旨、任务的，如“共产党是工农穷人的政党!”“红军是穷人的队伍”“没收豪绅地主阶级土地平均分配!”“推翻国民狗党”。有反映红军北上抗日方针的，如“反对帝国主义瓜分中国”“打倒帝国主义”等。在形式上通俗易懂，言简意赅。在署名上多数为“红二十九军”“红二十五军”，也有署名为某师某团的，有的没有署名。石刻标语制作时间集中在 1933 年 4 月到 1934 年 12 月。

这些红军标语言简意赅，朗朗上口，感召力强，当时作为一种宣传武器，在宣传党的政治主张、发动群众方面，起到了很大的作用。

在汉中市留坝县玉皇庙乡玉皇庙村，至今还流传着标语的制作故事。1935 年 7 月 31 日晨，红二十五军军部经过玉皇庙乡时，在寨湾吊桥嘴击溃了前来阻击的留坝保安队。7 月 31 日中午，红军在玉皇庙村做短暂的休息。红军到老百姓家借用锅灶做饭，却丝毫未动老百姓的柴、米、油、盐，撤离时不仅把卫生打扫得干干净净，还留下钱放在灶台上。一位红军干部见教书匠王崇德老汉身穿长布衫，却光着腿穿一双草鞋，问王崇德为什么穿草鞋，王崇德说：“我们穷人穿不起布鞋。”于是，这位红军干部就从背包里取了一双布鞋给王崇德穿上。宣传战士则利用休息时间，给路边劳动的群众宣讲政策，并在邻街墙上刷写“打白匪救百姓”“打倒土豪分田地做主人”“红军是为工农兵谋解放的先锋队”等标语。梁家庄荀少航家土墙上“饿饭的穷人快来当红军”这条标语至今尚存。

许多标语凿刻于石壁上、房屋外墙的石板上、山间要道的石崖上。红四方面军、红二十五军离开陕南后，反动派大肆铲除红军标语，消除群众对红军的记忆。当地群众冒着生命危险保护这些标语，他们用草木灰、招财年画、稻草等把红军标语遮挡起来，不少标语才得以留存至今。

红军标语，一幅幅，一条条，至今在陕南清晰可见，熠熠闪光。它点燃了人们的红色记忆，传递着伟大的红军精神，它感召着、激励着人们为实现中华民族伟大复兴的中国梦而努力奋斗。

位于汉中的川陕革命纪念馆收藏的石刻标语

川陕革命纪念馆收藏的石刻标语

（二）红军家属优待证

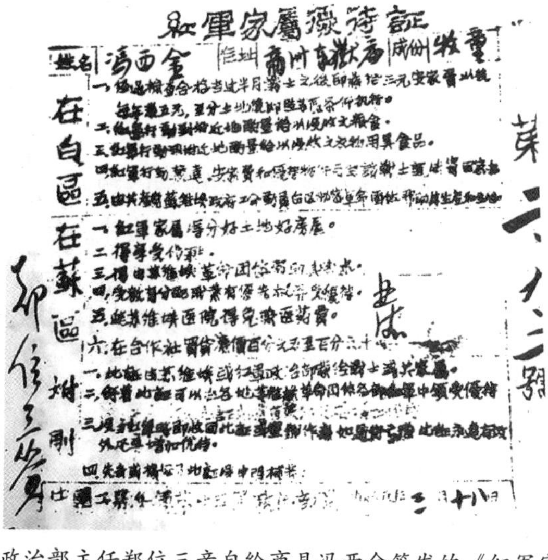
紅軍家屬優待證

在白區

在蘇區

一、紅軍家屬得分好土地好房屋。

红二十五军政治部主任郑位三亲自给商县冯西金签发的《红军家属优待证》

红二十五军政治部主任郑位三亲自给商县冯西金签发的《红军家属优待证》

姓名	冯西金	住址	商州东岳庙	成分	牧童
在白区	一、经过检查合格当过半月战士之后，即发给三元安家费，以后每年发五元，至分土地后即照苏区条件执行。 二、红军行动到附近地，酌量给以没收之粮食。 三、红军行动到附近地，酌量给以没收之衣物、用具、食品。 四、红军行动较远，安家费和优待物件可由该战士设法寄回家去。 五、由共产党苏维埃政府、工会动员白区秘密革命团体帮助其生产和生活。				
在苏区	一、红军家属得分好土地，好房屋。 二、得享受代耕。 三、得由苏维埃、革命团体帮助其□水。 四、受教育分配职业有优先权，并受优待。 五、进苏维埃医院得免除医药费。 六、在合作社买货，廉价百分之五至百分之十。				
附则	一、此证由苏维埃或红军政治部发给战士或其家属。 二、拿着此证可以在各地苏维埃、革命团体、各部红军中领受优待。 三、没当红军时，即收回此证或宣布作废。如遇伤亡，除此证永远有效外，还要增加优待。 四、失去或损坏了此证得申明补发。				

中国工农红军第二十五军政治部制

一九三五年三月十八日

二、教学主题

陕南苏区红色资源的精神内涵

陕南苏区红色文化资源的精神内涵表现为苏区精神，苏区精神反映的是土地革命战争时期陕南苏区可歌可泣的那段革命斗争历程和当年苏区军民感人至深的精神风貌。陕南苏区精神是老一辈无产阶级革命家和陕南苏区军民在创建和巩固苏区、进行艰苦卓绝的军事斗争和苏区政权建设的伟大实践中，所形成和表现出来的特有的优秀品质、思想作风和精神风貌。

（一）建国执政的坚定信念

1932 年 7 月 14 日，蒋介石调动约 30 万人的兵力对鄂豫皖根据地进行第四次“围剿”，而鄂豫皖地区的红军主力红四方面军只有 45000 余人。由于当时担任中共鄂豫皖中央分局书记兼军事委员会主席的张国焘积极执行临时中央关于攻打中心城市、争取一省数省首先胜利的左倾冒险主义方针，导致鄂豫皖根据地第四次反“围剿”的失利，红四军主力离开鄂豫皖根据地，经过两个多月的浴血奋战，翻过秦岭，渡过汉水，在 1932 年底，由陕南进到川北地区，开辟了川陕边新的革命根据地。

红四军主力转移后，只留下少数部队（先后组成红二十五军和红二十八军）在当地艰苦奋战。由于王明左倾冒险主义的错误领导，第五次反“围剿”战争失败后，根据中央指示精神，1934 年 11 月 11 日，中共鄂豫皖省委在河南光山县花山寨召开了第十四次常委会，决定进行战略转移，经过 20 多天的实地考察和艰难行军，1934 年 12 月 10 日，红二十五军到达陕西洛南县，省委在庾家河（现属丹凤县）召开第十八次常委会，会议通过了建立鄂豫陕省委、为创造鄂豫陕苏区而斗争的决定。

由此可以看出，红四军和红二十五军是在鄂豫皖根据地革命斗争遭受严重挫折的情况下才进行战略转移，并创建了川陕和鄂豫陕革命根据地，鄂豫陕和川陕革命根据地的陕西南部地区统称陕南苏区。在陕南苏区的建立过程中，虽然“没有上级指示”，[①]在艰苦的武装斗争环境中，红四军和红二十五军始终把建立苏维埃政权作为首要的革命任务，每到一地，广泛发动群众，打土豪，斗地主，分田地，建立苏维埃政权。陕南人民在歌谣中对苏维埃表示了高度的热爱之情：“红四军一来，遍地鲜花开；鲜花名叫苏维埃，穷苦人儿都喜爱。”

苏维埃政权是大革命失败后，中国共产党在农村根据地建立的工农民主政权，采用苏俄革命政权的组织形式——苏维埃来建制，在中央根据地建立了中华苏维埃共和国临时中央政府。苏区是新中国的最初雏形，苏维埃政权是中国共产党在战争环境中，首次在军事、经济、政治、文化等各个领域对国家进行治理和管理的一次实践。苏维埃政权的建立，反映了中国共产党人推翻国民党反动统治，建立新中国的信心和决心，是中国共产党人对社会主义和共产主义理想信念的实践。

陕南苏区苏维埃政权的广泛建立，反映了中国共产党人虽历经磨难、历经挫折，但在中国建立无产阶级专政的社会主义国家的信念从未动摇和改变，并且为实现建国执政的信念不懈地浴血奋战。

---

① 《鄂豫陕省委代书记吴焕先关于建立鄂豫陕苏区工作情况和问题给中央的报告》，转引自《鄂豫陕革命根据地》，中共党史资料出版社 1989 年版，第 58 页。

(二) 执政为民的宗旨观念

在陕南苏区苏维埃政权建立后，苏区党政干部牢记“真心实意地为群众谋利益”的执政宗旨，自觉地、真心实意地为苏区群众谋利益，切实解决群众的实际困难。为了使贫苦农民获得梦寐以求的土地，党和苏维埃政府领导苏区农民群众开展了轰轰烈烈的土地革命。鄂豫陕省委在领导红二十五军的斗争中，虽然战斗频繁，仍把土地革命当作重要任务之一。省委庾家河会议指出：“彻底执行苏维埃的土地法令劳动法令经济政策，坚决与忽视工人利益的倾向，与没收富农资本家的过早办法作无情的斗争，要在彻底执行苏维埃政纲改善群众生活的工作当中来动员广大群众参加革命战争。”① 鄂豫陕省委及其领导的苏维埃政府在根据地广泛深入地开展了打土豪、分田地运动。仅在华阳地区一处，红军就将 60 户地主的 3200 亩土地、600 多石粮食和一批财物，分给了贫苦农民。并且帮助当地群众建立了华阳街、石塔寺、常家坝、吊坝河、瓦子沟、红石窑、小华阳等 7 个乡的革命政权。从而使人民群众获得了政治上、经济上的翻身解放，当地群众高兴地唱着：“从前妇女锅台转，只有男州没女县；自从建立苏维埃，天下事情管一半。”红四方面军在陕南苏区苏维埃政权建立的过程中，也积极开展分田分地运动，许多无地少地的农民得到了土地，农民在歌谣中唱：“你挖窝，我打桩，木桩入土三尺三。分田莫忘红四军，打下木桩做纪念。”②

为了保卫巩固苏区，改善群众生活，党和苏维埃政府制定了一系列经济政策，努力发展苏区经济，千方百计地帮助群众搞好生产。在商业政策方面，1934 年 12 月 20 日，鄂豫陕省委以红二十五军的名义，颁布了中国工农红军北上抗日第二先遣队司令部、政治部《关于商业政策问题》的布告。这一布告共提出七条商业暂行条例，它明确规定了“苏维埃商业政策的原则是保证贸易自由，反对奸商，取消一切苛捐杂税厘金关卡，实行统一的累计税”。并申明“凡军阀官僚卖国贼汉奸民团首领以及一切反革命分子所开的商店一律没收。”“凡没有参加反革命即令是地主的商店，如能遵守苏维埃的法律，仍保证其继续营业”“凡没有参加反革命的商店，在红军行动境内，准其运输行走”。红军占领洛南县城后，没收了反动分子的粮财，分配给贫民，对正当经商的“致中和”山货店、“丁裕恒”中药铺、“瑞义合”食品店等按商业政策加以保护。商县龙驹寨街是水旱码

① 《鄂豫陕革命根据地史略》，中共党史出版社 1992 年版，第 33 页。

② 安康市委党史研究室：《陕南红色歌谣》，中国文史出版社 2007 年版，第 260 页。

头，商贾云集，生意兴隆，红二十五军在这里整训时，积极维护商业秩序，组织合作社，支持商户的正当经营。潘家河街是旬阳县通往西安的交通要道，红七十四师多次经过此地，并不影响街上的行商坐贾，受到商户的好评。由于这些政策的正确制定和执行，不仅孤立了少数敌人，而且团结了广大群众，实现了广大人民群众的利益。

为了使苏区群众的文化教育水平和健康水平得到提高，党和苏维埃政府在苏区大力普及文化教育，对苏区儿童普遍实行免费义务教育，对成人实行扫盲教育。正因为党和苏维埃政府做到了执政为民，真心实意地为人民群众谋利益，才赢得了苏区群众的拥护和支持，苏区群众积极参军参战，使苏区的存在获得了坚强的根基。

（三）人民当家做主的主体精神

中国共产党进行中国革命的目的，就是要推翻帝国主义、封建主义和官僚资本主义在中国的反动统治，把人民从被剥削、被压迫的境遇中解放出来，建立人民群众当家做主的革命政权。在陕南苏区苏维埃政权建立的过程中，中共鄂豫陕省委、中共川陕省委以及红四方面军和红二十五军中党的组织，充分尊重广大人民群众在革命中的主体地位，真正实现了受苦受难的贫苦农民当家做主。在根据地建立的各级苏维埃政权中，主席和委员绝大多数都由当地贫苦农民担任。按照《川陕省苏维埃组织法》，县苏维埃政府一般由主席及若干委员组成，并设有军事指挥、财政、经济、交通、土地、粮食、内务、劳工、文化教育等部、委、局；区、乡、村苏维埃政府一般设主席和分管土地、粮食、内务、劳工、经济、文化教育等工作委员会。据新中国成立初期的调查和不完全统计，川陕根据地陕南苏区各级党组织和苏维埃政府的干部有 1719 人。①为了培养农民干部，提高他们的思想政治觉悟和执行党的路线、方针、政策的能力，红二十五军先后在湖北郧西县泗峡口小阳坡、陕西和湖北交界的大磨沟脑、镇安县店垭子举办了 3 期干部训练班，参加学习的人数近 300 人。训练班政治课学习的主要内容是关于红军的宗旨和性质，提高学员对打倒帝国主义、消灭封建势力、进行土地革命等中国革命主要任务的认识；训练班还学习军事课程。②

农民在参加苏维埃政权建设的同时，自己还组织并且积极参加贫农团、雇农

① 刘力贞：《陕西革命老区》，陕西人民出版社 1998 年版，第 83 页。

② 房成祥：《陕西通史》（革命根据地卷），陕西师范大学出版社 1997 年版，第 135 页。

工会、妇女委员会、农民协会和农民游击队等各种群众组织，农民在歌谣中唱："这样会，那样会，土汉条子爱农会。农会好，农会好，农民组织起来了。吃人虫，你莫怪，看你还敢把人害。当官的，你莫跑，跑了和尚跑不了庙。地主鬼，你莫装，想进农会没指望。办农会，主义真，从此再不信鬼神。"[①] 显示出农民高度的革命积极性和主人公精神。

在陕南苏区苏维埃政权建设中农民主体地位的确立，充分调动了农民在革命和生产中的积极性、主动性和创造性等主体精神。川陕根据地陕南苏区先后组建各级游击队 164 支，有游击队员 6700 多人；他们担负着维护苏区治安，组织侦察、防谍等活动，对群众进行军事教育和训练，扩大红军和支援、配合红军作战等任务，在川陕根据地陕南苏区共有 4000 多人参加了红四方面军。在鄂豫陕根据地，红二十五军由入陕时的 2500 余人，到西江口整编发展到 4000 余人；由 300 名红军老战士为主体组成的红 74 师，到云阳整编时增至 2100 余人。这一时期，根据地内约有 5000 余人参加了红军。

农民在参军、参战的同时，还积极参加土地革命和根据地的各项经济建设。在陕南苏区的土地革命中，主持分田工作的是在县、区、乡政权中成立的由贫苦农民组成的土地委员会执行，依靠贫雇农，团结中农，以乡、村为单位，进行分田工作。农民在分得土地后，积极参加生产劳动，农业生产获得了大发展。川陕根据地陕南苏区的坝溪区碑坝乡焦岩溪村共 78 户，1933 年分配土地前全村粮食总产量为 8 万斤，分配土地后连续两年丰收，每年粮食总产量均在 16 万斤上下。

在陕南苏区革命斗争中农民主体精神的发挥，有力地推动了陕南苏区政治、经济和军事斗争的开展，可以说，没有农民在革命斗争中所表现出来的主体精神，就没有陕南苏区的存在。

三、资料链接

（一）什么是红军[②]

红军是工人农人的军队，红军是苏维埃政府指挥的军队。红军是共产党领导的军队，红军的基本主张是没收地主阶级的土地分配给农民。工人增加工资实行八小时工作制。驱逐帝国主义，推翻国民党的统治，建立工人农民管理政权的苏维埃政府。

---

① 安康市委党史研究室：《陕南红色歌谣》，中国文史出版社 2007 年版，第 261 页。

② 中共陕西省委党史资料征集研究委员会：《鄂豫陕革命根据地的创立和发展》，第 43 页。

红军里面的人，都是工人农人贫民士兵的出身。因为他们能代表穷人的利益，红军里面不要豪绅地主资本家当兵。因为他们是剥削压迫穷人的，红军里面的待遇是平等的，指挥员（军长师长等）与士兵的关系绝对没有像国民党军队的官长那样辱打士兵、克扣军饷的事情。总而言之，红军是代表穷人利益的，国民党军队是代表地主资本家利益的，不过国民党军队中的士兵也是穷人的出身，所以红军欢迎国民党军队的士兵到红军中来。

红军与穷人关系特别亲爱，红军所到之地欢迎群众谈话。欢迎群众开联席会，红军一到那地就没收土豪的粮食东西分配给穷人，帮助穷人免除一切捐税，不交租不还高利贷。

中国有红军已经八年了。现在中国的红军总计有八九十万。行动在十几省的地方，大部的红军是在江西和四川。全国红军的总司令是朱德同志。

中国工农红军北上抗日先遣队政治部

一九三四年十二月十日

即“中国工农红军北上抗日第二先遣队政治部”

（二）镇巴民歌《十送红军》

《十送红军》传唱于20世纪30年代川陕革命根据地时期的汉中市镇巴县。1935年2月，红四方面军撤离镇巴苏区，入川长征。两河口乡（今四川省通江县境内）和镇巴县核桃树乡的乡亲们目送红军远去，心中产生了无限的眷恋。赤北县苏维埃政府税务局局长、两河口乡苏维埃政府经济委员朱有炽等人亲身感受了苏区百姓与红军的深情，饱含深情地依照镇巴民歌的调子写下了《十送红军》，这首民歌在苏区乡亲们中传唱。国民党占领苏区后的十多年时间里，这首红歌仍在乡亲们中默默传唱着。新中国成立后，《十送红军》公开在镇巴传唱。

一送红军下南山，
秋风细雨缠绵绵，
山里野猫哀号叫，
树树梧桐叶落完，
红军啊！
几时人马再回山。
二送红军大道旁，
红漆桌子两边放，
桌上摆着送行酒，
酒儿里面掺蜜糖，

红军啊！
恩情似海不能忘。
三送红军上大道，
锣儿无声鼓不敲，
双双拉着长茧手，
心像黄连脸在笑，
红军啊！
万般忧愁怎能消。
四送红军过高山，
山上苞谷金灿灿，
苞谷种子红军种，
苞谷棒子穷人扳，
红军啊！
撒下种子红了天。
五送红军上了坡，
鸿雁阵阵空中过，
鸿雁能捎书和信，
飞到天涯和海角，
红军啊！
捎信多把革命说。
六送红军兔儿崖，
两只白兔哭哀哀。
禽兽也能知人性，
血肉感情分不开。
红军啊！
山里红花永不败。
七送红军七里湾，
湾湾上下一片田。
田里谷穗头低下，
田里鲤鱼翻田坎。
红军啊！
新米上市人去远。

八送红军八角山，
两只八哥吐人言。
红军哥哥莫远走，
走后财东要倒算。
红军啊！
穷人苦水吐不完。
九送红军到通江，
通江河上船儿忙。
千军万马河边站，
十万百姓泪汪汪。
红军啊！
眼望江水断肝肠。
十送红军转回来，
巴山顶上搭高台。
台高十丈白玉柱，
雕龙画凤放光彩，
红军啊！
这台名叫“望红台”。

四、拓展阅读

1. 中共陕西省委党史研究室、中共汉中地委党史研究室：《中共陕南特委》，陕西人民出版社，1992。

2. 房成祥：《陕西通史·革命根据地史》，陕西师范大学出版社，1997。

3. 刘保民：《川陕革命老区红色文化研究》，知识产权出版社，2018。

五、探究思考

1. 收集陕南红色歌谣，从红色歌谣看陕南人民对红军的感情。

2. 新时代如何弘扬苏区精神，不忘初心、牢记使命？

第六章　中共中央在陕北时期红色资源实践教学

抗日战争时期和解放战争初期，陕甘宁边区和延安作为中国革命的政治指导中心，党中央领导全国人民在此战斗了十三个春秋，建立了陕甘宁抗日民主根据地，进行了转战陕北的延安保卫战，并在实践中形成了以坚定的理想信仰、不懈的艰苦奋斗、全心全意为人民服务为主要内容的延安精神，延安也因而成为中国的“红色首都”，这一时期也成为陕西红色历史上浓墨重彩的一章。

第一节　红色旧址

一、红色旧址简介

（一）中共中央率领中央红军初到陕北的红色旧址

中共中央率领中央红军初到陕北的时间从1935年10月19日中央红军陕甘支队到达陕北苏区吴起镇，至1937年1月13日中共中央机关进入延安。

1935年10月16日，陕甘支队第一、二、三纵队分别进入定边的木瓜城、牛圈圪坨和铁角城，这是中央红军长征进入陕北的第一站。红军途经定边县的三个乡、20多个村，打退了追兵，于19日进入吴起镇。10月21日，取得了“切尾巴”战斗的胜利。10月28日，党中央和中央红军到达下寺湾，11月3日，中共中央政治局在此召开会议，决定张闻天、博古、刘少奇、李维汉、邓发、董必武等率中央机关从下寺湾直接去瓦窑堡（陕甘晋省委驻地，苏区的中心）建立党政机关；毛泽东、周恩来、彭德怀率红军主力南下与西北红军会师，部署粉碎敌人对西北根据地第三次“围剿”。11月6日，陕甘支队与红十五军团在甘泉县象鼻子湾胜利会师。

象鼻子湾会议之后，11月20日至24日，红军在直罗镇取得歼灭国民党军第一〇九师一个师及一〇六师一个团的重大胜利，彻底粉碎了敌人对西北根据地的第三次“围剿”，为把中国革命的大本营放在西北举行了一个奠基礼。

党中央进驻瓦窑堡以后，为了加强对陕北根据地的领导，巩固、扩大和发展陕北根据地，党中央决定：撤销中央西北代表团和陕甘晋省委，成立中共西北中央局，由张闻天任书记兼宣传部部长。在陕甘晋苏区设立苏维埃中央政府驻西北办事处，并将原来陕北和陕甘两个根据地划分为陕北省、陕甘省和关中特区、神府特区等 4 个行政区域，统归西北办事处领导。苏维埃中央政府驻西北办事处是陕甘宁苏区的最高政权机关，在中共中央直接领导下，是实际上的中华苏维埃共和国中央政府。陕北省委书记为郭洪涛，苏维埃政府主席为马明方，副主席霍维德，省的治所在瓦窑堡。陕甘省委书记为朱理治，苏维埃政府主席为王生玉，省的治所先后在下寺湾和套洞镇。关中特区特委书记为贾拓夫，苏维埃政府主席为秦善秀，副主席为习仲勋、张邦英。神府特区特委书记为杨和亭，乔钟灵任抗日人民革命委员会主席。

1935 年 12 月 17 日至 25 日，中共中央在瓦窑堡召开了中央政治局扩大会议，通过了《关于目前政治形势与党的任务决议》和《军事战略问题的决议》，确定了抗日民族统一战线的战略决策和新的军事战略方针。

为了贯彻瓦窑堡会议的战略决策和新的军事战略方针，粉碎蒋介石新的进攻阴谋，打破敌人的军事和经济封锁，巩固和扩大西北根据地，在斗争中求得主动和发展，并进一步扩大我党关于建立抗日民族统一战线的政治影响，表示我党坚持“停止内战，一致对外”的主张的诚意，因此，党中央决定组织中国人民红军抗日先锋军，由彭德怀任总指挥，毛泽东任政委，叶剑英任参谋长，杨尚昆任政治部主任，黄克诚任组织部部长，陆定一任宣传部部长，进行东征。1936 年 2 月 20 日，红军抗日先锋军冲破阎锡山的黄河防线，渡过黄河。

在东征的过程中，1936 年 4 月 9 日晚 8 时，周恩来和李克农到延安同东北军的首领张学良将军进行了秘密会晤，会谈中阐明了我党关于抗日民族统一战线的政策，商谈了红军、东北军和西北军的联合问题，确定了一致抗日、互相帮助、互派代表及帮助东北军进行抗日教育等具体协议。在谈判中张学良也向我党提出联蒋抗日的建议，这对进一步丰富和完善我党的抗日民族统一战线政策，将反蒋抗日的方针改变为逼蒋抗日、最后到联蒋抗日有决定性意义。因此，在东征胜利进军的过程中，一方面由于蒋阎合谋，阻拦我抗日去路；另一方面为了顾全大局避免不必要的决战和损失，保存抗日力量，因此红军在山西转战 30 余县取得许多胜利，扩大了政治影响，传播了革命火种以后，党中央决定东征红军全部回师陕北，以表示我军停止内战、一致抗日和建立抗日民族统一战线的诚意。

东征胜利归来以后，党中央在延川县的太相寺召开了团以上干部会议，对东征进行了总结，毛泽东在会上讲了四句话："打了胜仗，唤起了民众，扩大了红军，筹集了财物。"

为了粉碎敌人的围困和进攻，巩固和扩大陕甘宁根据地，保存抗日力量，援助绥远抗战，争取东北军一致抗日，同时也为了迎接红二、四方面军北上，实现主力红军的大会合，党中央于 1936 年 5 月 14 日在延川县太相寺召开的团以上的干部会议上提出了西征的策略。5 月 18 日，中央军委决定以红一方面军第一军团、第十五军团和第八十一师骑兵团等共 1. 5 万余人组成西征野战军，由彭德怀任司令员兼政治委员，进行西征。参加西征的部队有：以林彪、聂荣臻、左权为首的红一军团为左路军；以徐海东、程子华为首的红十五军团，以及红二十八军、二十九军和三十军等为右路军。

左路军 5 月 28 日从延川出发，兵分两路，军团部和红二师经任家坪、蟠龙、保安、直抵吴起镇；红一师和红四师经延安、安塞直抵华池。两路在吴旗镇会合后召开了红一军团团以上的干部会议，进行战斗动员，检查各项准备。然后立即向曲子、环县挺进。6 月 1 日，红二师一、五两团将曲子守敌、马鸿逵的心腹干将、一〇五旅冶成章部全部消灭，红二师在阜城附近与敌马鸿逵部多次激战，消灭敌有生力量后，占领了木钵，并乘胜于 6 月 3 日击溃马鸿逵部 3 个营。马部受到我沉重打击后，龟缩到清水河以西一线，不敢再轻举妄动。于是我一军团便西进至清水河一线，在七营川等地发动群众，建立革命政权。

右路军也由延川出发，经永坪，抵靖边。宁条梁之敌闻讯逃跑至一个天主教堂内，而教堂神甫又拒绝我军进教堂。我军即派黄镇、唐天际、刘华清等同志与天主教神甫谈判，向他们宣传我党抗日民族统一战线的主张和党的民族、宗教政策，动员他们交出逃军。最后神甫接受了我军主张，打开寨门，交出土匪和武器，我军赠予他们一些粮食和布匹。我军占领宁条梁后，在定靖交界处，歼敌马鸿逵一个骑兵连，6 月 15 日攻占定边城，6 月 21 日解放宁夏盐池县，又歼敌 300 多人。6 月 22 日，我军攻克王家寨南北两堡，全歼该地民团数十人。6 月 27 日占领豫旺，歼敌马部九团一营 300 余人，并即成立了豫旺县苏维埃政府，刘昌汉任书记兼县长。接着我军派出骑兵向东攻打台州，转战于河连湾地区。7 月下旬，红十五军团主力进驻宁夏同心县大拉池一带。

经过西征，使陕甘宁边区根据地向西扩大了 400 多华里，增加了 10 多万人口。我军解放了宁条梁、定边、盐池、豫旺、海原、固北、环县、曲子、华池、固原、镇原、金积堡和灵武等地。1936 年 5 月，中共中央决定成立陕甘宁省委，同时成立陕甘宁苏维埃政府，李富春任书记，马锡五任主席。1937 年 2 月，中共西北中央局结束工作，中共陕甘宁边区委员会成立，郭洪涛任书记。9 月 6 日，西北办事处改建为陕甘宁边区政府。

吴起革命旧址北院政治局会议旧址窑洞

吴起革命旧址　位于延安市吴起县城中街砚洼山麓。1935 年 10 月 18 日，中共中央率领中央红军进入吴起县境内。19 日到达吴起镇。毛泽东、张闻天等领导人在吴起镇中街砚洼山下宗姓村民家的新窑院内住宿和办公。22 日，中共中央在此召开政治局扩大会议，毛泽东在会上做了关于目前行动方针的报告并做结论。这次会议批准了直罗镇会议的战略决策，宣告了中央红军长征胜利结束。10 月 25 日，召开了陕甘支队团以上干部会议，毛泽东热情洋溢地总结了长征。中共中央于 10 月 27 日再次召开政治局常委会议，改变“以吴起镇为中心，第一期向西”的行动方针，确定陕甘支队南下与红 15 军团会合，粉碎国民党军队的“围剿”。10 月 30 日离开吴起镇，向中共陕甘晋省委、陕甘晋省苏维埃政府所在地甘泉县下寺湾进发。吴起革命旧址由陈列室、领导人旧居文物库房、办公楼、接待室等组成，现分为南北两院。南院保存有毛泽东旧居及当年的机要室和警卫班、卫生班宿舍。北院现保存有张闻天旧居、王稼祥旧居、秦邦宪旧居。2006 年 5 月，被国务院公布为全国重点文物保护单位。

下寺湾毛泽东旧居会议室

下寺湾毛泽东旧居　位于延安市甘泉县下寺湾镇下寺湾村。毛泽东等中共中央领导同志率中央机关和陕甘支队离开吴起镇后，沿洛河川南下，经金鼎、石畔（均属今志丹县），于 1935 年 11 月 2 日到达甘泉县下寺湾村。毛泽东和彭德怀住在村民白荣德家的三孔石窑洞里，与陕甘边政府驻地相邻。3 日，中共中央政治局在下寺湾召开常委会议，会议听取了关于西北苏区、西北红军及其作战情况的汇报，成立了由毛泽东任主席，周恩来、彭德怀任副主席的西北革命军事委员会；成立中共中央西北局，张闻天任书记；恢复了红一方面军建制，彭德怀任司令员，毛泽东任政治委员；会议还决定中央领导人分两部分行动，一部分由张闻天、博古、刘少奇、李维汉、邓发、董必武等率中央机关从下寺湾直接去瓦窑堡（陕甘晋省委驻地，苏区的中心）建立党政机关；一路由毛泽东、周恩来、彭德怀率红军主力南下与西北红军会师，部署粉碎敌人对西北根据地第三次反革命“围剿”问题。11 月 4 日，毛泽东、周恩来、彭德怀率红一军团离开下寺湾。1989 年，下寺湾毛泽东旧居被甘泉县人民政府公布为甘泉县重点文物保护单位。

直罗镇战役遗址　位于延安市富县直罗镇直罗村一带。1935 年 11 月 20 日至 24 日，中央红一军团和红十五军团围歼东北军一〇九师，师长牛元峰毙命，俘敌 5300 余人。直罗镇战役的胜利，打破了国民党军对西北根据地的第三次“围剿”。毛泽东说，直罗镇战役是“给党中央把全国革命大本营放在西北的任务，举行了一个奠基礼”。为了纪念在战役中牺牲的先烈，1954 年春季，富县人民政府在直罗镇柏山寺山脚下修建了烈士坟墓，安葬有中共第六届中央委员、红一军团四团代政委黄甦、红二团团长李英华等 36 位烈士遗骨。1985 年，对陵园进行了扩建，占地面积 60 亩。1987 年，胡耀邦、杨尚昆分别题词“直罗战役烈士永垂不朽”“直罗战役烈士纪念碑”。

直罗战役烈士陵园

东村毛泽东旧居　位于延安市富县北道德乡东村。1935 年 11 月 11 日，毛泽东率红一方面军到达北道德塬，毛泽东住东村。东村村南有一天主教堂，教堂坐东面西，三面环谷，在距教堂南侧沟畔 30 米处有孔窑洞，东边第一孔窑洞是当年毛泽东居住过的地方，窑洞面积狭小，临窗有一小土炕。11 月 20 日，毛泽东离开东村，沿

东村毛泽东旧居

葫芦河到达直罗镇，亲自指挥直罗战役。直罗战役胜利后，毛泽东又回到东村。11 月 30 日，毛泽东在东村的天主教堂主持召开红一方面军营以上干部会议，做了《直罗镇战役同目前的形势与任务》的总结报告。12 月 6 日，毛泽东离开东村，12 月 13 日到达中共中央机关所在地瓦窑堡。

瓦窑堡会议旧址

瓦窑堡革命旧址　位于子长县瓦窑堡镇。旧址包括中共中央政治局瓦窑堡会议旧址，西北军委旧址，中国抗日红军大学校址和毛泽东、周恩来、张闻天、刘少奇旧居等。1935 年 12 月 17 日—25 日，中共中央在此召开政治局会议，23 日，会议通过了《中央关于军事战略问题的决议》。25 日，会议通过了《中央关于目前政治形势与党的任务决议》。27 日，毛泽东在党的活动分子会议上做了《论反对日本帝国主义的策略》的报告。瓦窑堡会议旧址位于延安市子长县瓦窑堡镇二道街田家院，院内共有砖窑 5 孔，坐西面东。右起第二孔窑洞为张闻天旧居。第三孔也即中间的一孔窑洞为会议室。会议室布置简朴大方，窑洞后方为一满间火炕，炕上放小炕桌一张，地下放有并列的两张八仙桌及六条长凳。中国人民抗日红军大学旧址是瓦窑堡革命旧址的组成部分，1988 年 1 月，被国务院公布为全国重点文物保护单位。

西北革命军事委员会旧址

瓦窑堡西北革命军事委员会旧址　位于延安市子长县瓦窑堡镇前河滩。共有砖窑和石窑 12 孔。其中包括周恩来旧居砖窑两孔、军委会议室大砖窑一孔。军委会议室坐西面东，进深 6 米，宽 5 米，高 4. 5米。院落占地面积 1500 平方米。1988 年 1 月，被国务院公布为全国重点文物保护单位。

瓦窑堡中国人民抗日红军大学旧址位于延安市子长县瓦窑堡镇米粮山。中国人民抗日红军大学校部设在米粮山周家大院，现保留一排五孔砖砌窑洞，坐东向西，窑洞均进深 8 米，宽 3 米，高 3. 5 米。院落南北长 21 米，东西宽 18 米。现东北侧还保留当年设为教室的残痕。整个旧址占地面积为 378 平方米。1988 年 1 月，被国务院公布为全国重点文物保护单位。

太相寺会议旧址 位于延安市延川县关庄镇太相寺小学后院。当时为太相寺庙宇。1936 年 5 月 13 日至 15 日，毛泽东在延川县关庄乡太相寺村主持召开了红一方面军团以上干部会议。会议的主要议题是总结东征，部署西征。周恩来在会上做了关于统一战线工作的报告。张闻天、秦邦宪、彭德怀、聂荣臻、程子华等也在会上发表了讲话。5 月 15 日，中共中央在太相寺召开了政治局常委会议，讨论了国际关系和我党的外交政策等问题。18 日，毛泽东、周恩来、彭德怀在太相寺发布《西征战役计划》，20 日，毛泽东、周恩来、张闻天、秦邦宪等离开太相寺，经冯家坪等地，于 21 日回到瓦窑堡。该旧址为中间相通的三间砖混结构瓦房，面积约 90 平方米，为省级重点文物保护单位。

太相寺会议旧址

志丹革命旧址 刘志丹东征牺牲后，为了纪念刘志丹，1936 年 6 月，中共中央决定将保安县改名为志丹县，志丹革命旧址位于志丹县城红都街中段。1936 年 7 月 3 日，中共中央从瓦窑堡迁到此地，1937 年 1 月 10 日离开保安，进驻延安。中央机关及毛泽东、周恩来、张闻天等领导人在此居住期间，召开了 21 次政治局（扩大）会议，研究方略，发布决定和指示，调整各项政策，使抗日民族统一战线形成；领导红一方面军西征，实现了红军三大主力大会师；接待了第一次踏进红区采访的美国记者埃德加·斯诺和医生马海德，制定了和平解决西安事变的正确方针；开办红军大学，为即将到来的全面抗战准备干部力量。该旧址包括张闻天、毛泽东、周恩来、朱德、张国焘、秦邦宪、王稼祥等

志丹县革命旧址

毛泽东旧居

领导人旧居，中央军委会议室、中共中央机要科、中央机关灶等旧址以及保安革命遗址陈列馆。2000年5月，被国务院公布为全国重点文物保护单位。

红军东征会议旧址

红军东征会议旧址　位于延长县城西街上崖砭，有七孔土窑洞，其中一孔为毛泽东和贺子珍旧居，一孔为东征会议室，其余5孔分别为周恩来、彭德怀、叶剑英、杨尚昆、聂荣臻旧居。1936年1月28日下午，毛泽东率领中央和红军总部机关到达延长县城，在中共延长县委的安排下，毛泽东等中央领导同志住进了该旧址大院。29日晚，毛泽东接见了中共延长县委书记高郎亭和苏维埃延长革委会主席谭生彬，听取了延长解放后的土改运动和恢复建设情况，并向他们做出了“积极支援前线，努力建设家园”的指示。30日上午，毛泽东视察了石油厂。31日，毛泽东在这里主持召开了有周恩来、彭德怀、叶剑英、杨尚昆、聂荣臻、左权等军委部分领导同志和团以上干部参加的会议，会上为东征部署了兵力，正式成立了“中国人民红军抗日先锋军”。毛泽东任总政治委员、彭德怀任司令、叶剑英任参谋长、杨尚昆任政治部主任，并确定了东征行动路线和战略方针。该旧址为陕西省重点文物保护单位。

（二）中共中央在延安时期的革命旧址

从1937年1月13日中共中央进入延安，到1947年3月18日中共中央撤离延安，10年又2个月。

西安事变和平解决后，1937年5月，中国共产党为坚持国内和平，团结抗日，将陕甘宁苏区改为陕甘宁特区，8月25日，中共中央在洛川召开政治局扩大会议，通过了《抗日救国十大纲领》。1937年9月6日，根据国共协议，陕甘宁边区政府成立，主席林伯渠，首府设在延安。

陕甘宁边区政府成立后，即从各方面贯彻抗日救国十大纲领，实行积极的抗日政策，在根据地建立了“三三制”抗日民主政权，使边区政府成为民主的模范、抗日的堡垒、自由的象征。

抗日战争进入相持阶段后，国民党实行消极抗日，积极反共政策，接二连三向边区发动军事进攻。从1939年到1940年，边区先后平定了国民党顽固派在边区周围制造的124起反共摩擦事件，包括63次武装进攻。

1941年初，在边区遭受严重的自然灾害的情况下，国民党顽固派对边区实行进一步的禁运、封锁，包围边区的兵力达40万之多，并做好了进攻边区的军事准备，企图困死、饿死边区军民。为了粉碎敌人试图消灭陕甘宁边区的阴谋，党中央发出了“自己动手”“自力更生”的号召，发展生产自救运动。在开展大生产运动、解决经济困难的同时，部署开展了整风运动，解决长期以来左右倾机会主义思想在党内的影响，实现了全党在马克思主义基础上的团结和统一，提高了全党用马克思主义分析问题、解决问题的能力。在文化教育方面，坚持干部教育第一，逐步开展了大规模的群众文化运动。在中共中央领导下，陕甘宁边区不但打退了国民党顽固派的围攻，而且边区的政治、经济、文化建设都出现了欣欣向荣的局面，为抗日战争和中国革命的最后胜利奠定了物质基础和精神基础。

陕甘宁边区作为中共中央所在地，是中国人民抗日战争的政治指导中心，是八路军、新四军和其他人民抗日武装的战略总后方，具有特殊而重要的战略地位。在这里，中国共产党召开了对抗日战争具有重大影响的洛川会议、中共六届六中全会、中国共产党第七次全国代表大会等一系列重要会议，研究制订了抗日战争的总路线和总战略以及政治、经济、文化、社会等各方面的基本方针和政策，中央军委制定了许多作战指示和命令。中共中央的许多决策和重大方针政策都是首先在陕甘宁边区试行，以取得经验，然后向各敌后抗日根据地推广。

延安时期，延安成了马克思主义的传播中心，翻译和出版了大量的马列著作和许多进步书刊。以毛泽东为代表的中国共产党人把马克思主义的普遍原理同中国革命的实践相结合，指导中国革命。毛泽东集全党智慧撰写的《论反对日本帝国主义的策略》《反对日本进攻的方针、办法和前途》《抗日游击战争的战略问题》《论持久战》《〈共产党人〉发刊词》《中国革命和中国共产党》《新民主主义论》《论联合政府》等一系列重要著作，阐明了中国共产党全面抗战的路线和战略、策略，科学地揭示了中国新民主主义革命的发展规律，成为领导中国革命走向胜利的思想武器。陕甘宁边区和延安因此被誉为“抗日的灯塔”和“革命的圣地”。

1. 重要会议旧址

洛川会议旧址　位于洛川县永乡乡冯家村。1937年8月22日至25日，为了贯彻统一战线政策，制定党在抗战期间的行动方针和具体政策，中共中央政治局在此召开扩大会议，史称“洛川会议”。会议通过了由张闻天起草的《中央关于目前形势与党的任务的决定》，并通过了《抗日救国十大纲领》和毛泽东为中央宣传部门起草的宣传鼓动提纲《为动员一切力量争取抗战胜利而斗争》。洛川会议制订了中国共产党抗战的基本纲领、路线与政策，提出了持久战与独立自主的山地游击战争的战略方针，确立了中国共产党在全民族抗战中的独立自主地位，指明了抗战胜利的必由之路，为实现中国共产党对抗日战争的主动领导，动员一切力量争取抗战胜利，奠定了坚实的政治思想基础。洛川会议纪念馆现对外开放的旧址、旧居有：洛川会议旧址、警卫队旧址、机要室旧址、总务处旧址和毛泽东、张闻天、周恩来、朱德、彭德怀、徐向前、萧劲光七位领导人旧居共 25 孔窑洞、16 间瓦房。收藏有二级文物 5 件、三级文物 20 件、一般文物 300 余件。2001 年，被国务院公布为全国重点文物保护单位，被中共中央宣传部公布为国家级爱国主义教育示范基地。

洛川会议纪念馆大门

中共六届六中全会旧址 位于延安市宝塔区桥沟镇桥沟村。1938 年 9 月 29 日至 11 月 6 日，党的六届六中全会在延安桥儿沟天主教堂召开，全会的主要任务是总结抗战以来的经验教训，确定党在抗战新阶段的基本方针和任务，解决党内一度出现的右倾错误，统一全党的认识和步调。会上，毛泽东代表中央政治局做了题为《论新阶段》的政治报告，第一次鲜明地提出了“马克思主义中国化”的命题和任务。全会通过了《中共扩大的六中全会政治决议案》，批准了以毛泽东为代表的中央政治局的正确路线。毛泽东在回忆民主革命时期党的历史时曾说：“中国党在历史上有两个重要会议。一次是 1935 年遵义会议，一次是 1938 年的六中全会。六中全会是决定中国之命运的。”桥儿沟教堂于 1934 年建成。高 25 米，宽 16 米，是一座欧洲哥特式建筑。中共中央党校在

中共六届六中全会旧址

桥儿沟期间，教堂是中央党校的礼堂，后又为鲁迅艺术文学院的礼堂。该旧址是桥儿沟革命旧址的组成部分。1996 年 11 月 20 日，被国务院公布为全国重点文物保护单位。

陕甘宁边区参议会旧址　位于延安市宝塔区南关街，坐北面南，现有参议会礼堂一座和驻会议员住过的土窑洞数十孔。陕甘宁边区参议会是陕甘宁边区的民意与最高权力机关。参议员由边区选民通过直接选举产生。从 1939 年 1 月到 1946 年 4 月，陕甘宁边区共召开过三届参议会。参议会礼堂于 1941 年 10 月建成，为砖木结构，正面墙用磨制石块砌筑，会场可容纳 1200 余人。1947 年 3 月，国民党占领延安后，对礼堂进行了严重破坏，并砸掉了“陕甘宁边区参议会大礼堂”石匾，1949 年后进行了维修。现在礼堂门口“延安大礼堂”五个字是 1956 年谢觉哉来延安时题写的。1961 年 3 月 4 日，被国务院公布为全国重点文物保护单位。

陕甘宁边区参议会旧址大门

西北青年救国会第一次代表大会旧址　西北青年救国会是中国共产党在抗日战争中组建的群众性的青年抗日救国组织。西北青年救国会第一次代表大会 1937 年 4 月 12 日至 17 日在延安召开。大会的任务是总结青年抗日救亡运动的经验教训，进一步号召和团结全国青年参加民族解放斗争。毛泽东、周恩来、洛甫、朱德、博古、林伯渠等到会并发表讲话。大会通过了《关于救亡运动任务的决议案》，提出了《全国青年救国纲领章程（草案）》，确定青救会“是各党派各界青年联合的群众团体”，以“一切为着中华民族的团结和统一而奋斗”作为中心任务。大会决定建立“西北青年救国联合会”，作为全国青年救国会成立前现有各地青年救国团体的最高领导机关。大会选出 55 位执行委员，冯文彬、白治民、高朗山、刘秀梅、黄庆熙、徐克仁、李瑞山、

杨家岭中央大礼堂党的七大会址

胡耀邦、刘西元九人为常委。这次大会为抗日战争时期青年运动的发展做了思想上组织上的准备。

中国共产党第七次全国代表大会旧址　位于延安市宝塔区桥沟镇杨家岭村。中央大礼堂由杨作材、张协和等负责设计，就地取材，用当地砖石砌成，没有钢筋水泥。礼堂全长 36 米，宽 34 米，高 11 米。里面包括正厅、舞厅、休息厅三个部分。中国共产党第七次全国代表大会于 1945 年 4 月 23 日—6 月 11 日在延安杨家岭中央大礼堂召开。出席大会的正式代表 547 人，候补代表 208 人，代表全国 121 万党员。中共七届一中全会选举毛泽东、刘少奇、周恩来、朱德、任弼时为中央书记处书记，毛泽东为中央委员会主席、中央政治局主席、中央书记处主席。从此，毛泽东一直担任中共中央委员会主席。七大是中国共产党在民主革命时期召开的最后一次，也是最重要的一次代表大会。该旧址是杨家岭革命旧址的组成部分。1961 年 3 月 4 日，被公布为全国重点文物保护单位。1996 年 10 月 14 日，被中共中央宣传部公布为国家级爱国主义教育基地。

2. 中共中央在延安时期的组织、团体活动旧址

凤凰山麓革命旧址　位于延安市宝塔区凤凰山办事处凤凰山麓。凤凰山麓是中共中央机关到延安后的第一个驻地，1937 年 1 月 13 日至 1938 年 11 月 20 日居住于此。旧址内有毛泽东、朱德、周恩来等旧居，有他们使用过的防空洞，还有红军总参谋部、中共中央组织部、中央机要科等旧址。毛泽东在此居住期间，主持召开了中共中央政治局三月会议、中国共产党全国代表会议、洛川会议、中共扩大的六届六中全会等重要会议，并写下了《实践论》《矛盾论》《抗日游击战争的战略问题》《论持久战》等重要著作，并在这里接见了美国记者贝特兰，加拿大国际友人、共产党员、医生白求恩。1938 年 11 月 20 日，日本飞机袭炸延安城，毛泽东等领导人和中共中央机关遂移驻杨家岭。1961 年 3 月 4 日，被国务院公布为全国重点文物保护单位。1996 年 10 月 14 日，被中共中央宣传部公布为国家级爱国主义教育基地。

凤凰山麓革命旧址

杨家岭革命旧址　位于延安市宝塔区桥沟镇杨家岭村，是中共中央 1938 年 11 月至 1947 年 3 月的所在地。1938 年 11 月 20 日，中共中央机关由凤凰山麓迁

驻杨家陵。改陵为岭，即今杨家岭。当时这里只有四孔石窑和 10 多孔土窑。

杨家岭革命旧址

1939 年后，中共中央机关先后打土窑百余孔，建房百余间，并就地取石，修建了 14 孔石窑、一座办公楼和中央大礼堂。当时设在这里的机构有：中央书记处、办公厅、组织部、宣传部、统战部、政治研究室、财经委员会、职工委员会、青年工作委员会、妇女工作委员会等。旧址有中央大礼堂，毛泽东、周恩来、刘少奇、朱德旧居，中共中央办公厅楼，毛泽东和斯特朗谈话处。这里是毛泽东等中央领导在延安居住时间最长的驻地，中共中央在这里发动了延安整风运动和大生产运动，领导了中国抗日战争取得胜利，毛泽东在此居住期间，写下了《中国革命和中国共产党》《新民主主义论》《改造我们的学习》《整顿党的作风》《反对党八股》《在延安文艺座谈会上的讲话》等重要著作。1943 年 10 月，毛泽东及中央书记处由这里迁往枣园，中央其他部门仍留驻这里，直到 1947 年 3 月撤离延安。1961 年 3 月 4 日，被国务院公布为全国重点文物保护单位。1996 年 10 月 14 日，被中共中央宣传部公布为国家级爱国主义教育基地。

枣园革命旧址　位于延安市宝塔区枣园镇枣园村。这里原是富户申有安的果园，后由国民党延安驻军高双城占用。党中央到延安后，收为公有，中共中央社会部驻在园内，遂改名为“延园”。园内原有房屋不多。1941 年起陆续在园内修建了几栋品字形房屋、25 孔窑洞、80 余间平房及一座小礼堂。1943 年 10 月，中共中央书记处由杨家岭迁驻枣园，社会部搬往后沟。在此期间，继续领导全党开展了整风运动和解放区大生产运动，筹备了中国共产党“七大”。抗战胜利后，领导全国人民同国民党反动派进行了针锋相对的斗争。1947 年 3 月，中共中央由此撤离延

枣园革命旧址

安，转战陕北。枣园现有毛泽东、周恩来、刘少奇、朱德、任弼时、张闻天、彭德怀旧居，中央书记处小礼堂，“为人民服务”讲话台等。1961 年 3 月 4 日，枣园革命旧址被国务院公布为全国重点文物保护单位。1996 年 10 月 14 日，被中共中央宣传部公布为国家级爱国主义教育基地。

王家坪革命旧址　位于延安市宝塔区桥沟镇王家坪村。1937 年 1 月至 1947 年 3 月，是中央军委和八路军总司令部（后改为中国人民解放军总司令部）所在地。旧址以沟为界，沟西是总参谋部大院，沟东是总政治部大院。中央军委在这里部署和指挥了抗日战争和解放战争。旧址分别包括毛泽东、朱德、彭德怀、王稼祥、叶剑英旧居，军委礼堂、军委会议室、军委政治部会议室、侨联旧址、桃林公园，以及日本共产党领袖冈野进（野坂参三）旧居等。为了便于指挥解放战争，1946 年 1 月，毛泽东由枣园迁到这里。毛泽东在这里发表了《以自卫战争粉碎蒋介石的进攻》《和美国记者安娜·路易斯·斯特朗的谈话》《集中优势兵力，各个歼灭敌人》等许多重要文章和谈话，制定了中国人民解放军在解放战争时期的作战方针和各项军事原则。毛泽东旧居门前放着石桌、石凳。毛泽东常在这里乘凉，看报，与同志们谈心。1946 年 1 月 7 日，毛泽东的大儿子毛岸英从莫斯科回到延安。就是在这里，毛岸英和父亲谈话后，去“劳动大学”学习。1947 年 3 月 18 日下午，中共中央和西北局部分领导人在王家坪毛泽东住的窑洞内举行会议，讨论撤出延安和西北野战兵团对国民党军进攻的作战问题。其间，由于敌机轰炸，会议移到防空洞内继续进行。会上，毛泽东和周恩来讲了全国战争的形势，分析了陕甘宁边区目前的情况，还要求对撤出延安问题做好干部、群众的思想工作。晚八时，毛泽东、周恩来率领中共中央机关由这里撤离延安，转战陕北。1961 年 3 月 4 日，被国务院公布为全国重点文物保护单位。1996 年 10 月 14 日，被中共中央宣传部公布为国家级爱国主义教育基地。

王家坪中央军委礼堂旧址

王家坪毛泽东旧居（历史图片）

陕甘宁边区政府旧址 位于延安市宝塔区南大街草场山东麓。是1939年1月至1947年3月陕甘宁边区政府的驻地。旧址共有石窑洞48孔、平房20间，包括边区政府各厅、局旧址及林伯渠、李鼎铭旧居等。陕甘宁边区政府的人民民主政权性质及其为人民服务的宗旨和实践，为党实现对全国抗日战争的政治领导起到了示范和促进作用。

陕甘宁晋绥联防军司令部旧址 位于延安市宝塔区北关街延安中学院内。1942年5月13日，为了统一陕甘宁和晋绥两区的军事指挥，中共中央军委决定成立陕甘宁晋绥联防军司令部，贺龙任司令员，徐向前任副司令员兼参谋长，关向应任政治委员（关在养病期间，由高岗代理政治委员），林枫任副政治委员。6月10日，联防军司令部在延安正式成立。司令部下属八路军120师、留守兵团、晋西北新军、陕甘宁边区保安部队和炮兵团等部队。在中共中央军委直接领导下，陕甘宁晋绥联防军完成了抗击日军、肃清土匪、打退国民党顽固派军事进攻、保卫陕甘宁边区和晋绥抗日民主根据地的任务。旧址现保留有带前廊硬山顶砖木结构瓦房两排，南北排列，房屋均坐北面南，每排6间，共12间。

中共中央西北局旧址（历史照片）

中共中央西北局旧址 位于延安市宝塔区南关花石崖砭半山腰。中共中央西北局是1941年5月13日由中共陕甘宁边区中央局和中共中央西北工作委员会合并成立的。委员有高岗、王世泰、张邦英、林伯渠、陈正人、谢觉哉、萧劲光七人，贾拓夫、李卓然为候补委员。高岗任书记（1945年10月以后，习仲勋任书记），马明方任副书记，组织部部长马明方（兼），宣传部部长李卓然，秘书长兼统战部部长张德生。中共中央西北局成立后，加强了党对西北地区各方面工作的一元化领导，推动了西北地区各方面工作地发展。旧址分上下两院，现有完整窑洞21孔，其中10孔石窑洞系中共中央西北局的主要办公室。另有图书室一座，礼堂一座。2006年5月25日，中共中央西北局旧址被国务院公布为全国重点文物保护单位。2006年10月14日，被中共中央宣传部公布为国家级爱国主义教育基地。

陕甘宁边区高等法院旧址 位于延安市宝塔区南新民村。1937年1月党中央进驻延安后，于同年7月设立了陕甘宁边区高等法院。从此，边区高等法院在董必武、谢觉哉等历任院长的领导下，在江西瑞金中华苏维埃共和国人民司法审判工作雏形的基础上，全面开展了全新的立法和司法工作。先后颁布实施了《抗日救国十大纲领》《陕甘宁边区抗战时期施政纲领》《陕甘宁边区惩治贪污暂行条例》等60多种上千件具有临时宪法和法律性质的规范性文件，创立了以深入实际、调查研究、实事求是、巡回办案、就地解决、注重调解为主要内容的“马锡五审判方式”，为陕甘宁边区的政治建设和法制建设，为新中国社会主义法制建设和建设社会主义法治国家，都奠定了深厚的司法基础，积累了宝贵的历史经验。

中央军委通信局（三局）旧址　中央军委三局旧址位于延安市宝塔区枣园镇裴庄村。延安时期的中央军委三局，在设施条件十分简陋的情况下圆满完成了保障党中央和中央军委的通信指挥、情报收集、无线电人才培养等各项任务，是抗日战争时期和解放战争前期我党我军的通信指挥中心，是我国现代通信事业的摇篮，为中国革命做出了卓越贡献，毛主席曾称赞他们是科学的“千里眼”“顺风耳”。

南泥湾三五九旅旅部旧址　位于延安市宝塔区麻洞川乡金盆湾村。旧址东西长27米，南北宽22米，平面呈不规则长方形，面积594平方米。旧址坐北向南为5孔土窑洞，旅长兼政委王震曾在右边第2孔居住，窑洞面阔2. 8米，进深6米，高2. 7米。该旧址为南泥湾革命旧址的组成部分。2006年5月，被国务院公布为全国重点文物保护单位。1996年10月14日，被中共中央宣传部公布为国家级爱国主义教育基地。

冯庄团支部旧址　在延安市宝塔区冯庄乡冯庄村。1922年5月，中国社会主义青年团在广州成立。1925年更名为中国共产主义青年团。1936年11月，为建立抗日民族统一战线，广泛地团结各界青年投入抗日救亡斗争，根据中共中央《关于青年工作的决定》，共青团开始了自上而下的改造。1937年4月，西北青年救国联合会成立，团中央停止工作。随着抗战胜利在即，时代呼唤一个先进青年组织的出现。1946年11月22日，根据中央试办青年团精神，冯庄村团支部正式建立，首期发展了3批共26名团员。经过充分酝酿讨论，决定团的名称为“新民主主义青年团”。这样，冯庄团支部成为中国新民主主义青年团的第一个基层团组织。随后，在延安丰足火柴厂诞生了全国重建青年团的第一个工厂团支部，在延安行知中学诞生了全国重建青年团的第一个学校团支部。青年团在延安地区试建的成功，推进了各解放区的青年团试建工作。

陕甘宁边区交际处旧址　位于延安市宝塔区南关街交际宾馆院内。1938年5

月，边区政府将原招待科改为交际科，后改为交际处。抗日战争时期，延安交际处承担了我党大量的外事接待和统一战线工作，在传播革命思想，做好后勤保障，加强对外联络，支援祖国解放和推动世界和平，促进友谊进步事业等方面发挥了积极作用。解放战争时期，交际处作为我党情报工作的重要阵地，在对敌斗争中发挥了重要作用，同时作为舆论报道的阵地，对宣传延安和解放区，对大后方人民和世界人民重新认识和了解延安起了积极的作用。旧址现存小礼堂一座、平房六间。小礼堂系砖木结构，六角攒尖硬山勾连搭顶建筑，为七架梁，面阔七间，进深三间，礼堂长27. 4米，宽12米。平房为砖木结构房屋，外为歇山顶瓦房结构建筑，共六间，长22. 4米，宽6米。

美军观察组旧址 美军观察组旧址位于现在的延安中学校园内，是1944年7月至1947年3月美军驻延安观察组的所在地。美军观察组在延安期间，和延安各界进行了广泛交往，加深了对中国共产党领导的解放区的认识和了解，对中国共产党领导的抗日民族统一战线起到了客观的报道和推介作用。

陕甘宁边区银行旧址 位于延安市宝塔区南关市场沟。1937年10月1日，陕甘宁边区银行在延安成立。陕甘宁边区银行前身是1935年11月在瓦窑堡成立的中华苏维埃国家银行西北分行。首任行长曹菊如。1938年6月，边区银行发行了与法币等值的贰分、伍分、壹角、贰角、贰角伍分、伍角共6种“光华商店代价券”（简称光华券）。1941年初，又增发了面值为柒角伍分的光华券。到1941年2月18日止，光华券共计发行4388215元。1941年，陕甘宁边区政府鉴于辖区内财政困难，调整政策，全面禁止法币在边区流通，自行发布货币——边币。此后又发行“商业流通券”代替边币。陕甘宁边区银行的主体建筑始建于1940年，由边区银行业务处处长莫均涛设计。1941年11月7日建成并投入使用。分别划为行长办公区、办公厅院、营业办公大楼和工作人员宿舍四个部分。2006年，被国务院公布为全国重点文物保护单位。1996年，被中共中央宣传部公布为国家级爱国主义教育基地。

3. 文化教育、医疗卫生机构旧址

鲁迅艺术学院旧址 位于延安城东北5公里桥儿沟，现保存有天主教堂一座和石窑洞数十孔。“鲁艺”是中国共产党于1938年4月创办的一所综合性艺术学院。该校是由毛泽东、周恩来、林伯渠、徐特立、成仿吾、艾思奇、周扬等人联名发起创办的，吴玉章、周扬担任正、副院长。1940年，毛泽东题写校训：“紧张、严肃、刻苦、虚心。”自1938年3月至1945年11月，共开办了文学系四届，戏剧、音乐、美术系各五届，为革命培养了近700名艺术人才，在中国革命历史上发挥了巨大作用，并对中国现代文化艺术事业的发展产生了深远的影响。

抗日军政大学旧址　抗日军政大学的前身是在江西瑞金成立的红军大学，1936年6月1日，红军大学改名为中国人民抗日红军大学，在陕北瓦窑堡建立。1937年1月，中国人民抗日红军大学改名中国人民抗日军事政治大学，后又随党中央迁到了延安，在延安市北二道街。抗大举办的八期学员班和12个分校共为抗战培养了10万多名优秀指挥官和政工干部，在抗日战争中发挥了巨大作用，如一首赞颂抗大的诗所写："云端宝塔卫雄城，喜有胸中百万兵。待命挥戈击暴日，勤学马列育豪情。"①

中共中央党校旧址　位于延安城东桥儿沟和城北小沟坪。1937年1月，中央党校随中央机关到达延安，驻桥儿沟。从当年4月起，李维汉接任校长。1938年3月，康生接任校长。这时，中共党校已招生11个班，学员1000多人。1939年初，中央党校由桥儿沟迁至小沟坪，由邓发任校长。小沟坪党校旧址现保存有当年作为校部的11孔石窑洞、大礼堂遗址和部分土窑洞。

陕北公学旧址　延安陕北公学1937年10月成立于延安，是中共培养抗战建国专门人才的学校，成仿吾、李维汉任正副校长。校址设在延安东门外清凉山下，后迁到杨家湾。毛泽东为陕北公学开学题词："要造就一大批人。这些人是革命的先锋队。这些人具有政治远见。这些人充满着斗争精神和牺牲精神。这些人是胸怀坦白的、忠诚的、积极的、正直的。这些人不谋私利，唯一的为着民族与社会的解放。这些人不是狂妄分子，也不是风头主义者，而是脚踏实地富于实际精神的人们。中国要有一大批这样的先锋分子，中国革命的任务就能够顺利解决。"1938年3月10日，毛泽东又一次为陕公题词："陕北公学是属于中华民族的，因为他为抗日救亡而设，因为他收纳了全国乃至海外华侨优秀儿女。"陕北公学历时四年，共培养了1. 3万名抗日干部。

中国女子大学旧址　位于宝塔区桥儿沟镇王家坪。中国共产党在延安创办了我国教育史上唯一的一所冠以"中国"名称的"中国女子大学"。1939年7月20日，中国女子大学开学典礼在延安杨家岭中央大礼堂举行。王明担任校长，后由李富春接任。副校长柯庆施、凌莎，教育长张琴秋，总务处处长吴朝祥。毛泽东、周恩来等中共中央领导人出席开学典礼并讲话。学习课程主要有哲学、政治经济学、科学社会主义、中国问题、中国共产党问题、妇女运动等。女大培训学员1500余人。1941年8月，女大和泽东青年干部学校、陕北公学合并，成立

① 刘迈：《现代名人咏三秦》，陕西人民出版社1993年版，第82页。

延安大学。

抗大绥德旧址 1936年6月1日，在瓦窑堡成立中国抗日红军大学，毛泽东亲自担任教委会主任。林彪任校长，罗瑞卿任副校长。1937年春，将抗日红军大学正式改名为中国人民抗日军事政治大学，校部迁至延安。1943年3月，抗大总校同第三分校合并，校址设在绥德西山寺，学员分布在绥德县落雁砭、黄家沟等地。中央任命徐向前为校长，李井泉为政治委员，何长工、彭绍辉为副校长，徐文烈为政治部主任。在十四年抗战期间，这所学校为党和国家培养了大批军事干部，为抗日战争胜利做出了巨大贡献。

日本工农学校旧址 位于延安市宝塔区西南。1940年，总政治部决定在延安建立一所日本学校，接收经过挑选的日俘来学习。1941年5月10日定名为"日本工农学校"，并举行了有两千人参加的开学典礼。由日本共产党领袖冈野进任校长（他本名野坂参三，是共产国际执委，1940年从苏联来到延安）。开始有学生40多人，后增加到100多人，对他们生活上优待，每日有白面或大米，也有肉吃，发纸烟。而延安各单位主食是小米，半月才能吃一次白面或肉。

中国医科大学旧址 中国医科大学是中国共产党创建的第一所医科院校，位于延安市宝塔区桥儿沟镇柳树店村。其前身为1931年创建于江西瑞金的中国工农红军军医学校和中国工农红军卫生学校，后随红军长征到达陕北。1940年在延安的学校更名为中国医科大学。1941年7月，毛泽东为学校第十四期毕业生题词"救死扶伤，实行革命的人道主义"。

白求恩国际和平医院旧址 位于延安东川7.5公里处的刘万家沟。医院在靠近半圆形的山崖根打土窑100多孔，窑前修手术室、简易礼堂和平房40余间。1937年春，中共中央军委在延安东川的拐峁村，组建了八路军军医医院，1939年12月，改名为白求恩国际和平医院，1941年，医院迁至现址。旧址现有大门一座，手术室一间，病房和工作人员住过的石窑16孔。

中央医院旧址 位于宝塔区河庄坪镇李家洼村。中央医院1939年9月开始接收病员，傅连暲、何穆、魏一斋先后任院长。医院创办初期，有病床30张。到1943年，病床增加到170张。医院先后设有内科、外科、妇产科、结核科、小儿科、传染科、药剂室、检验室、X光室、手术室和护理部等科室，是当时延安科室基本配套、设备较为齐全的医疗中心之一。据统计，医院从创办到1945年底，共收治病员12677人。医院还先后举办四期护士训练班和一期医生训练班。该院旧址现保存有石砌大门一座，手术室和门诊部石窑10孔，及土窑洞上百孔。

清凉山革命旧址　位于延安城北延河岸上，隔延河水与凤凰山、宝塔山相望。党中央和毛泽东在延安时期，这里曾是新华通讯社、延安新华广播电台、解放日报社、边区群众报社、中央出版发行部、中央印刷厂、新华书店所在地。山上现有“延安清凉山新闻出版革命纪念馆”一座，这是我国唯一的新闻出版专业纪念馆。

新闻出版革命纪念馆　中国第一座新闻出版专业纪念馆，1986 年 10 月建成开馆，馆址在延安城东清凉山上。在抗日战争和第三次国内革命战争初期，清凉山是中共中央领导的新闻出版部门所在地。纪念馆陈列的大量照片、文物，再现了当年《解放》（延安）周刊、新华通讯社、《新中华报》、《解放日报》（延安）《边区群众报》、延安新华广播电台、中共中央出版发行部和中央印刷厂等单位艰苦创业、开拓前进，为争取民族解放事业胜利服务的事迹。

（三）中共中央转战陕北斗争的革命旧址

中共中央转战陕北的斗争从 1947 年 3 月 18 日黄昏时分中共中央撤离延安，到 1948 年 3 月中共中央东渡黄河，进入华北解放区。

1947 年 3 月 19 日上午，西北野战军撤离延安后，在中央军委和毛泽东、周恩来、彭德怀、习仲勋等指挥下，按照中央军委和毛泽东确定的“蘑菇战术”，人民解放军选择有利时机和地形，寻机歼敌，并于 3 月 25 日、4 月 14 日及 5 月 2 日—4 日，连续进行了青化砭、羊马河、蟠龙 3 次歼灭战，共歼灭胡宗南部 1. 4 万余人，有效地策应了其他战场的人民解放军作战，奠定了粉碎国民党军对陕北重点进攻的基础。

3 月 25 日，毛泽东与朱德、刘少奇、周恩来、任弼时等在子长县王家坪附近的任家山会合。3 月 26 日，党中央在陕北清涧县枣林沟召开会议，讨论中央机关行动问题。会议决定：毛泽东、周恩来、任弼时留在陕北，主持中共中央和人民解放军总部的工作。刘少奇、朱德、董必武等组成中央工作委员会，前往河北平山，担负中央委托的工作。中共中央和毛泽东主席决定留在陕北指挥全国解放战争的行动，极大地鼓舞了全国各解放区军民的斗争意志和胜利信心。

4 月 12 日中午，毛泽东、周恩来、任弼时率中央机关到达靖边县王家湾（今安塞区），毛泽东于 4 月 15 日发出《关于西北战场的作战方针》，提出著名的“蘑菇战术”。6 月 8 日，离开王家湾，9 日到靖边县小河村，随即到靖边县天赐湾。17 日重返小河村，7 月 21 日—23 日，中共中央在此召开前委扩大会议，即中共中央小河村会议。8 月 1 日，离开小河村，沿大理河向东转移，到达靖边县青阳岔。3 日，到小水沟。8 月 9 日，转移到绥德县李家崖。11 日，离开李家崖，转移至黄家沟。13 日晚，离开黄家沟，夜渡无定河，住陈家岔。14 日北上米脂井家坪。16 日转移到米脂陈家岔。17 日到达佳县白龙庙。18 日冒雨转移，抢渡五女河，因洪水所阻，宿营于佳县杨家园则。20 日到达佳县梁家岔。自小河村出发以来，经绥德、米脂、佳县行军 19 天，以中央机关做诱饵，有力地配合了西北战场乃至中国战局。

毛泽东和中央机关转移到佳县以后，暂时脱离了险境，便在佳县境内展开调查研究。8 月 23 日，中央机关转移到朱官寨。9 月 21 日离开朱官寨，住张家崖窑。9 月 23 日，中央机关到达佳县神泉堡。11 月 14 日，毛泽东、周恩来、任弼时率领中央机关离开居住了 50 多天的神泉堡，途经佳县阎家峁和乌龙铺、米脂县申家硷，于 11 月 22 日到达米脂县杨家沟，于 1948 年 3 月 21 日离开，在此居住 4 个月，杨家沟是毛泽东和中央机关转战陕北期间停留时间最长的村庄。1947 年 12 月 25 日至 28 日，毛泽东在杨家沟主持召开中共中央扩大会议，这就是历史上著名的“十二月会议”。

1948 年 2 月 29 日至 3 月 3 日，西北野战军取得宜川、瓦子街大捷，歼敌 5 个旅，从根本上改变了西北战场的形势。3 月 23 日，在全国解放战争胜利在望的时候，毛泽东、周恩来、任弼时率中共中央、人民解放军总部从吴堡县川口渡口东渡黄河，进入山西临县，到达晋绥解放区，再前往河北平山西柏坡。4 月 22 日，收复被敌人侵占了一年一月零三天的延安。

1. 中共中央机关及党的领导人驻地、重大事件发生地

王家湾革命旧址　位于安塞县王家湾乡王家湾村。1947 年 4 月 12 日至 6 月 8 日期间，毛泽东、周恩来、任弼时率领中共中央机关曾在此居住。在此期间，毛泽东撰写了《关于西北战场的作战方针》和《蒋介石政府已处在全面的包围之中》等文章。毛泽东、周恩来、任弼时从这个小山村里向全国各战场发出了 114 份电文，推动了中国人民解放战争的历史进程。6 月 8 日，中共中央机关和毛泽东、周恩来、任弼时同志，离开王家湾，前往靖边县小河村。

青阳岔中共中央驻地旧址　党中央转战陕北期间于 1947 年 4 月 5 至 13 日、8 月 1 至 3 日在靖边县青阳岔镇青阳岔村先后居住了 11 天，在此起草发表了具有深远历史意义的中共中央“四九”通知。旧居为七孔土窑洞，左起第一孔为任弼时旧居，第二孔为毛泽东旧居，第三孔为周恩来旧居。室内陈列有毛泽东、周恩来、任弼时当年使用的桌、椅、凳等物品。

小河会议旧址　1947 年 7 月 21 日至 23 日，中共中央前委在靖边县小河村召

开了具有重大历史意义的扩大会议。会议依据一年来的战况和各战场的形势，着重讨论了战略进攻的部署和解放区土地改革、财政金融工作等问题。会上，毛泽东提出计划用五年时间（从 1946 年 7 月算起）解决同蒋介石斗争的问题。会议决定：刘邓大军直出大别山；陈谢兵团由西进陕北改为渡黄河南下，挺进豫西；西北野战军改南下关中为独立坚持内线作战，牵制并逐步削弱胡宗南集团。华东野战军一分为二，外线兵团由陈毅、粟裕指挥，在鲁西南掩护刘邓大军跃进大别山，然后挺进豫皖苏；内线兵团由谭震林、许世友指挥，牵制山东国民党军。至此，一个三军配合、两翼牵制、中央突破、经略中原的战略部署形成。小河会议是一次重要会议，会后不久，人民解放军即开始了全国规模的战略进攻。

小河会议旧居内陈列有毛泽东当年使用过的旧木椅、油灯和仿制的被褥、用具等，窑洞前左侧有一棵杏树，为当年毛泽东亲手栽种。

天赐湾革命旧址 位于靖边县天赐湾乡天赐湾村。1947 年 6 月 9 日，毛泽东、周恩来等由小河村转移至天赐湾村。6 月 14 日中央机关部队离开天赐湾村，到村南鹰窝壕隐蔽了一天，毛泽东以“蘑菇战术”把尾追很近的敌人远远甩开。毛泽东在天赐湾村共居住七天。旧址为三孔土窑洞，从西向东，中间开门，两边各有 1 卧室。当年毛泽东住左边，周恩来住中间。旧居内现陈列有毛泽东当年使用过的一套旧木桌和仿制的被褥、用具等。

神泉堡革命旧址 位于佳县神泉堡村。1947 年 9 月 23 日，毛泽东、周恩来、任弼时率中央机关来到距佳县县城 7 公里的神泉堡。毛泽东在这里为中国人民解放军总部起草了《中国人民解放军宣言》和《中国人民解放军总部关于重新颁布三大纪律八项注意的训令》等重要文件，并在佳县的梁家岔指挥了沙家店战役，在朱官寨发表了《解放战争第二年的战略方针》。10 月 18 日，毛主席为中共佳县县委题写了“站在最大多数劳动人民的一面”的题词。毛主席、党中央在此先后共居住了 98 天。

杨家沟革命旧址 位于米脂县东南 25 公里的杨家沟村。1947 年 11 月 22 日，毛泽东、周恩来、任弼时等率领中央机关来到这里，12 月 25 日至 28 日，中共中央在此召开会议，即“十二月会议”，会议讨论和通过了毛泽东在会上做的《目前形势和我们的任务》报告，报告阐明了彻底打败蒋介石、夺取全国胜利的军事、经济、政治等方面的纲领和政策。“十二月会议”是在中国革命战争的历史转折关头召开的一次具有重大意义的会议，为中国革命夺取全国胜利在政治、思想和政策上做了充分的准备。

1948 年 3 月 21 日，党中央离开杨家沟，东渡黄河，前往华北。杨家沟是中共中央和毛泽东等转战陕北的最后一个居住地。杨家沟革命纪念馆主要包括毛泽东、周恩来、任弼时、张闻天等革命家旧居，“十二月会议”、西北野战军高级干部会议、中央前委扩大会议、庆祝宜川大捷大会和东渡黄河动员大会旧址，以及中央政治部、中央机关医院和新华社旧址等。

吴堡党中央东渡旧址 1948 年 3 月 23 日，在全国解放战争胜利在望的时候，毛泽东、周恩来、任弼时率中共中央、人民解放军总部从吴堡县川口渡口东渡黄河，离开陕北，前往华北地区，争取全国解放战争的最后胜利。

2. 主要战役、战斗旧址

青化砭战役 战役遗址位于延安市宝塔区青化砭镇老爷庙咀至以南惠家砭村、惠家山之间的川道 。国民党军侵占延安后，急于找我主力决战。中国人民解放军西北野战兵团以小部兵力将国民党军主力诱向延安西北之安塞方向，而将主力集结在延安东北之青化砭以南设伏。1947 年 3 月 25 日，国民党军担任侧翼掩护的第三十一旅旅部及一个团进入我军伏击圈内，我军发起攻击，经一个多小时的战斗，全歼敌军 2900 余人。青化砭战役是我军撤离延安后的第一个大胜利，它狠狠地打击了敌人的嚣张气焰，振奋了边区军民的斗志。

羊马河战役 战役遗址位于子长县瓦窑堡镇羊马河村一带。青化砭战役后，敌始知我军主力在延安东北地区，便由安塞调头东进，寻找我军决战。1947 年 4 月 12 日，敌 9 个旅向青化砭、蟠龙西北方向进犯，并令整编七十六师一三五旅由瓦窑堡南下配合。我军决定采取诱敌主力于西、歼敌一三五旅于东的作战方针，以三五八旅、独一旅一部于夏家沟、史家崖底、云山寺、元子沟一线，阻击诱惑敌人。13 日，敌主力继续西进，我军节节抗击，以便给敌造成错觉。14 日，敌一三五旅由瓦窑堡南下，我军三五九旅、新四旅、教导旅等部按预定部署，将敌分割包围在羊马河以北李家哨、三郎岔附近高地。经过 8 小时战斗，敌一三五旅 4700 余人全部被歼。

蟠龙战役 战役遗址位于宝塔区蟠龙镇。羊马河战役后，敌军急于寻找我军主力决战，屡遭扑空，于 1947 年 4 月 20 日窜回蟠龙、永坪补给。5 月 2 日，我军向蟠龙守敌发起攻击，5 月 4 日，我军攻占蟠龙，全歼守敌整编第一师一六七旅及地方民团 6700 余人，并缴获大批军用物资和粮食。

沙家店战役 沙家店战役是西北野战军在榆林战役后，于 1947 年 8 月中旬进行的一次歼灭战。这次战役共歼灭敌整编第 36 师 6000 余人。由于此役的胜利，结束了敌人对陕北的重点进攻，改变了西北战局，从而使西北野战军由内线防御转入内线反攻。沙家店战役旧址包括米脂沙家店乡、印斗乡及佳县、榆林邻近部分村庄。

黄龙壶梯山战役指挥所旧址、彭德怀石堡旧居　彭德怀石堡旧居位于黄龙县委后院，现存窑三孔。1948 年 6 月下旬，彭德怀司令率西北野战军参加西府战役后来黄龙休整，在此居住，历时月余，研究部署了壶梯山战役。壶梯山战役指挥所彭总旧居位于黄龙县界头庙乡西市村。1948 年 8 月，西北野战军进行壶梯山战役时，彭德怀曾在这里指挥了这一战役，现存土窑三孔，分别为彭总居住、灶房、电台室。

二、教学主题

中国共产党伟大的历史转折

中国共产党在延安时期的 13 年，实现了从失败走向胜利的伟大转折。王明左倾教条主义错误，使中国共产党的革命事业遭受惨重损失。党中央刚落脚陕北时，党员人数由土地革命战争高峰时的 30 多万锐减到 4 万人。到 1938 年底，共产党员人数已发展到 50 余万人。到 1940 年已达 80 多万，党的组织已初步从狭小的圈子走了出来，成为具有广泛群众基础的大党。毛泽东在党的七大上强调，中国共产党已经是一个“预备胜利”的党。党的七大后，党的队伍快速发展，七大召开时，全国党员数量是 121 万人；到 1947 年 12 月，全国党员数量已达到 270 多万人。延安时期完成了党的建设伟大工程，使中国革命事业有了坚强有力的领导核心，并最终领导中国革命取得了伟大胜利。

（一）中国共产党政治路线的转变

瓦窑堡镇本是延安市子长县一个默默无闻的小镇，然而在 1935 年 11 月 10 日至 1936 年 6 月 21 日，它成为中共中央机关驻地后，共和国一代开国领袖人物毛泽东、周恩来、张闻天、刘少奇等，在这里写下了壮丽的革命史诗；中国共产党在此领导了红军东征抗日，召开了著名的瓦窑堡会议，实现了中国共产党政治路线的转变。

在华北危机严重的时候，中国共产党发表了《中国苏维埃政府、中国共产党中央为抗日救国告全体同胞书》，即著名的《八一宣言》，号召团结一致，共同抗日。《八一宣言》给地处抗日前哨的北平青年学生以极大的鼓舞，他们高呼着“打倒日本帝国主义！”“反对华北五省自治！”“打倒汉奸卖国贼！”“立即停止内战！”并冲向街头奋力抗争，“一二・九”学生爱国运动爆发。全国性的抗日救亡运动随即高涨起来。中国共产党在从土地革命战争向民族革命战争转变的新形势下，迫切需要政治路线的转变，制定新的抗日政策。

1935年12月17日至25日，中共中央在安定县瓦窑堡城内的田家院张闻天住所召开政治局会议。出席和列席会议的有毛泽东、张闻天、周恩来、博古、李维汉、王稼祥、刘少奇。会议通过《中央关于军事战略问题的决议》《关于目前政治形势与党的任务决议》等决议案，确定了抗日民族统一战线的战略决策和新的军事战略方针。会议主要分析了华北事变后国内阶级关系的新变化，讨论了关于建立抗日民族统一战线、建立抗日联军和国防政府等问题，指出当前时局的基本特点是日本帝国主义“正准备并吞全中国，把全中国从各帝国主义的半殖民地变为日本的殖民地”。民族矛盾已上升为主要矛盾，一切不愿当亡国奴、不愿充当汉奸的中国人的唯一出路就是“向着日本帝国主义及其走狗汉奸卖国贼展开神圣的民族战争”。党的策略路线是发动、团结与组织全中国全民族一切革命力量去反对当前主要的敌人——日本帝国主义与蒋介石。为了适应广泛的抗日统一战线的要求，决议规定将“工农共和国”改为“人民共和国”。

毛泽东在他所做的军事问题报告中，对于民族资产阶级的两面性和利用地主买办营垒内部矛盾的可能性问题，做了精辟的分析。他指出：“国民党营垒中，在民族危机到了严重关头的时候，是要发生分裂的。”党的基本策略任务，就是要建立广泛的民族革命统一战线，“组织千千万万的民众，调动浩浩荡荡的革命军，是今天的革命向反革命进攻的需要”。根据毛泽东的报告，会议通过《中央关于军事战略问题的决议》，提出党的战略方针是“把国内战争同民族战争结合起来”“准备直接对日作战的力量”“猛烈扩大红军”。

12月27日，毛泽东根据瓦窑堡会议精神，在党的活动分子会议上做了《论反对日本帝国主义的策略》的报告，明确提出党和红军在新形势下的任务和目的，就是要把红军的活动和全国工人、农民、学生、小资产阶级、民族资产阶级的一切活动汇合起来，成为一个统一的民族革命战线，以战胜日本帝国主义及其走狗卖国贼。

瓦窑堡会议虽然确定了中共建立抗日民族统一战线的政策和策略，但是仍然把蒋介石和日本帝国主义都作为中国革命的主要敌人。1936年8月10日，中共中央在志丹县城召开政治局会议，研究国共两党的关系和统一战线等问题，毛泽东在报告中说“抗日必须反蒋”的口号，现在已不适合，要在统一战线下反对卖国贼。8月12日，在《关于今后的战略方针》中，提出了“请蒋抗日”的问题。8月25日，在毛泽东为中共中央起草的《中国共产党致中国国民党书》中，呼吁停止内战，一致抗日，实现国共两党重新合作。9月15日至17日，中共中央在志丹县城召开政治局扩大会议，指出为了有利于建立抗日民族统一战线，决定将“人民共和国”改为“民主共和国”。

西安事变爆发后，面对错综复杂的局面，中国共产党审时度势，从民族大义出发，经过反复研究，确定了和平解决西安事变的方针。西安事变的和平解决，成为当时中国时局转换的枢纽，避免了一场内战危机，打破了日本帝国主义灭亡中国的梦想。至此，国共两党对峙十年的内战局面基本结束，国共两党再度合作，抗日民族统一战线初步形成。

（二）确立抗战军事路线

瓦窑堡会议实现了党的政治路线的转变，在抗日民族统一战线建立后，对于如何进行抗战、争取抗战的胜利，中国共产党在 1937 年 8 月召开了洛川会议，确定了红军开展独立自主的山地游击战争的战略方针，为全党指明了争取抗战胜利的具体道路。

1937 年 8 月 22 日至 25 日，中共中央政治局扩大会议在陕北洛川冯家村召开。会议开了 4 天，就国共关系、战略方针和出兵等问题进行了讨论。会议通过了《中共中央关于目前形势与党的任务的决定》和《抗日救国十大纲领》。

会议由张闻天主持。毛泽东代表中央政治局做了《关于军事问题和同国民党的关系问题》的报告，深刻地分析了中国革命的形势，指出抗日战争将是艰苦的持久战，必须把过去的正规军和运动战变为分散使用的游击军和游击战。他提出红军的基本任务是：创建根据地，钳制和相机消灭敌人，配合友军作战（主要是战略配合），保存与扩大红军，争取民族革命战争领导权。红军的战略方针是：独立自主的山地游击战，包括在有利条件下集中兵力消灭敌人，以及向平原发展游击战争。游击战争的作战原则是分散以发动群众，集中以消灭敌人，打得赢就打，打不赢就走，山地战要达到建立根据地，发展游击战争的目的，小游击队可到平原区发展。关于国共关系问题，报告强调在抗日民族统一战线中，我们要坚持独立自主，保持高度的警惕性；红军的行动，只能由我们自己决定。

张闻天详细分析了当时的政治形势，指明全国性的抗战已经开始，从此进入了抗战的新阶段。我们的任务是动员一切力量来争取抗日战争的胜利。他着重指出：我们的总方针是要将已经开始的全国性抗战发展为全面的、全民族的抗战，动员一切力量争取抗战胜利，并从中来完成民主革命的任务——统一中国，建立民主共和国。

毛泽东代表中央政治局对会议做了总结，他指出，必须坚持抗日民族统一战线中的独立自主原则，一定要实行党对抗战的领导，依靠人民群众，实行全面抗战，反对片面抗战、反对妥协退让，民族革命战争才能取得彻底胜利。参会同志一致同意毛泽东的总结，会议通过了《关于目前形势与党的任务的决定》《抗日救国十大纲领》和毛泽东为此起草的宣传鼓动提纲——《为动员一切力量争取抗战胜利而斗争》。

洛川会议为全国抗战制定了正确路线，确立了统一战线中的正确政策，规定了中国共产党领导的人民军队深入敌后的战略任务，制定了正确的战略方针，为争取抗日战争的胜利指明了方向。

1937 年 8 月 13 日，日本进攻上海，南京政府受到直接威胁，蒋介石急欲红军开赴抗日前线，于 8 月 18 日同意将红军主力改编为国民革命军第八路军，并设总指挥部。8 月 22 日，国民政府军事委员会发布命令，将红军改编为国民革命军第八路军，任命朱德为总指挥，彭德怀为副总指挥。8 月 25 日，中共中央革命军事委员会发布关于红军改编为国民革命军第八路军的命令。9 月 11 日，国民政府军事委员会按照全国海陆空军战斗序列，将第八路军改为第十八集团军，朱德任总司令，彭德怀任副总司令。随后，八路军一一五师、一二〇师、一二九师奔赴华北抗日前线。

（三）党的建设伟大工程的创造性实践

遵义会议虽然结束了左倾教条主义错误在中央的统治，但左、右倾错误思想根源还没有彻底肃清。党内仍然存在着党风不纯、学风和文风不正的问题。抗日战争以来，共产党吸收了一大批农民和小资产阶级分子入党，许多非无产阶级思想被带进了党内。针对这种情况，党中央为了统一全党思想，争取抗日战争的胜利，领导全党进行了我党历史上第一次大规模的整风运动——延安整风运动。

延安整风运动的主要内容是：反对主观主义以整顿学风，反对宗派主义以整顿党风，反对党八股以整顿文风。贯彻的方针是“惩前毖后，治病救人”，用“团结——批评——团结”的方式，以达到“既要弄清思想，又要团结同志”两个目的。整风的方法是学习理论，联系实际，总结经验教训，提高思想认识。以树立联系群众、调查研究、实事求是的优良作风，掌握马克思列宁主义的普遍真理同中国革命实践相结合的原则，为夺取抗日战争的最后胜利和人民民主革命在全国的胜利提供思想和组织保证。

整风运动从 1941 年 5 月开始，到 1945 年 4 月 20 日六届七中全会为止，长达四年之久。延安整风运动分为三个阶段进行：

第一阶段（1941 年 5 月—1942 年 2 月）是准备阶段，即高级干部整风学习阶段。1941 年 5 月，毛泽东在延安高级干部会议上做了《改造我们的学习》的报告，标志着整风开始。同年 7 月、8 月，党中央先后做出了《关于调查研究的决定》和《关于增强党性的决定》。9 月至 10 月，毛泽东先后做了反对主观主义和宗派主义问题的报告，指出“打到两个主义，把人留下来。反对主观主义和宗派主义，把犯了错误的干部健全地保留下来”。并组织在延安的高级干部学习马克思列宁主义理论，印制了由毛泽东亲自编辑的党内重要秘密文件汇编《六大以来》，成为整风学习中党的高级干部研究党史的重要材料。

第二阶段（1942 年 2 月—1943 年 10 月）为全党整风阶段。1942 年 2 月，毛泽东先后做了《整顿党的作风》《反对党八股》的报告，全面阐明了整风的任务和方针。4 月，中共中央宣传部发出了《关于在延安讨论中央决定及毛泽东同志整顿三风报告的决定》，一场以“反对主观主义以整顿学风，反对宗派主义以整顿党风，反对党八股以整顿文风”为主要内容的整风学习运动在全党轰轰烈烈地开展了。5 月，党在延安召开文艺座谈会，毛泽东阐明了革命文艺为人民群众服务的根本方向，会后发表了《在延安文艺座谈会上的讲话》，文艺界也开始进行整风学习，标志着新文学与工农兵群众相结合的文艺新时期的开始。许多作家在毛泽东文艺思想指引下，在塑造工农兵形象和反映伟大的革命斗争方面获得了新成就，在文学的民族化、群众化上取得了重大突破。

第三阶段（1943 年 10 月—1945 年 4 月）为总结历史经验阶段。从 1943 年冬起，中央决定高级干部重新学习党的历史问题，分别召开了许多总结党的历史经验的座谈会，使干部从切身的实践经验中，更好地认识党的历史上的路线是非问题。1944 年 4 月，毛泽东在延安高级干部会上做了《学习和时局》的报告，对在整风学习中提出的一些重大问题发表了重要的看法。1945 年 4 月 20 日，在深入讨论的基础上，党的六届七中全会讨论并通过了《关于若干历史问题的决议》，标志着延安整风运动的胜利结束。

整风运动的开展，冲破了长期以来存在于党内的教条主义的束缚，是党的建设伟大工程的创造性实践，使全党达到在马克思列宁主义、毛泽东思想基础上的大团结，为争取抗战的胜利和人民民主革命在全国的胜利奠定了思想基础，对此，毛泽东说：“如果不整风党就变了性质，无产阶级其名，小资产阶级其实。”后来邓小平也认为：“没有那次整风，打败日本侵略者，打败蒋介石，是不可能的。”

（四）毛泽东思想在这里成熟

在延安时期，在抗日战争这一中国革命最为困难、最为艰苦的时期，毛泽东著作大量高质涌现，毛泽东思想光华高度迸发，毛泽东思想迅速成熟。而这一思想达到巅峰，实现了马克思主义中国化的第一次历史性飞跃，保证了抗日战争的胜利，指明了中国革命最终胜利的道路，勾画了新中国的蓝图。

在中国共产党领导新民主主义的前、中期，到处是国民党的白色恐怖，革命者在反革命势力眼里，就像一个怪物，一出现便进行“围剿”追捕，总想一口吃掉它。中国共产党关于中国革命的思想体系的酝酿和成熟，丝毫没有时间和空间的保障。这种格局到了延安时期开始有所改变。中国共产党到延安后，获得一个较长时间的相对稳定的生存和发展空间。如毛泽东 1938 年在陕北公学做讲演时所说：“王羲之说‘大块假我以文章’，岂止大块地方可以做文章吗？小块也行，有人说中国亡了，我说不会全亡，城市亡了，乡村未亡，大路亡了，小路未亡，白天亡了，夜里未亡。”并且驳斥了那种借口“统一”妄图取消共产党的谬论，说：“目前谁也不能吞并谁，国民党要取消共产党是不可能的。”正因为具备了这一定的时间和空间的前提条件，以毛泽东为主要代表的中国共产党人就在陕北这“小块”地方，夜以继日地做起如何夺取中国民主革命最后胜利这篇文章，从而使毛泽东思想臻于成熟。

在延安杨家岭毛泽东的窑洞里，摆放着一张木床、一张桌子、一个书架和一个木箱，还有一些小木凳。毛泽东习惯于晚上通宵地学习和工作。当时延安没有通电，毛泽东晚上写文章和批阅文件，都是点着蜡烛照明，昏暗不稳的烛光使眼睛非常疲劳。他感到累了，就用双手干洗几下脸，揉一揉双眼，再到窑洞外活动活动腰腿，走一走，又回到窑洞继续写作，一直到第二天的凌晨才睡觉，上午 10 时起床继续学习和工作。

在延安枣园毛泽东故居的办公桌上，还放有一根铁条，这是在大生产运动中，延安炼出的第一炉铁的样品。当时，延安人民怀着喜悦的心情，把这根来之不易的铁条样品敬献给毛泽东，并向他报喜。毛泽东十分珍爱这根铁条，爱不释手，并把它摆放在案头。既做镇尺用，又用于健身。有时候毛泽东写作时间长了，手指发酸时，他就拿起这根铁条握一握，使手指放松一下再继续写作。

在延安时期，毛泽东读了大量马列著作。由于曾经被教条主义者讽刺为“狭隘经验主义”，毛泽东说：“我因此，到延安就发愤读书。”他读了如《资本论》《列宁选集》《国家与革命》《马恩论艺术》，其中读得最多的是《两个策略》

《共产主义运动中的“左”派幼稚病》。通过自己的切身体会，认识到学习理论知识的重要性。1939 年 1 月 28 日在一次演讲中，毛泽东对大家说：有了学问好比站在山上，可以看到很远很多的东西；没有学问，如在暗沟里走路，摸索不着，那会苦煞人。

毛泽东读书学习和写作时非常专心，当时，延安的条件非常艰苦，冬天也很冷，有时他的手脚都冻麻了，便放一盆炭火在桌子底下，炭火经常把他的棉鞋烧坏，他把棉鞋上的火熄灭后，继续坚持读书写作，用智慧构建符合中国革命特点和实际情况的马克思主义理论大厦。一部部闪耀着马克思主义思想火花的理论巨著不断问世，如《实践论》《矛盾论》《论反对日本帝国主义的策略》《反对日本进攻的方针、办法和前途》《抗日游击战争的战略问题》《论持久战》《〈共产党人〉发刊词》《中国革命和中国共产党》《新民主主义论》《论联合政府》等一系列重要著作，这些著作传到抗日的前线、后方，成为中国革命走向胜利的指针。

延安时期，是毛泽东著作大量高质涌现的时期。《毛泽东选集》（1—4 卷）所收集的 158 篇文章中，有 112 篇主要是毛泽东在延安时期写的。这些著作阐明了中国共产党全面抗战的路线和战略策略，科学地揭示了中国新民主主义革命的发展规律，在许多方面丰富和发展了马克思列宁主义，构筑了毛泽东思想的比较完整的理论体系，成为领导中国革命走向胜利的思想武器。陕甘宁边区和延安因此被誉为“抗日的灯塔”和“革命的圣地”。

毛泽东思想在全党得到大普及，并被广大干部和群众所掌握而成为强大的精神武器，是在延安整风以后。经过延安整风，毛泽东思想被确立为指导思想已是呼之欲出的事。1943 年 3 月，毛泽东被授予对处理日常事务的中央书记处会议所讨论的问题“有最后决定之权”。7 月，党的领导人王稼祥第一次正式使用毛泽东思想的概念。当然，毛泽东思想的成熟并确立为党的指导思想，是具有强大的群众基础的。在 1943 年底，边区劳动英雄向毛主席的献词中更是表达了对毛泽东的无限赞美：“毛主席，你像一盏明灯发出亮来，在前面给我们指点着路，我们就永远跟你走。”并喊出了“毛主席万岁”口号。民间歌手则表达出人民群众对毛泽东的崇敬心情：“东方红，太阳升，中国出了个毛泽东，他为人民谋生存，他是人民大救星。”正因为毛泽东在党内具有如此人格魅力，所以讲党的思想理论用“毛泽东”命名，理所当然地被全党所接受。

中国共产党于 1945 年 4 月 23 日至 6 月在延安召开了第七次全国代表大会，在党的“七大”通过的新党章总纲中确定：“毛泽东思想，作为我们党一切工作的指针。”中共七大旗帜鲜明地高举毛泽东思想的伟大旗帜，使我们党在中国化的马克思主义——毛泽东思想的旗帜下空前团结、统一和强大。

（五）两个中国之命运的较量

1945年，正当中国人民的抗日战争即将取得胜利的时候，在赶走日本帝国主义之后，中国向何处去的问题，中国共产党和中国国民党，这两个足以影响中国前途命运的政党，围绕这一问题进行了激烈的斗争。

在整个抗日战争时期，国民党坚持实行内战独裁的政策，连续发动了三次反共高潮，制造多次摩擦。1943年3月，蒋介石公开发行了《中国之命运》的小册子，书中借宣扬中华民族的所谓“固有的德性”“中国人的思想、中国人的精神、中国人的情感、中国人的品性”，攻击中国共产党人信仰马克思主义，他说：“中国国民对于西洋的文化由拒绝而屈服，对于固有文化，由自大而自卑，屈服转为笃信，信其所至，自认为某一外国学说的忠实信徒；自卑转为自艾，极其所至，忍心侮蔑我们中国的固有文化遗产。”书中提出“中国从前的命运在外交……而今后的命运，则全在内政”，要在两年之中解决“内政统一”问题；着力渲染“一个主义”“一个党”，把三民主义说成是“国民革命不变之最高原则”“民族复兴唯一正确之路线”等，据此，其他党派应当放弃各自的主张；强调中国国民党是“领导革命建设国家的总机关”“永为中国唯一的革命政党”等，为国民党“一党独裁”进行粉饰。书中公开提出反对共产主义和自由主义，暗指中国共产党领导的武装力量和敌后抗日根据地是“新式封建与变相军阀”。

蒋介石把自己和自己领导的国民党说成是中国命运的决定者。《中国之命运》的发表，标志着蒋介石及其领导的中国国民党决心把内战独裁政策贯彻到底，把中国引向黑暗的前途。在1949年5月5日至21日召开的中国国民党第六次全国代表大会上，大会的中心议题就是决定继续坚持国民党“一党专政”的独裁统治和动员国民党全党力量，准备发动反共内战。大会通过了《对于中共问题之决议案》，强调当务之急在于团结本党，建立反共体系。由此观之，当中国人民的抗日战争即将胜利的时候，面对中国向何处去的问题，蒋介石和他领导的国民党决心把中国引向黑暗的前途。

在蒋介石的《中国之命运》发行后，国民党的一些御用文人也在报刊发文，鼓吹“一个主义”“一个政党”，扬言要取消马克思主义，取消中国共产党。面对这种反共言论，中国共产党在《解放日报》等报刊上连续发表文章，反击蒋介石法西斯独裁统治的同时，积极准备召开中国共产党第七次全国代表大会，以系统地总结中国革命的经验，为彻底打败日本侵略者，实现光明的中国之命运做准备。

1945年4月23日，中共七大在延安杨家岭中央礼堂召开。出席会议的代表共有755人，其中正式代表547人，候补代表208人，代表全国121万名党员。代表分为中直（包括军直系统）、西北、晋绥、晋察冀、晋冀鲁豫、山东、华中和大后方等8个代表团。

在延安中央礼堂的主席台上悬挂着两面鲜艳的党旗和毛泽东、朱德的画像。在主席台的正上方，是巨大的手写体会标，横跨主席台的是一条引人注目的横幅：在毛泽东的旗帜下胜利前进！主席台两侧墙上边插着24面红旗，象征着中国共产党24年的奋斗历程。

在庄严的《国际歌》歌声中，大会秘书长任弼时宣布中国共产党第七次全国代表大会开幕，毛泽东致《两个中国之命运》的开幕词。他指出：我们的大会是在反法西斯战争最后胜利的前夜召开的。在中国人民面前摆着两条道路、两种命运：一个是独立、自由、民主、统一、富强的新中国；一个是半殖民地半封建的、分裂的、贫弱的旧中国。我们的任务就是为着打败日本侵略者，建设一个独立的、自由的、民主的、统一的、富强的新中国而奋斗。

会议期间，毛泽东做了《论联合政府》的政治报告，他指出：在人民面前有两个前途：光明的前途和黑暗的前途，党和全国人民的任务就是全力去争取光明的前途，打败日本侵略者，解放全国人民，建立一个新民主主义的中国。朱德做《论解放区战场》的军事报告，刘少奇做《关于修改党章的报告》。大会通过的新党章把以马克思列宁主义的理论与中国革命的实践相统一的思想——毛泽东思想作为党的一切工作的指针。在大会讨论过程中，周恩来做《论统一战线》的重要发言。

大会至6月21日结束，完成了三个历史性任务：决定了党的路线，通过了新的党章，在充分发扬民主的基础上选举产生了以毛泽东为中心的新的中央委员会。

中共七大是中国共产党成立以来最盛大、最成功的一次代表大会，也是民主革命时期最后的和最重要的一次代表大会，它为中国共产党领导中国人民争取中国光明之命运奠定了政治上、思想上、组织上的基础。解放战争的胜利，证明了中共七大是把中国引向光明的伟大的会议。

三、资料链接

陕甘宁边区“十没有”

1940年2月1日，毛泽东在出席延安民众声讨汪精卫大会的讲演中十分自豪地说：“陕甘宁边区是全国最进步的地方，这里是民主的抗日根据地。这里一没有贪官污吏，二没有土豪劣绅，三没有赌博，四没有娼妓，五没有小老婆，六没有叫花子，七没有结党营私，八没有萎靡不振之气，九没有人吃摩擦饭，十没有人发国难财。”① “十没有”真实地描绘了陕甘宁边区新社会的新气象，与国民党统治区的黑暗和腐败形成了鲜明的对照，给苦难的中国人民带来了希望。人们除了称陕甘宁边区为民主中国的模型外，国内外进步人士还把延安和陕甘宁边区誉为“西北的红星”“中国的希望”“新中国的试管”。

四、拓展阅读

1. 中共陕西省委党史研究室：《中共中央在延安十三年史》（上、下），中央文献出版社，2016。
2. 张连义：《红色延安》，陕西旅游出版社，2010。
3. 朱鸿召：《延安曾经是天堂》，陕西人民出版社，2012。

五、探究思考

1. 中国共产党在延安为什么能够实现从失败到胜利的伟大转折？
2. 如何理解延安时期党的建设伟大工程？

第二节　红色故事

一、红色故事简介

（一）投豆选举

在陕甘宁边区的民主选举中，由于边区群众文化程度普遍不高，多数选民没有文化，很多甚至不识字。选票几乎是没有用的，因此，在基层选举中，不可能

① 《毛泽东选集》第二卷，人民出版社1991年版，第718页。

通过划票的方式选出自己心目中的候选人。结合当地实际，一种简便易行的投票方式便产生了。具体就是在选举时，在每位候选人的背后放一个碗，选举人往碗里投放黄豆，得豆多者当选，群众把它形象地叫作“投豆选举”。由于“投豆”选举缺乏隐蔽性，为了不得罪人，投豆的时候，选民穿长袖子衣服从每个碗边都划过去，旁边围观的人看不清楚豆到底投给了谁，这样，庄稼汉的智慧就解决了不识字的难题。

当时广为流行的《乡选歌》唱道：“男女都到来，会议开热闹。检讨工作真不少，全要转变好。边区要发展，选举要广泛，选举好人把事办，生活能改善。”还有民谣“金豆豆、银豆豆，豆豆不能随便投。选好人，办好事，投在好人碗里头”等，都真实地反映了群众的心声，表达了群众的意愿。就连美国记者安娜·路易丝·斯特朗也由衷地称赞：“千百万中国人民用投豆入碗的办法来进行政治上的选择，这些人如果是在欧美制度下，他们就根本不能参加选举。”

投豆选举

（二）马锡五审判方式

陕甘宁边区陇东专署专员马锡五兼任陕甘宁边区高等法院陇东分庭庭长时，几乎走遍全区所有村庄，走家串户，深入群众，调查研究，设立流动法庭，公开审理，公平办案。纠正了一审判决中的若干错案，及时审结了一些缠讼多年的疑难案件，如审理了著名的“封芝琴婚姻案”。

陕甘宁边区高等法院院长马锡五

封芝琴（小名封捧儿）是华池县温台区四乡人，她的父亲封彦贵为贪图彩礼，骗自己的女儿与自幼定亲的张柏解除婚约，先将女儿许配给南塬村的张某，后被判处解除婚约后，封父又于 1943 年 3 月以高“聘礼”将封芝琴许配给庆阳县的富绅朱寿昌为妻。而封芝琴始终是非张柏不嫁。张柏之父张金才召集亲属 20 余人深夜抢亲成婚。封颜贵人财两空，以张家“抢亲”为罪名状告至县司法处。司法处遂判处婚姻无效，违法抢婚者判刑6个月，但对封颜贵屡次出卖女儿的不法行为却不予追究。为此，封芝琴告状到马锡五处。

马锡五受理封芝琴的上诉案后，立即向当地区乡干部和附近的群众了解事实真相，充分听取群众的意见，以及封芝琴本人的意见和真实想法。后在悦乐镇的柔远河畔召开了群众大会，公开就地审理，许多出席的老百姓都发表了意见。最后促成了一对美好姻缘，对所有违法人员做了相应的惩处。该案影响甚广，后在此基础上编成的剧本《刘巧儿告状》曾轰动了陕甘宁边区。著名评剧艺术家新凤霞主演刘巧儿，在全国公开放映，深受广大青年尤其是妇女的喜爱，产生了极具震撼力的效果。

总结这一审判方式的主要特点就是：依靠群众、调查研究；不拘审判形式，方便群众诉讼。既使群众在审判活动中得到了教育，又促进了司法民主，正确迅速地解决纠纷和疑难错案，使当事人不因拖延而受讼累，减少了上诉案件。

（三）黄克功事件

1937年10月5日，延安陕北公学不到20岁的女生刘茜一夜未归。校方接到报告后，立即派人四处寻找，在延河岸边的一块大石头旁边找到了她的尸体。她身中两枪，已经死亡。

延安保卫处接到报案后，发了通报，很快就由下面反映上来两条重大线索。一条是刘茜同宿舍的同学反映，出事的那天晚上，延安抗日军政大学第六大队大队长黄克功前去找她谈话，约她到延河岸边散步谈心。因为刘茜原来就在黄克功任队长的抗大第四大队学习，两人关系过从甚密，后来成了恋人，关系也公开化，因此黄克功约她外出谈心也并不是第一次。另一线索，就是黄克功的警卫员举报自己的首长形迹可疑。他发现首长（黄克功）天刚亮就爬上抗大六大队所在地凤凰山上的一垛高墙向城外河边眺望，给他擦枪的时候，发现他的手枪有刚发射未久的痕迹，给他洗衣服的时候，发现衣服上有新鲜血迹。警卫员感到事情重大，于是向保卫部做了汇报。

领导同志立即找黄克功谈话。这时的黄克功已经恢复了理智，承认刘茜是自己所杀，并毫无保留地从头到尾坦白了自己的杀人罪行并提出接受依法判处。经抗大副校长罗瑞卿同志向中央领导报告批准，高等军事法院便依法把故意杀人嫌疑人黄克功逮捕收监，准备依法审判。

“黄克功事件”就是指这样一位曾有着光荣革命历史、勇冠三军的红军将领、师团级干部，因情感纠纷，逼婚未遂，在延河畔枪杀了陕北公学女学员刘茜的恶性案件。

以毛泽东为首的中共中央高度重视，亲自过问案件。此事发生后，在边区内外引起了很大的震动。在国统区，国民党的喉舌《中央日报》则将其作为“桃色事件”大肆渲染，攻击和污蔑边区政府“封建割据”“无法无天”“蹂躏人权”。这些叫嚣，一时混淆了视听，引起了部分不明真相人士的猜疑和不满。陕北公学的部分学生强烈要求严惩杀人凶手，甚至扬言要离开边区。延安舆论有枪毙和特赦两种看法，有不少干部和群众说情，建议留黄性命杀敌报国。黄克功也曾上书法庭并致信毛泽东，恳求念他“十年艰苦奋斗，留一条生命”。表达其宁愿到前线多杀日寇，战死在沙场的决心。

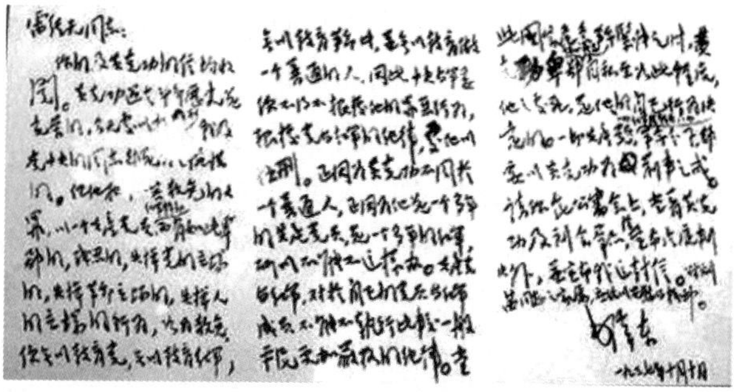

毛泽东给黄克功案件审判长雷经天的信

当时陕甘宁边区高等法院刚成立不久，法制建设还不健全。雷经天作为高等法院院长、该事件的审判长，也是与黄克功有过并肩战斗经历的老党员，他面对着国内外的舆论，面对愤怒的学生百姓，面对老红军的请求，承受着来自各方面的巨大压力。

1937 年 10 月 10 日，毛泽东就黄克功逼婚未遂开枪杀人致信边区高等法院院长和审判黄案的审判长雷经天，强调黄克功犯了不容赦免的大罪，要求全体共产党员和红军指战员，都要以黄克功为前车之鉴。

10 月 11 日，公审大会在延安陕北公学大操场召开，黄克功对犯罪事实供认不讳。雷经天当众宣读了毛泽东的信，黄克功深深地低下了头，认罪伏法。边区最高法院最后以公开、公平、公正的原则判处黄克功死刑，并于 10 月 12 日执行。

二、教学主题

走出历史周期率的根本之策

1945 年 7 月，黄炎培到延安考察，在杨家岭的窑洞里，他向毛泽东提出了一个长期以来萦绕自己的脑际而未能解答的问题。他说“我生六十多年，耳闻的不说，所亲眼看到的，真所谓‘其兴也勃焉’‘其亡也忽焉’，一人，一家，一团体，一地方，乃至一国，不少单位都没有能跳出这周期律的支配力。”“一部历史，‘政怠宦成’的也有，‘人亡政息’的也有，‘求荣取辱’的也有，总之没有能跳出这周期率”。他希望中国共产党能找出一条新路，来跳出这周期率的支配。面对黄炎培的忧思，毛泽东胸有成竹地回答：“我们已经找到新路，我们能跳出这周期律。这条新路，就是民主。只有让人民来监督政府，政府才不敢松懈。只有人人起来负责，才不会人亡政息。”①这就是著名的“窑洞对”。

毛泽东的回答是中国共产党人民主执政的誓言，是对我国伟大的民主革命先行者孙中山先生提出的三民主义精神的发展，是对执政规律深入思考的结果。这里讲的民主，就是指建立人民民主政治制度，由人民管理国家事务，实现人民当家做主，从而防止腐败，建立为人民服务的廉洁政府。如何实现人民来管理国家事务？毛泽东认为：一个是要使“人人起来负责”，另一个是要让“人民来监督政府”。即通过民主和监督两条途径来实现，具体体现在民主选举和民主协商、法律监督和民主监督。对党的机关干部工作人员提出意见和批评，实现民主监督，可以帮助其改进工作，提高工作效率，克服官僚主义。

为什么必须要有民主？毛泽东在1937年5月所做的报告中指出：“中国真正的抗日民族统一战线的建立及其任务的完成，没有民主是不行的，根据地实行新条件下的民主制度，造成抗日和民主的模范区。”“为民主即是为抗日，抗日与民主互为条件，民主是抗日的保证，抗日给予民主运动发展以有利条件。”他从哲学的高度概括地厘清了民主和抗日的关系问题，把民主和抗日等同起来，说明民主的极端重要性。

在民主权中参政权是人民一切权利中最大的权利，也是最根本的权利。它具体表现为选举权、被选举权、担任公职、管理国家和社会事业等的权利。罢免权也是参政权的重要组成部分。由于选举与任期之间必然存在时差，保障人民的罢免权就成为人民监督政权的一个重要手段。施政纲领的颁布明确了政府的责任，给人民的民主自由权利提供了有力的保障。《陕甘宁边区各级参议会组织条例》规定：边区参议会有“监察及弹劾边区各级政府之政务人员”的职权；县参议会有“监察及弹劾县政府及其以下之政务人员”的职权；乡参议会可“监察及弹劾乡政府之人员”的职权。各级政府机关工作人员要受同级参议会的监督；各级参议会议员又是人民直接选举出来的代表，直接受选民的监督。对政府机关和

① 中共中央文献研究室：《毛泽东年谱（1893—1949）》（修订本）中卷，中央文献出版社2013年版，第611页。

工作人员实行监督，这是民主制度的必然结果，也是克服官僚主义的法宝。

实现人民当家做主，建设民主政治，必须有法治做保障。陕甘宁边区不仅重视民主建设，还非常重视法制建设，在司法制度上，严格贯彻“法律面前人人平等”的原则，以充分保障人民的权利和民主政治的实现。

1938 年陕甘宁边区高等法院全体合影

首先是选举制度保障。边区选举制度的基本特点是“普遍、直接、平等、无记名”。普遍是指选举资格的范围相当广泛，直接是指边区的各级代表、议员都由选民直接选举产生，平等是指每个选民在选举中享有同等的权利，无记名则保障了选举自由及防止对选举人打击报复。在投票方式上，为适应边区群众文化水平低、交通不便等情况，投票时，识字的采用选票，不识字的则采用画圈、划道、点洞、投豆子（即“投豆选举”）等方法来计算选票。

其次是政权制度的保障。陕甘宁边区政体的基本架构由参议会、政府和法院三个系统组成，一是最高权力机关，即边区、县、乡三级参议会；二是行政机关，即边区、县、乡三级政府；三是司法机关，即边区高等法院、分区的高等法院分庭、县法院。边区的一切权力属于人民，人民行使权力的最高机关是各级参议会。边区参议会的议长、副议长，边区政府的主席、副主席及政府组成人员，边区高等法院院长，均由边区参议会选举产生。

参议会是边区的权力机关，具有选举产生各级政府，监察、弹劾各级政府工作人员，创制和复决重大事项等权力。陕甘宁边区的参议会通过的施政纲领，是边区的基本法制，它具有临时宪法的性质，起根本法的作用。政府是边区的行政机关，从立法地位上讲，政府机构的设置和人员的配备，都由参议会决定，它隶属参议会。但政府对参议会也有一定的制约权，二者互相独立，又相互制约。

法院是边区的司法机关。1939 年 4 月颁布的《陕甘宁边区高等法院组织条例》规定：“边区高等法院受中央最高法院之管辖，边区参议会之监督，边区政府之领导。”“边区高等法院独立行使其司法职权”。这就是说，法院在行使司法职能时是独立的，而在政治上、行政上要受政府领导。这种政权结构，既减少了某一方面滥用权力、错误执法的可能性，又能拓宽上级部门与人民群众的联系渠道，保证民意的上行下达和人民对权力的监督。

陕甘宁边区高等法院旧址

最后是司法制度的保障。司法制度的公正性是社会正义的最后一道防线。延安时期我们的司法体制虽有一些缺陷，却创造出伟大的成就，树立了光辉的典范。边区的司法制度着重体现了人民性，如当时著名的“马锡五审判方式”。

陕甘宁边区的民主政治建设，使陕甘宁边区成为全国民主政治建设的典范，为巩固抗日民族统一战线政权，反抗国民党一党专政，争取民主自由，夺取最终胜利奠定了坚实的基础，为新中国的民主政治建设积累了经验，也是走出历史周期律的根本之策。

三、资料链接

（一）毛泽东就黄克功案件致信雷经天

雷经天同志：你的及黄克功的信均收阅。黄克功过去斗争历史是光荣的，今天处以极刑，我及党中央的同志都是为之惋惜的。但他犯了不容赦免的大罪，以一个共产党员、红军干部而有如此卑鄙的，残忍的，失掉党的立场的，失掉革命立场的，失掉人的立场的行为，如为赦免，便无以教育党，无以教育红军，无以教育革命者，并无以教育做一个普通的人。因此中央与军委便不得不根据他的罪恶行为，根据党与红军的纪律，处他以极刑。正因为黄克功不同于一个普通人，正因为他是一个多年的共产党员，是一个多年的红军，所以不能不这样办。共产党与红军，对于自己的党员与红军成员不能不执行比较一般平民更加严格的纪律。当此国家危急革命紧张之时，黄克功卑鄙无耻残忍自私至如此程度，他之处死，是他的行为决定的。一切共产党员，一切红军指战员，一切革命分子，都要以黄克功为前车之鉴。请你在公审会上，当着黄克功及到会群众，除宣布法庭判决外，并宣布我这封信。对刘茜同志之家属，应给以安慰与抚恤。

毛泽东　一九三七年十月十日

（二）在“廉洁政治”的地面上拔掉“肖玉璧”式的莠草

陕甘宁边区实行严刑重典惩治腐败。在1938年陕甘宁边区政府就颁布了《惩治贪污暂行条例（草案）》，该条例中明确规定，克扣或截留应发给或缴纳的财物、敲诈勒索、收受贿赂等10种行为均为贪污，贪污数目在1000以上者，判处死刑；贪污数目在500元以上者，判处5年以上之有期徒刑或死刑；贪污数目在300元以上500元以下者，判处3年以上5年以下之有期徒刑；贪污数目在100元以上300元以下者，判处1年以上3年以下之有期徒刑；贪污数目在100元以下者，判处1年以下之有期徒刑或苦役。除依法判处刑罚外，必须追缴其赃款赃物、没收罪犯财产以及罚金。1941年制定的《陕甘宁边区施政纲领》还特别规定：“共产党员有犯法者从重治罪。”在制定法律法规的同时，边区还特别重视法律法规的执行使制度运行起来，严惩贪污腐败分子。边区反贪污腐败，建廉洁政府的典型事例就是“肖玉璧案”。

肖玉璧，出身贫苦，1933年参加工农红军。作战勇猛，冲锋陷阵，屡建奇功，身上留下80余处枪伤、刀伤，1935年以后因伤势太重没有再上前线，养病复原期间，毛泽东把中央特批自己的每天半斤牛奶送给肖玉璧。但病愈出院后，这位身经百战立下赫赫战功的红军英雄，在后方较为和平的条件下反而居功自傲、贪图享受，在担任清涧县张家畔税务所主任期间，作为边区公务人员，不能克己奉公，廉洁自律，罔顾党和人民的利益，罔顾党的法律和纪律，甚至把根据地奇缺的食油、面粉卖给国民党，以谋图私利，贪污受贿、克扣公款、腐化堕落，共贪污公款达3050块大洋。更为可憎的是，在国民党仍坚持反共、溶共和限共的背景下，勾结国民党旅长常崇耀，联合招募新兵，企图叛变革命。1939年1月，在边区财政部调查期间，肖玉璧仍以外出讨外账为由，携带公款、税票逃跑，后来在潜回原籍清涧时被民众发现被依法逮捕。

肖玉璧被抓后对其所犯罪行供认不讳，但把曾经的赫赫战功作为贪污腐败的资本，觉得罪不至死。后经边区高等法院审判为死刑，边区政府主席林伯渠亲自请示毛泽东，毛泽东以刚处理完的“黄克功事件”为例，支持法院裁判结果。1941年12月，为革命屡立战功的红军英雄肖玉璧，作为延安贪污犯的典例被执行枪决。这一事件在边区引起很大的反响，在双重政权的边区，既让国统区媒体消除对边区政府的污蔑诋毁，又让开明绅士看到了共产党和国民党政府鲜明的对比，同时对边区一些意志不坚定，有可能走上贪污腐败、变质变节的革命干部也有很强的震慑作用，在边区人民群众心目中树立了共产党良好的形象，为抗日战争和新民主主义革命的胜利奠定了坚实的基础。

1942 年 1 月 5 日，边区《解放日报》为此发表评论：“肖玉壁判处死刑了，因为他贪污，开小差，为升官发财以至叛变了革命……我们一定要做到：在‘廉洁政治’的地面上，不容许有一个‘肖玉壁’式的莠草生长！有了，就拔掉它！”

四、拓展阅读

1. 杨永华：《陕甘宁边区法制史稿（宪法、政权组织法篇）》，陕西人民出版社，1992。

2. 宋金寿、李忠全：《陕甘宁边区政权建设史》，陕西人民出版社，1990。

五、探究思考

延安时期的民主政治建设对新时代推进国家治理体系和治理能力现代化建设的启示。

第三节　红色文物

一、红色文物简介

（一）周恩来穿过的皮大衣

这是一件深褐色的翻领皮大衣，长 115 厘米，胸围 142 厘米，腰间有一条系结的带子，棕色布质地里衬，大衣的面料褪色，底边磨损，衣袖磨破，它静静地陈列在延安革命纪念馆中，它的主人是周恩来。

1940 年 3 月，周恩来从苏联莫斯科治疗臂伤后途经新疆迪化（今乌鲁木齐），带回了这件大衣。在延安时期，周恩来在延安、重庆、南京，在转战陕北途中，一直随身携带、时常穿着这件皮大衣，穿着它参加过许多重大的政治活动，留下了许多珍贵的历史镜头。

1946 年，周恩来就是穿着这件皮大衣赴重庆参加政治协商会议，在会上迫使蒋介石签订了《关于政府组织问题的协议》《和平建国纲领》等五项协议，确定了民主改革的总方向，见证了党的统一战线的胜利。

1947 年中共中央和人民解放军总部转战陕北，这件皮大衣和周恩来形影不离，周恩来用它雨天做雨衣来挡雨，晚上当被子来保暖，冬天再让大衣回归“本色”来御寒，这件皮大衣成为名副其实的“三用大衣”。

1949 年中共中央进住北京后，皮大衣结束了它陪伴主人征战南北的任务，周恩来先把这件皮大衣送给邓颖超，邓颖超穿过六年后，于 1956 年交给周恩来的卫士长成元功保存。1964 年 8 月，成元功把它赠送给了延安革命纪念馆，这件周恩来穿了整整十年、邓颖超穿了整整六个年头的皮大衣，被定为国家一级文物。

周恩来穿过的皮大衣

延安纪念馆藏　长 115 厘米　胸围 142 厘米　国家一级文物

（二）毛泽东题“实事求是”石刻

毛泽东为中央党校题词石刻

毛泽东为中央党校题词石刻。砂石质石刻，每石刻一字，共四石。1942 年 6 月，中央党校礼堂建成。此前毛泽东应彭真之请为党校题写了“实事求是”四个大字，作为党校的校训。题词写在白麻纸上，一张一字，后镌刻于石，嵌于礼堂正门上方。1947 年 3 月，国民党军队进占延安后，党校礼堂遭到破坏，四块石刻被埋入地下。1955 年延安师范学校基建施工时发掘出土。

延安纪念馆藏　纵 63. 5 厘米　横 70. 5 厘米　高 15. 5 厘米　国家一级文物

（三）劳动人民翻身纪念碑

翻身农民为感谢共产党恩情而立的纪念碑。青石质碑，整体呈圭形，正面上部刻有五角星和镰刀斧头图案，碑文隶书阴刻，正中为“劳动人民翻身纪念碑”。上款为立碑时间“中华民国三十六年农历二月十五日”，下款为立碑者“何岔区广大农民翻身大会”。

1948 年 3 月 10 日下午，时任中共中央书记处书记的周恩来在此碑前的小广场上，宣布了中共中央坚守陕北的任务已经完成，准备转移到华北地区迎接即将到来的全国范围胜利。

碑身高 282 厘米，宽 80 厘米，厚 15 厘米，碑座长 94 厘米，宽 22 厘米，高 63 厘米　杨家沟革命纪念馆藏　国家一级文物

二、教学主题

中共中央在陕北时期红色资源的精神内涵

中共中央在陕北的十三年，是中国革命从曲折发展走向伟大胜利的十三年，在陕北的黄土地上留下了丰富的宝贵的红色文化资源，形成了伟大的延安精神。延安精神是我们党的性质和宗旨的集中体现，是我们党的优良传统和作风的集中体现，是中国共产党人崇高品德和伟大情怀的集中体现。延安精神是中国共产党领导中国人民夺取革命战争胜利的精神动力，也是建设中国特色社会主义的强大精神动力。

（一）坚定正确的政治方向

1937 年 5 月的中共中央的一次会议上，毛泽东亲自为抗日军政大学题写了“坚定正确的政治方向，艰苦朴素的工作作风，灵活机动的战略战术”的教育方针。坚定正确的政治方向，是延安精神的灵魂。

对马克思主义的坚定信仰、实现社会主义和共产主义的崇高理想、必胜的革命信念是延安时期中国共产党人和全国各族人民唯一正确的政治方向。中国共产党自成立起，就以马克思主义为自己的指导思想，把追求中华民族和全人类的解放、实现共产主义作为自己的远大理想和奋斗目标，并为之奋斗不息。

抗日战争期间，延安成为革命者向往和敬仰的地方，许多青年不畏艰难险阻奔赴延安，这是因为延安有伟大的理想、崇高的信仰、壮丽的事业；延安寄托着民族的希望，代表着国家的未来，反映了时代的需求。他们在这座革命的大熔炉中，经过血与火的洗礼，使自己的灵魂得到净化，思想境界得到升华，从而坚定了共产主义信念，将共产主义远大理想作为一生的奋斗目标。

在抗日战争最艰苦的岁月里，陕北抗日根据地有 140 余万人口，其中红军主力不足 3 万，中国共产党人靠着坚定的信仰和理想信念战胜了比自己强大许多倍的敌人。延安时期，党非常重视理想信念的建设，号召每一个共产党员都要做一个自觉的共产主义者，要有坚定崇高的共产主义理想，为新民主主义和共产主义而奋斗。为使全党牢固树立共产主义理想信念，坚定革命必胜的信心，毛泽东在这一时期，撰写了大量的政论文章或著作，如《为人民服务》《纪念白求恩》《论联合政府》等，宣传共产主义的理想信念。刘少奇也撰写了《论共产党员的修养》等党内报告，引导和激励广大共产党员做一个真正的马克思主义者。

为配合全党开展理想信念教育，党在延安创办了干部学校。抗大的教育原则之一是：教育学员掌握马列主义，注意克服资产阶级及小资产阶级的思想。毛泽东经常到抗大讲课，做报告。他讲课的内容很广，包括政治、军事、哲学、历史等，引导学员扩大视野。他说，有了学问，就好比站在山上，可以看到很远很多的东西。他注重引导学员理论联系实际，认识中国社会和中国革命发展规律，使青年的爱国热情、抗日愿望升华到为民族解放而奋斗的高度，逐步确立起共产主义的理想信念。陕北公学以培训政工干部为主，教学安排是七分政治、三分军事。陕公的大部分学员来自全国各地大、中学生和归国华侨。它的培养目标，正如毛泽东为公学题词中所指出的："要造就一大批人，这些人是革命的先锋队。这些人具有政治的远见。这些人充满着斗争精神和牺牲精神。"延安时期，通过各种形式的教育培训，使广大党员干部的马克思主义水平有了很大提高，坚定了为实现共产主义理想而奋斗的决心。

正是中国共产党及其广大党员凭着革命到底的决心和对共产主义必胜的信念，中国共产党领导中国人民打败了日本侵略者，取得了自中国近代以来，反对列强侵略的第一次伟大胜利。

（二）自力更生、艰苦奋斗的创业精神

自力更生、艰苦奋斗是无产阶级的政治本色，是党在长期革命斗争中形成和发展起来的优良传统，也是我党战胜困难、求得胜利的一件重要法宝。毛泽东用"愚公移山"的故事，形象地概括了这种艰苦奋斗的精神，把它作为中国革命的巨大精神支柱和推动力。

陕北是一个贫瘠之地，1935 年中共中央到达陕北之后，就面临异常困难。全面抗战爆发以后，边区政府实行争取外援、休养民力的财政政策。当时边区的财政收入主要依靠外援，其中，绝大部分是国民党政府发给八路军的经费。抗战进入相持阶段后，日本侵略者调整侵华政策，把中共创建的敌后抗日根据地作为军事进攻的重点，国民党顽固派对陕甘宁边区实行军事包围，经济封锁，在边区周围设置五道封锁线，其中第一道封锁线就有碉堡 6300 个，陈兵 40 多万，并不断制造摩擦事件，到 1940 年 11 月，国民政府停发了八路军的军费，边区外援断绝，致使 1941 年到 1942 年陕甘宁边区和中共领导下的敌后抗日根据地，陷入严重的困难之中。面对被困死、饿死的局面，中国共产党人并没有灰心丧气、畏首不前，而是迸发出无与伦比的自信、自立、自强、自尊的无产阶级主体精神和创造精神，毛泽东号召边区军民自己动手、丰衣足食，开展大生产运动。其中三五九旅开垦南泥湾成为当时的模范，在他们的努力下，荒无人烟的南泥湾变成了

“陕北的好江南”。在大生产运动中，毛泽东坚持以身作则、率先垂范。他在杨家岭的河边开出一块菜地，种上了辣椒、西红柿、土豆、白菜等，一有空余时间，就在地里锄草、施肥、浇水，年年获得丰硕的果实。毛泽东穿着缝有补丁的衣服，住在土窑洞里，但这丝毫不影响他的光辉形象，人民群众更加崇敬这位生活朴素的伟人。在毛泽东的影响和带动下，延安军民发扬自力更生、艰苦奋斗的拼搏精神，他们一手拿枪，一手拿锄头，基本实现了粮食、棉布等日用品的自给，战胜了困难。在这一时期内，人民群众的创造性和积极性得到充分的运用，也正是这种创造性和积极性才使得我们在面对困难的时候没有退缩，迎难而上，并最终取得了革命的胜利。

（三）实事求是的精神

实事求是作为党的思想路线，是在延安时期的革命战争实践中逐渐形成的。对于实事求是的科学内涵，毛泽东把马列主义和中国的具体实践相结合，在总结中国革命的实践经验的基础上，做了精辟的概括：“‘实事’就是客观存在着的一切事物，‘是’就是事物的内部联系，即规律性，‘求’就是我们去研究。”延安时期的中国共产党人，正是把实事求是作为一种科学的世界观和最高、最普遍的方法论，用以观察、认识、分析问题，不唯书，只唯实，坚持一切从实际出发，理论与当时具体的革命实践相结合，并在实践中检验和发展真理。在延安时期，我们提出了持久战，因为“整个抗日战争，由于日寇是强国，是进攻的，我们是弱国，是防御的；因而决定了我们是战略上的防御战和持久战。”面对强大的日本侵略者，结合实际，我党提出了游击战的战略问题，如洛川会议就根据形势做出了开辟敌后战场的决策，体现了实事求是的精神。

实事求是是党的优良学风。这是对待马克思主义的态度问题。在延安时期，以毛泽东为主要代表的中国共产党人坚决反对教条主义，倡导理论联系实际的马克思主义学风。毛泽东在那一时期撰写的许多理论著作，从《实践论》《矛盾论》到整风期间发表的一系列重要文章，都反映了他在这方面所做的大量工作。他紧紧抓住主观主义特别是教条主义的学风同理论联系实际、一切从实际出发的马克思主义学风的根本对立，积极在党内倡导一条正确的思想路线。他说：“学风问题是领导机关、全体干部、全体党员的思想方法问题，是我们对待马克思列宁主义的态度问题，是全党同志的工作态度问题。既然是这样，学风问题就是一个非常重要的问题，就是第一个重要的问题。”把解决学风问题看作是加强党的自身建设和关系革命成败的“第一个重要的问题”。

毛泽东在延安为中央党校题写的“实事求是”四个大字，提高了党的思想路线的丰富内涵。正是由于通过延安整风，才使全党的思想从教条主义的束缚下解放出来，统一到把马克思主义和中国实际相结合的正确方向上来，从而在全党确立了实事求是的思想路线。党的七大确立了毛泽东思想在全党的指导地位，这是党在思想理论上成熟的一个重要标志，从而为中国革命的胜利奠定了重要的思想基础。

（四）全心全意为人民服务的精神

中国共产党是无产阶级性质的政党，其宗旨是全心全意为人民服务。马克思和恩格斯早在《共产党宣言》中就指出：“过去一切运动都是少数人的或为少数人谋利益的运动。无产阶级的运动是绝大多数人的，为绝大多数人谋利益的运动。”从中国共产党创立的时候起，党所领导的一切革命斗争都是为了人民，为了人民的解放、自由和幸福。在延安时期艰苦的斗争环境中，面对日本帝国主义的侵略和国民党顽固派的封锁，为了取得人民革命斗争的胜利，我们党更是鲜明地提出了全心全意为人民服务的口号，把为人民服务提到了党的性质和党的作风以及关系到党的事业的兴衰成败的高度来认识，形成了完备的理论形态。1939年12月，毛泽东在《纪念白求恩》一文中号召大家要学好为人民服务的本领，对技术精益求精，做好本职工作，像白求恩那样，做一个高尚的人，一个纯粹的人，一个有道德的人，一个脱离了低级趣味的人，一个有益于人民的人。1944年9月，毛泽东在《为人民服务》中指出：我们的共产党和共产党所领导的军队“完全是为着解放人民的，是彻底地为人民的利益工作的”。他还强调：“‘人固有一死，或重于泰山，或轻于鸿毛。’为人民利益而死，就比泰山还重；替法西斯卖力，替剥削人民和压迫人民的人去死，就比鸿毛还轻。张思德同志是为人民利益而死的，他的死是比泰山还要重的。”1945年，毛泽东在《论联合政府》中指出：“我们共产党人区别于其他任何政党的又一个显著的标志，就是和最广大的人民群众取得最密切的联系。全心全意地为人民服务，一刻也不脱离群众；一切从人民的利益出发，而不是从个人或小集团的利益出发；向人民负责和向党的领导机关负责的一致性；这些就是我们的出发点。”

延安时期，党的工作路线以人民群众的基本利益为前提，使我们党得到了最广大人民群众的支持。为了减轻人民的负担，党领导了陕甘宁边区的大生产运动；采纳了党外人士李鼎铭的意见，实行“精兵简政”；推广刘建章合作社的经验，为人民办实事；开展赵占魁运动和吴满有运动，发展工业生产和农业生产；

发动拥政爱民、拥军优属的双拥运动，增进了政府、军队和人民之间的相互联系，这些政策和措施，充分体现了我党时刻关心群众，一切为了群众，虚心听取群众意见和尊重群众首创精神的思想。正是由于充分相信群众，依靠群众，才使党的凝聚力、感召力不断增强，从而实现了延安时期党的空前团结与统一的局面，形成了人民战争的深厚基础，直到夺取抗日战争的最后胜利。因此，密切联系群众，全心全意为人民服务，成为党领导革命事业兴旺发达的根本原因。

三、资料链接

党的领导人论延安精神

延安的同志们和陕甘宁边区的同胞们：

接到你们的贺函，使我十分愉快和感谢。延安和陕甘宁边区，从一九三六年到一九四八年，曾经是中共中央的所在地，曾经是中国人民的解放斗争的总后方。延安和陕甘宁边区的人民对于全国人民是有伟大贡献的。我庆祝延安和陕甘宁边区人民继续团结一致，迅速恢复战争的创伤，发展经济建设和文化建设。我并且希望，全国一切革命工作人员永远保持过去十余年间在延安和陕甘宁边区的工作人员中所具有的艰苦奋斗的作风。

——毛泽东 1949 年 10 月 26 日给陕甘宁边区人民的复电

毛泽东同志说过，人是要有一点精神的。在长期革命战争中，我们在正确的政治方向指导下，从分析实际情况出发，发扬革命和拼命精神，严守纪律和自我牺牲精神，大公无私和先人后己精神，压倒一切敌人、压倒一切困难的精神，坚持革命乐观主义，排除万难去争取胜利的精神，取得了伟大的胜利。搞社会主义建设，实现四个现代化，同样要在党中央的正确领导下，大大发扬这种精神。如果一个共产党员没有这些精神，就决不能算是一个合格共产党员。不但如此，我们还要大声疾呼和以身作则地把这些精神推广到全体人民、全体青少年中间去，使之成为中华人民共和国的精神文明的主要支柱，为世界上一切要求革命、要求进步的人们向往，也为世界上许多精神空虚、思想苦闷的人们所羡慕。

我们一定要宣传、恢复和发扬延安精神，解放初期的精神，以及六十年代初期克服困难的精神。我们首先要自己坚定信心，然后才能教育和团结群众提高信心。

——邓小平 1980 年 12 月在中共中央工作会议上的讲话

延安精神，体现了我们党马克思主义政党的性质，体现了我们党与时俱进的思想风范，体现了我们党与人民同呼吸、共命运的优良作风，体现了中国共产党人一往无前的奋斗精神。无论过去、现在和将来，延安精神都不能丢。全党同志，一定要结合新的实际，大力弘扬延安精神，使延安精神成为我们党在新世纪团结和带领人民不断开创中国特色社会主义事业新局面的强大精神动力，使延安精神永放光芒。

伟大的延安精神是我们党的优良传统和宝贵财富，过去是、今天仍然是我们战胜困难、取得胜利的法宝。坚定正确的政治方向，解放思想、实事求是的思想路线，全心全意为人民服务的根本宗旨，自力更生、艰苦奋斗的创业精神，是延安精神的主要内容。在新的历史条件下，我们巩固党的执政地位，提高党的执政水平，必须大力发扬延安精神，始终保持同人民群众的血肉联系。

——江泽民 2002 年 3 月在陕西考察工作时的讲话

延安精神是我们党的性质和宗旨的集中体现，是我们党的优良传统和作风的集中体现，是中国共产党人崇高品德和伟大情怀的集中体现。革命战争年代需要大力弘扬延安精神，和平建设时期也需要大力弘扬延安精神。在全面建设小康社会的伟大征程中，我们要把延安精神作为凝聚人心、团结奋进的强大动力，作为战胜困难、夺取胜利的重要法宝，让延安精神放射出新的时代光芒。

——胡锦涛 2006 年 1 月 29 日在延安考察工作时的讲话

延安精神培育了一代代中国共产党人，是我们党的宝贵精神财富。要坚持不懈用延安精神教育广大党员、干部，用以滋养初心、淬炼灵魂，从中汲取信仰的力量、查找党性的差距、校准前进的方向。

——习近平 2020 年 4 月在陕西考察工作时的讲话

四、拓展阅读

1. 陈燕楠：《精神的力量：延安精神的时代价值》，太白文艺出版社，2015。
2. 张金锁：《延安精神》，中共党史出版社，2017。

五、探究思考

新时代应该如何弘扬延安精神，实现中华民族伟大复兴的中国梦？

第七章　通向延安的红色桥梁红色资源实践教学

党中央到延安后，延安成为中国革命的“红都”，成为国内外各种进步力量心向往之的地方。虽然国民党在到延安的路上重兵设卡，共设五道封锁线，阻拦、杀害进步人士。但是，马列主义的真理是封锁不住的，信仰的力量是不可抗拒的。延安，就像一颗光芒四射的红星，吸引着国统区和沦陷区的进步力量。中国共产党热忱欢迎各种进步力量到延安来，八路军驻西安办事处、马栏和安吴青训班就成为国内外进步力量走向延安的桥梁。

第一节　红色旧址

一、旧址简介

八路军驻陕办事处旧址　位于西安市新城区北新街七贤庄 1 号。七贤庄始建于 1934 年冬，1936 年春建成，由西向东、南北朝向的 10 座外观相同、布局略异的“工”字形庭院建筑群落组成。借“竹林七贤”美传取“七贤庄”雅名。庄首门楼“七贤庄”三字由时任西安绥靖公署参议成柏仁题写。1935 年 10 月，红军长征到达陕北，医疗器械和药品十分缺乏，周恩来指派在张学良身边工作的我党代表刘鼎在西安设立秘密交通站。1936 年春夏之交，刘鼎来到竣工不久正待出租的七贤庄，因这里距火车站较近，交通方便，南连杨虎城官邸，便看上了这所不起眼的小院。于是用 200 块银圆租下了七贤庄的一号院，并通过美国进步作家、

八路军驻西安办事处纪念馆大门

记者史沫特莱女士介绍，德国共产党人温奇·冯海伯牙医博士将他在上海的诊所迁于此，以“德国医师冯海伯牙科诊所”做掩护，设立秘密交通站。诊所开张后，交通站为陕北苏区采买、转运了急需的药品、医疗器械和通信器材。还安装了一个小电台和一部扩大机，把中共中央设在延安的红色中华社的广播，转播到东南沿海、西南边陲，乃至苏联等地。“西安事变”和平解决后，中国共产党在七贤庄设立了红军联络处。全面抗战爆发后，红军改编为国民革命军第八路军，红军联络处也发生了相应的改变。在七贤庄一号院大门上挂上了“国民革命军第八路军驻陕办事处”的牌子，后又改为“国民革命军第十八集团军驻陕办事处”。随工作需要，又先后租用了七贤庄 3、4、7 号院。1946 年 9 月，内战爆发后，办事处撤离西安。

“八办”存在的 10 年间，中共中央领导同志和八路军高级将领周恩来、朱德、刘少奇、彭德怀、叶剑英、邓小平、林伯渠、董必武等曾多次留驻办事处并指导工作。

1956 年，西安市人民委员会在七贤庄设立了八路军西安办事处纪念馆筹备处。纪念馆于 1959 年元旦正式开放。1988 年 1 月被国务院公布为全国重点文物保护单位。1994 年 1 月被中共陕西省委、省政府授予陕西省爱国主义教育基地先进单位；1995 年被国家文物局评为全国文物系统优秀爱国主义教育基地；1996 年 3 月被国家教委、民政部、文化部、国家文物局、团中央、解放军总政治部公布为全国百家青少年爱国主义教育基地；1997 年 6 月被中宣部公布为全国爱国主义教育示范基地；2011 年 2 月被中共陕西省委党史研究室公布为陕西省党史教育基地。

二、教学主题

通向延安的红色驿站

“八办”成立后，组织非常健全，设有统战科、交通发行科、总务科、秘书科，还有机要科、办公室、电台与经理科，还下设了汽车队、仓库、招待所等，工作人员超过 300 多人。办事处处长先后由伍云甫、周子健担任。中共中央驻陕代表林伯渠、董必武以及八路军高级参议宣侠父也常驻办事处，实际指导工作。

“八办”是传递中国共产党抗战声音的驿站。中国共产党的抗战政策和主张通过“八办”，传向国统区，传向全国。在红军主力部队改编为八路军后，办事处用电台向全国转发了八路军总指挥朱德、副总指挥彭德怀的就职《通电》，并将《通电》油印成宣传单，分发给西安各界。顷刻间引起社会极大反响，爱国知名人士、政界要人、军界将领对共产党不计前嫌、以民族利益为重的宽广胸襟大加赞誉，共产党的良好形象已在人们心目中扎下了根！

“八办”是运往延安的各类物资的驿站。七贤庄四号院，存放着采买、储存延安和红军所需要的各类物资。为了转运各类物资，工作人员想尽了一切办法，化整为零，变“非法”为“合法”，如把水银装在汽车轮胎里，把药品放到铁桶里，把钢材充作车轴等，用自己的智慧和才能，把各种急需物资源源不断地输送到前线和陕甘宁边区。

“八办”是各种抗日力量聚集的驿站。在“八办”设有“救亡室”，中共中央代表林伯渠、董必武曾多次接待爱国知名人士李公朴、闻一多、杜汉三等，同他们商讨抗战大计。很多抗日救亡团体的领导人经常汇集到这里开会，“八办”的工作人员向他们介绍我党的抗日主张、各地救亡运动情况和前方的形势。

“八办”是各类人员来往沦陷区、国统区和陕甘宁边区的驿站。那些从海外、沦陷区、大后方来到西安的进步人士都是经过“八办”来到了陕甘宁边区。中国人民的老朋友斯诺夫妇、史沫特莱、柯棣华大夫、白求恩大夫等都是以“八办”为中转站，离开“国统区”，奔向“天都更高更蓝”的解放区，将世界人民积极支持中国人民抗日战争的热情带往延安。党的领导干部和广大中共党员也都经过“八办”来往于国统区和陕甘宁边区，周恩来有 23 次过往这里，朱德在这里先后住过七次，刘少奇六次化名过往“八办”，有力地支持了党在国统区的工作。

八路军驻西安办事处的另一个重要任务是招收和输送进步青年去延安，壮大革命力量。来自全国各地的进步青年，都是抱着对真理的追求，从八路军驻西安办事处出发，踏上了到延安的革命征程。为了保证这些爱国青年顺利到达延安，“八办”秘书科于 1937 年初设立了学生股，专门负责接待工作。

虽然国民党在到延安的路上重兵设卡，共设五道封锁线，阻拦进步青年。但是，马列主义的真理是封锁不住的，信仰的力量是不可抗拒的。延安，就像一颗光芒四射的红星，吸引着国统区和沦陷区的广大爱国青年。他们三三两两，男男女女，背着行李，挎着小包，以各种装扮，冲破重重封锁，日夜不停地奔向延安，成为西安到延安 800 里道路上的一道美丽的风景线。辽宁锦州人尹企卓 1939 年写的《投奔延安》就是这一情景的真实写照：“渭水翻腾雾满天，追求真理奔延安。征途怒绕拦人岗，险路激吟战火篇。突破关山行峭壁，拨开重锁胜胡顽。”徒步 800 里，本身对于青年学生就是很大的考验。所以毛泽东说：步行 800 里就是考试合格。

爱国青年蜂拥七贤庄

在长达 10 余年的时间里，大量进步青年通过“八办”这一红色桥梁到了延安，仅 1938 年 5 月至 8 月，经西安八路军办事处介绍送往延安的革命青年就有 2288 人。1937 年到 1938 年，通过“八办”这一红色桥梁到达延安的就有两万多人。他们中有来时带着钻石首饰的华侨，有上海滩的女明星，有丁玲、冼星海、艾青、茅盾、萧军等著名的文化人，也有国民党军政要员的子弟，如张学良的弟弟张学思、杨虎城的儿子杨拯民、赵寿山的儿子赵元杰。他们在延安这所红色大学里学习锻炼成长，青春在奉献民族和人民的革命与解放事业中燃烧。

随着抗日战争的结束和内战的爆发，国共两党合作破裂，国民党反动派对办事处采取了“驱逐”的政策。朱德总司令命令“八办”撤回了延安，“八办”工作人员 20 余人历时 18 天返回延安，七贤庄也被国民党接收。现在办公室中还挂了一个老式的挂钟，挂钟的时间指向 22 点，这是 1946 年 9 月 10 日“八办”工作人员撤离的时间，时间停留在那里，历史也铭记在这里。

三、资料链接

抗日战争时期八路军办事处的设置

八路军办事处是抗日战争全面爆发后我党我军在国民党统治区公开设立的办事机构，分布在西北、华东、华中、华南、西南 等区域，共有 19 个，比较著名的是驻西安、南京、武汉、桂林、重庆等地的办事处。这些八路军办事处成为国共两党建立抗日民族统一战线的标志，为抗战胜利做出了特殊的历史贡献。抗战时期的 19 个八路军办事处概况如下：

驻陕西办事处：又称西安办事处。1937 年 8 月在西安设立，林伯渠、董必武先后任中共中央代表，伍云甫、周子健先后任处长。1946 年 9 月 10 日撤回延安。

驻晋办事处：又称太原办事处。1937 年 8 月在太原设立，彭雪枫兼任主任。1938 年 2 月下旬撤销。

驻上海办事处：1937 年 8 月在上海设立，李克农、潘汉年、刘少文先后任负责人。1939 年 11 月撤销。

驻甘肃办事处：又称兰州办事处。1937 年 7 月在兰州设立，谢觉哉任中共中央代表，彭加伦、伍修权（化名吴寿泉）、赵芝瑞先后任处长。1943 年 11 月 8 日撤销。

驻南京办事处：1937 年 8 月在南京设立。博古为中共中央代表，叶剑英为八路军代表，李克农为主任。1937 年 12 月初分批撤往武汉。

驻武汉办事处：1937 年 10 月下旬在汉口设立，董必武任中共中央代表，李涛、钱之光先后任处长。1938 年 1 月，增设新四军办事处和中共代表团办事处。在周恩来、叶剑英等领导下，3 个办事处实际上是一个机构，成为中共在南方的联络中枢。1938 年 10 月 25 日撤往重庆。

驻新疆办事处：1937 年 10 月在迪化（今乌鲁木齐）设立，陈云任中共中央代表，滕代远、邓发（化名方林）、陈潭秋（化名徐杰）先后担任负责人。1942 年 9 月关闭。

驻第一战区联络处：又称新乡联络处。1937 年 9 月底在河南新乡设立，朱瑞任主任。1938 年 5 月后撤销。

驻湘通讯处：1937 年 12 月 9 日在长沙设立，徐特立任驻湘代表，王凌波任办事处主任。1939 年 8 月 11 日停止办公。

驻香港办事处：1938 年 1 月在香港设立，负责人廖承志。1942 年 2 月撤销。

驻广州、韶关办事处：1938 年 1 月成立，云广英、张云逸、廖承志先后任负责人。10 月广州失陷前夕，迁至韶关，改称八路军驻韶关办事处。1940 年 10 月撤销。

驻第二战区司令长官部办事处：1938 年 10 月在第二战区长官司令部设立，王世英任主任。1945 年 8 月撤回延安。

驻洛阳办事处：1938 年 10 月在洛阳设立，初称通讯处，刘向三任主任，附设渑池兵站。1939 年初，改为办事处，刘子久、袁晓轩先后任负责人。1942 年 2 月撤销。

驻衡阳办事处：1938 年 11 月 14 日在衡阳设立，李克农、李涛、张元培先后任负责人。1939 年 7 月撤销。

驻桂林办事处：1938 年 11 月在桂林设立，吴奚如、李克农、李涛先后任负责人。1941 年 1 月 22 日撤销。

驻贵阳交通站：1939 年 1 月 3 日在贵阳设立，袁超俊任站长。1941 年 1 月被国民党军贵阳警备司令部查封。

驻重庆办事处：又称红岩办事处。1938 年 8 月下旬在重庆设立。1939 年 1 月改称办事处（兼新四军办事处），钱之光任处长。1946 年 8 月撤销。

驻豫北办事处：1941 年 6 月在河南林县设立，王百评、申伯纯先后任主任。1945 年 10 月 25 日撤销。

八路军、新四军驻皖东北联合办事处：1939 年 9 月在安徽泗县张塘成立，负责人为张爱萍。1940 年 3 月 24 日撤销。

四、拓展阅读

1. 八路军西安办事处纪念馆：《红色桥梁》，陕西旅游出版社，2007。
2. 八路军西安办事处纪念馆：《抗战记忆》，陕西人民出版社，2018。

五、探究思考

参观八路军驻陕办事处旧址，感悟学习革命前辈的爱国主义精神。

第二节　红色文物

一、文物简介

如果说延河桥和宝塔山是延安的象征，那么，工字房和七孔石桥就是马栏的象征。马栏有圣地延安前沿哨所之誉，“小延安”之称，是陕甘宁边区的南大门，是通往延安的重要驿站和红色通道。

（一）马栏七孔桥

马栏七孔桥

位于咸阳市旬邑县马栏镇马栏村马栏街西端约 100 米处的马栏河上。北临旬铜公路，东靠马栏村。

抗日战争和解放战争时期，马栏是陕甘宁边区的南大门，是西安乃至全国各地仁人志士和军用物资通往延安的红色通道。然而，当时的马栏河严重阻隔着关中分区与延安的沟通与联系，为了解决交通困难，方便物资运输，打通分区与延安的通道，1942 年至 1944 年，关中分区组织马栏军民人拉、肩扛采集石料，在马栏河上建起了一座七孔石桥。该桥采用古代石拱桥的建造方法，设计科学合理，桥墩中间大两头小，以减少流水对桥梁的冲击。全桥长 55. 8 米，高 5 米，7 孔（跨径 6 米 5 孔，4 米 2 孔），载重量 60 吨，是沟通旬邑、铜川的主要公路桥梁。

桥建成后，解决了关中分区物资运输困难。当地群众编了一段顺口溜："马栏桥长又宽，八个礅礅七个眼。百姓走着心喜欢，东西相连通陕甘。"

2003 年 9 月，马栏七孔桥被陕西省人民政府公布为省级文物保护单位。

（二）关中分区大生产成果展览室

位于咸阳市旬邑县马栏镇马栏村西河坡约 300 米处。

关中分区大生产展览室工字房

1942 年，中共中央提出"发展经济、保障供给"的方针，号召边区军民自己动手、丰衣足食、自力更生、克服困难，开展大规模的生产劳动。关中分区积极响应中共中央的号召，动员、组织广大人民群众以及党政机关、部队、学校开展了轰轰烈烈的大生产运动。关中分区成立了生产委员会，规定党政机关每人种地六亩，学校每人两亩。在大生产运动中，领导干部模范带头，习仲勋、霍维德等关中分区领导人一马当先，上山开荒，对群众鼓舞很大。到 1944 年，分区军民共计开荒 36. 28 万亩。为了克服严重的经济困难，保障抗战经费供给，坚持抗战到底，分区在马栏地区相继建成了红军医院、被服厂、修鞋厂、仓库，兴建了大礼堂、小会议室、工字房，修建了马栏河七孔石桥，边区城乡经济呈现出欣欣向荣的景象。

工字房是 1942 年关中分区干部战士自己动手修建的，砖木结构，面阔 31 米，进深 13 米，40 根外缘柱形成回廊，引起俯瞰的形状像一个"工"字，称为"工字房"。1942 年至 1944 年，关中分区在这里召开了两届劳模表彰大会，表彰劳动模范 190 多名。1943 年举办了军民大生产成果展览，赤水县纺织英雄孙葱娃、刘纽如用木机织的精细白布、淳耀县劳动英雄胡文贵种的28．5斤重南瓜和一何姓农民种的一株结5个玉米棒子的玉米等作为大生产成果在展览会上展出。军民大生产成果展览，进一步推动了轰轰烈烈的大生产运动的开展。

2003年9月，关中分区大生产成果展览室被陕西省人民政府公布为省级重点文物保护单位。

二、教学主题

陕甘宁边区的南大门

如果说延河桥和宝塔山是延安的象征，那么，工字房和七孔石桥就是马栏的象征。马栏有圣地延安前沿哨所之誉，“小延安”之称，是陕甘宁边区的南大门，是通往延安的重要驿站和红色通道。

（一）守卫延安的坚强阵地

中共关中分区（地方）委员会、关中军分区、中共陕西省工作委员会马栏旧址

马栏革命根据地曾是关中分区的指挥中心。1936年1月关中特委和关中特区苏维埃政府成立，机关设在马栏（马家堡村），贾拓夫、习仲勋先后任特委书记。从1937年2月陕甘宁边区关中特区（1937年10月改称关中分区党委，习仲勋先后任关中特委、关中分区党委书记）党政军机关迁驻旬邑马家堡起，到1941年陕西省委、关中分区机关分别迁驻旬邑马栏，马栏成为中共陕西省委、关中地委首脑机关驻地和首府，并成为陕西国统区地下党组织一切工作的指挥中心。1945年7至8月，张宗逊、习仲勋在马栏指挥了爷台山反击战。李先念中原突围后由陕南途经马栏，回到延安。彭德怀曾在马栏部署了西府战役。直至1949年5月各首脑机关迁离，马栏作为政治中心存在了10个春秋有余。这10年间，中共陕西省委、陕西省工委、中共关中地委领导分区军民广泛开展大生产运动、抗日救亡运动、人民支前运动，发展了生产和贸易，满足了革命根据地发展和军民所需，建立了广泛的统

战关系，策动了众多武装起义，打破了国民党军的经济封锁和军事“围剿”计划，把马栏建设成了关中分区的政治、经济、文化中心。1946 年至 1947 年，中共河南省委、山西省委先后迁驻马栏办公，马栏曾一度成为陕西革命的大本营。

在这片红色热土上，在中共陕西各级地方党组织领导下，关中分区军民以山林为屏障，积极开展游击战争，建立红色政权，进行反围剿战斗，保卫了延安、保卫了党中央，守卫了边区的南大门，使红色革命根据地不断得到发展壮大。

（二）通往延安的红色通道

抗日战争和解放战争时期，马栏是陕甘宁边区的南大门，是西安乃至全国各地仁人志士和军用物资通往延安的红色通道。

马栏有座长 48 米、宽 5 米，历经了岁月考验和战火洗礼的七孔石拱桥，有民谣曰：“马栏桥长又宽，八个墩墩七个眼。百姓走着心喜欢，南北相连通陕甘。”这座桥为中国革命做出了巨大贡献。陕甘宁边区包括延安需用的棉花、布匹、药品、文具等物资都是通过此桥运入。刘少奇、邓小平、彭德怀等老一辈无产阶级革命家均经过此桥出入延安。

1936 年 2 月，刘少奇由陕北途经马栏，后辗转到达华北。1936 年 12 月，邓小平、聂荣臻、徐海东、杨尚昆等率领主力红军南下时，在马栏驻留达 8 个月之久。

1946 年 8 月，中原突围后，李先念、郑位三、陈少敏等中原解放区领导人在关中分区地下交通线护送下由陕南到达马栏。李先念在马栏的窑洞里居住 3 个多月后回到延安。

1948 年 3 月，西北野战军取得宜川大捷之后，转入外线作战。4 月 13 日，西北野战军主力部队近 4 万余人，在马栏秘密集结，司令员彭德怀召开了旅以上干部会议，部署西府战役的作战方案，准备发起西府战役。4 月 16 日，西北野战军三路大军同时开拔，揭开了西府战役的序幕。4 月 18 日，西北野战军解放了旬邑、彬县等地。5 月 12 日，西北野战军完成了外线作战任务，返回解放区的马栏休整。

著名教育家、民盟西北总支部负责人李敷仁在咸阳遭国民党枪击，被地下党营救接到马栏疗伤，后经马栏到延安。

（三）为延安输送革命英才

马栏革命根据地曾是孕育中国革命英才的红色摇篮。抗日战争时期，党和边区的革命干部，大多数出身工农，革命积极性高，但缺乏马列主义基本修养，存在各种非无产阶级思想。尽管此时从全国各地奔赴边区的革命青年普遍有学识和爱国热情，但绝大多数青年尚是资产阶级世界观，不能适应民族革命战争的需要。直至抗战初期，关中分区还尚无一所中等学校。为了提高革命干部的觉悟与能力，给中国革命培养急需干部，并尽快适应民族革命战争的需要，边区党组织在旬邑这个革命青年奔赴延安的必经要地，从 1938 年至 1948 年，先后创办了鲁迅师范学校、陕北公学、抗日荣誉军人学校和陕甘宁边区第二师范等 4 所革命学校，为中国革命培养了众多治党治国治军的优秀人才。鲁迅师范在马家堡（今旬邑县职田镇辖）办学一年四个月，累计培养学生 300 多人，成为抗战初期“为争取国防教育之模范”。陕北公学 1938 年 7 月在旬邑看花宫设立分校，总校 1939 年 1 月从延安迁来看花宫与分校合并。陕北公学在旬邑一年多时间里，先后办班 54 个，培养抗战干部 6000 多名，吸收新党员 3000 多人。1938 年底，抗日荣誉军人学校迁到旬邑坪坊一带。这所肩负着伤残军人康复使命的革命学校，在旬邑办学一年多时间，不但使数万伤残荣誉军人的身体得到了康复、精神得到了新生，还使他们提高了文化水平，重新走上了革命战场。其中很多同志在后来的社会主义建设中，都成为各条战线上的领导骨干，为中国革命和建设事业立下了不朽的功勋。1940 年 3 月，边区为培养区乡干部和加强小学师资力量，在旬邑马家堡创办了陕甘宁边区第二师范。二师在旬邑办学八年多时间，先后六次搬迁、七次建校，历尽艰难坎坷，培养学生 889 名。在经受着国民党反动派不断制造军事摩擦、实行军事封锁、革命形势异常紧张的情况下，马栏革命根据地坚持“敌来我走，敌走我办，边走边办”的方针，大力发展教育事业，为中国革命培育了大批优秀的革命干部。从这里走出的学员，被分配到了全国的各个抗日战场和各条战线上，为抗日战争和中国革命胜利做出了卓越的贡献。

关中师范旧址现存窑洞（局部）

三、资料链接

爷台山反击战

1945 年 7 月，国民党顽固派肆意破坏抗日民族统一战线，把矛头指向了英勇抗战的中国共产党及其领导的人民军队，公然调集 11 个师向陕甘宁边区大举进犯，妄图夺取关中分区，钳制陕甘宁边区部队向日寇的反攻，进而发动全面内战。

从7月21日至23日，国民党军数次疯狂进攻八路军爷台山阵地，均未得逞。24日，国民党军第十六军预备第三师投入战斗，并调集大批野炮、山炮、迫击炮及美国火箭炮，向爷台山阵地猛烈轰击。爷台山守军新编第四旅六个连的指战员坚守阵地，进行英勇反击。关中分区由1129人组成的56个游击小组和由37人组成的三个爆破组，分别有效地配合了正规军作战。26日，国民党军以更加猛烈的炮火向爷台山阵地轰击，大部分村庄被毁。蒋介石、胡宗南无视八路军总司令朱德、副总司令彭德怀“立即停止一切行动，以利团结抗日”的警告，不但不后撤，反而又增加了预备第三师的兵力继续进攻，爷台山守卫部队经过七昼夜艰苦奋斗，终因寡不敌众，于27日奉命撤出爷台山以西的41个村庄。随后，国民党军即侵占了爷台山等地宽100里、长20里的地方。国民党军又令六个师三个团的兵力集结在耀县、淳化、彬县、黄陵、洛川一带，企图固守所占阵地，再向边区纵深进犯。陕甘宁晋绥联防军命令新编第四旅、教导第一旅和三五八旅增援关中，并成立了以张宗逊为司令员、习仲勋为政治委员的爷台山反击战临时指挥部，统一指挥作战。8月8日晚11时，爷台山自卫反击战打响。广大指战员同仇敌忾，冲锋陷阵，英勇拼杀，浴血奋战，于8月10日夺回了爷台山，驱逐了全部进犯的国民党军队，收复了所有失地。

爷台山主峰顶炮楼

毛泽东对爷台山反击战给予了高度评价。1945年8月13日，他在延安干部会议上做的《抗日战争胜利后的时局和我们的方针》的讲演中指出：“不久以前，国民党调了六个师来打我们关中分区，有三个师打进来了，占领了宽一百里、长二十里的地方。我们也照他的办法，把在这宽一百里、长二十里地面上的国民党军队，干净、彻底、全部消灭之。我们是针锋相对，寸土必争，绝不让国民党轻轻易易地占我们的地方，杀我们的人。当然，寸土必争，并不是说要像过去左倾路线那样‘不放弃根据地的一寸土地’。这回我们就放弃了宽一百里、长二十里地方。7月底放弃，8月初收回。”

四、拓展阅读

1. 中共旬邑县党史研究室：《中国共产党旬邑历史 第一卷（1926—1949）》，陕西人民出版社，2013。

2. 王炳建：《马栏革命简史》，中央文献出版社，2011。

五、探究思考

马栏革命根据地有哪些优良的革命传统？我们应该如何弘扬这些光荣传统？

第三节　红色文物

一、文物简介

战时青年训练班纪念证

证件使用道林纸，双面对折，铅印，姓名、期别用钢笔填写，并盖有“战时青年训练班”和“冯文彬”“乔木”三枚图章。纪念证持有人为王成。

青年训练班纪念证

该证现藏于延安革命纪念馆，为国家一级文物。持证人为第七期第一队学员梁忠群。

抗日战争初期，我党为适应抗战需要和广大爱国青年抗日救国的要求，决定在国民党统治区陕西省泾阳县创办一所战时青年训练班。该班前期举办条件极为困难，地址先后设在三原县斗口农场、泾阳县云阳镇城隍庙，后来周莹养子按照周莹生前“捐助国难”的遗愿，捐出吴氏庄园的房屋、财产交给青训班使用。后该班正式改名为“战时青年训练班”，史称“安吴青训班”。吴氏庄园是青训班的活动中心（其前部为青训班领导机关的班部，中部为会议室和联欢处，后部为青训班连队驻地）；迎祥宫为排演节目和举办晚会的场所；望月楼为青训班秘书处驻地；吴氏陵园是青训班的露天课堂和节日大型聚会场地；吴氏庄园门前为大操场，其西北角大榆树上悬挂铜钟，青训班作息活动皆以撞此钟为号。安吴青训班由冯文彬担任班主任，胡乔木为副班主任。毛泽东曾为该班题词，朱德视察并做过报告，林伯渠经常在此讲课。安吴青训班是我党领导的在西北地区的四大学校之一，它与陕公、鲁艺、抗大齐名。在两年多的时间里，共举办训练班 14 期，组编连队 127 个，培养了 12000 余名学员参加或领导了抗日救亡工作，在学员中发展了千余名党员，它对推动全国抗日战争和青年救亡运动做出了卓越的贡献，被誉为“青运史的丰碑、抗日青年的熔炉”。

二、教学主题

为延安输送革命战士的安吴青训班

抗日战争爆发后，中共中央青年工作委员会为适应抗战需要和广大爱国青年的要求，以西北青年救国联合会的名义，自 1937 年 10 月至 1940 年 4 月，在陕西泾阳县云阳镇的安吴堡连续举办了 14 期闻名中外的“战时青年短期训练班”和“战时青年训练班”，通称“安吴青训班”，先后组编 127 个连队，12000 多名学员经过短期的学习和培训，奔赴抗日前线和敌后根据地。

（一）抢夺人才与考验人才

安吴青训班的创办，源自抗战爆发后中国共产党对复杂形势下人才的甄别和吸纳。

1937 年 9 月下旬，中共中央青年部部长、西北青年救国联合会主任冯文彬，受党中央派遣到泾阳县云阳镇参加安置从国民党监狱获释人员的工作。事后，中共陕西省委贾拓夫等负责人与冯文彬商定，拟对西安事变前后西安青年运动中涌现出来的大批积极分子进行战时军事、政治的训练，以适应抗日救亡运动的需要。

1937 年 10 月 11 日，首期青训班在泾阳县斗口农场正式开班，全称“战时青年短期训练班”，培训时间半个月，有学员 150 余人，主要是西安、三原、渭南等地的民先队干部和队员，特别是中等学校的民先队骨干，由省委负责输送。青训班活动经费及学工人员伙食费，由八路军西安办事处负责解决。衣服被褥等生活用品，由学员自己解决。冯文彬担任班主任兼教员，主要讲授抗日民族统一战线基础知识、抗日军事常识和青年群众工作。第二期于 11 月迁到云阳镇办学，有学员 200 余人，学习时间 20 天，由西北青救会宣传部部长胡乔木担任副主任。

安吴青训班旧址

由于工作出色，1937 年底，冯文彬奉命回延安向毛泽东汇报青训班的情况。毛泽东充分肯定了青训班的形式与内容，并从适应抗战形势需要出发，指示青训班要敞开大门、来者不拒，大量吸收青年知识分子参加革命。同时令中央有关方面从干部力量和物资供给上大力支持，并选派了一批经过长征的红军干部和具有较高理论水平的干部到青训班工作。在党中央和毛泽东的关怀下，从第三期起，战时青年短期训练班即从训练陕西青年积极分子转向全国广大爱国青年。许多外省爱国青年来校参加学习，并且人员越来越多，第三期开学时有学员 300 人左右，临结业时人数超过 500 人。1938 年 1 月，由于学员人数越来越多，学习期限也越来越长，校舍紧张，青训班从云阳镇迁至安吴堡吴氏庄园。

青训班从第四期起，每期结业学员人数超过 1000 人，培训时间延长到 1 年。1938 年 4 月，战时青年短期训练班改名为战时青年训练班，发展进入鼎盛时期。5 月，中共中央成立了青年委员会，进一步加强了对青年运动的领导。之后，青年委员会、西北青救会的机关也由延安迁至泾阳安吴堡，以青训班为基地，努力推动抗日青年运动的发展。至年底青训班连续举办了 10 期，招收训练青年上万名，百分之八十以上的毕业学员到陕北公学和抗大继续深造，少数被分配到抗日民众团体从事抗日救亡的组织和宣传工作。这其中，输送到延安其他学校继续学习或留在本校工作的，属于政治考验合格者。被派回到后方农村、机关、学校工作的，是政治考验不合格或存有严重疑点者。到敌占区、敌人后方和军队工作的，是政治考验有疑问，社会关系复杂者。派这些政治上有疑点的学员们到敌我共存的统一战线地区工作，是在工作中对他们继续进行考验。青训班实际是从白区到红区的中途“过滤站”，并且是一个高效率、精明能干的革命人才训练、甄别、考验机构。

1938 年 9 月至 11 月，中共六届六中全会召开期间举行的全国党的青年工作会议，一致主张将战时青年训练班改为中国青年干部训练班，担负起训练中、高级青年干部的任务。但 1939 年 1 月国民党五届五中全会召开后，国民党顽固派即掀起了抗战时期的第一次反共高潮，同时加紧破坏安吴青训班，给投奔安吴青训班的青年设置重重障碍。因此，青训班学员大为减少。鉴于这一情况，青训班从实际出发，不再按期招生，将现有学员编为若干大队，分预科和本科两个阶段，并组成 6 个战地工作团（对外统称西北青救会战地工作团），分赴晋东南和晋察冀战区发动民众抗日，开展青年运动。

1939 年下半年，国民党顽固派反共高潮愈演愈烈，形势越来越险恶，青训班不得不中断正规化训练青年干部的计划。8 月，青训班将主力并入华北联大，仅留下少量学员和工作人员就地坚持训练。1940 年 4 月 13 日，中共中央通知安吴青训班撤离泾阳，300 余名学员和工作人员在代理班主任朱致平等带领下，于 5 月初回延安转入毛泽东青年干部学校继续学习。

（二）独特的教育方针和教育方法

青训班的教育方针，是实施战时抗日民族统一战线教育。它要求在最短的时间，教授学员各种战时政治、军事知识，使其能够在前后方进行抗日救亡工作。青训班培养干部围绕以下几方面展开：一是政治信仰，主要表现为坚定的政治立场，坚持抗日民族统一战线，为抗战胜利、为民族解放事业而奋斗；二是理论联系实际，要充分了解和把握好抗战的基本理论实践方法，对社会发展和中国革命的规律以及国内外政治形势做初步的掌握；三是开展实际工作，要把握青年运动的基本规律，对于农村的广大青年要做好领导、组织工作；四是工作效能，主动、独立、大胆地工作，迎难而上，创造各种条件和机会，敢于在困难的环境中创造奇迹。青训班在实践教学中形成的校训是：坚定刻苦，勇敢活泼，民主团结，虚心切实。

青训班学习的课程主要由两部分构成：一是关于抗战的理论问题（即政治课），一是关于抗战的军事问题（即军事课）。抗战理论主要讲授抗日民族统一战线、三民主义和社会科学等。冯文彬曾给学员讲抗日民族统一战线问题，胡乔木曾讲三民主义问题。军事课程主要是造就初级军事干部，使其具备实际参加战斗与指挥战斗的技能。

青训班的教学方式多样，避免简单灌输，突出发挥学员学习的自主性和积极性。每天 8 小时学习时间，有 3—4 个小时用在课堂讲授上。政治报告、工作总结、各种实践活动、集体讨论、答疑晚会、学习竞赛、组织实习，成为课堂教学最重要的辅助手段，目的就是使教育同抗日战争的生动实践相结合，避免青年成为只会读书的书呆子，真正成为抗日救亡的战士。

在学习方法上，每个学习班根据教务处的课表和队部的学习计划，按照全班学员的实际水平，确定每个周的学习中心和步骤，经本班全体学员讨论通过后坚决贯彻执行，并以此作为检查以后学习情况的根据，学员每天除上课外，有4—5小时的自习时间，主要用于看书或讨论。

考试办法也完全改变了。事先公布考试相关课程的考试题目，帮助学生选好参考书目，整理好笔记，做好答疑工作。考试时另外出题，考场允许查阅笔记、参考书，但必须用自己思考理解后的话语回答问题。评阅试卷由学员相互交叉进行，辨其正误，并将理由写好交给教员审阅。另外约定时间，由教员主持召开问答晚会，通过正确答案，学员根据正确答案改正自己试卷上的错误。这样的考试方式，真正调动了教员和学员两个积极性，增强了学员独立学习和独立分析问题的能力，为以后奔赴工作岗位、独立自主地开展工作奠定了良好的基础。

（三）在实践中教育和锻炼学员

1938年5月，青训班学员到泾阳县开展宣传。白天，学员们在街头大唱抗日救亡歌曲、演话剧、独幕剧，揭露和痛斥日本帝国主义侵略中国的罪行；晚上，在姚家巷小学指导学生排练抗日文艺节目，并协助姚家巷小学成立了中华民族解放先锋队，促进了泾阳县抗日救亡运动的开展。随后又将云阳小学的少先队改为儿童团，成立了云阳小学青年救国会，并在安吴堡周围各村成立青年救国会和抗敌后援会农民支会等组织。青训班学员在向三原、淳化、耀县等地演习行军时，沿途与各地党政机关和驻军伤员及群众举行联欢，高唱《大刀进行曲》《到敌人后方去》等抗日歌曲，写标语、做演讲，进行抗日救亡宣传，号召人民群众有钱出钱、有力出力，保卫家乡，掀起了抗日救亡的热潮。

1939年间，为克服经济上的困难，青训班组织学员开展垦荒生产运动。350多名学员组成生产远征队到陕甘宁边区关中分区赤水县亮马台山区垦荒800亩；在学校驻地的嵯峨山开荒80亩，种植谷子、土豆、蔬菜等，建起了青年农场，开办了豆腐作坊，购置了4台织布机和1台缝纫机，基本实现了自给自足。青训班还多次组织学员帮助驻地群众修路、干农活。两年里，青训班先后4次出动2000多人帮助驻地群众收割小麦470亩、扁豆51亩；训练民众并发展党员，先后建立起4个农村党支部，与群众之间建立了密切的关系。群众都说：青训班好得很，真心帮助老百姓。1939年青训班撤离时，由于夜间急行军，几个女学员便将子女托给当地群众抚养，直至新中国成立后才母子团聚。

安吴青训班以其正确的思想路线与灵活的工作方法，成为一所抗日青年的革命熔炉，为中国革命培养了一大批有理想、有纪律、有专长、能战斗的抗日将士，为抗日战争做出了贡献，谱写了中国青年运动的光辉篇章。正如毛泽东在

1939 年 10 月 5 日为纪念安吴青训班创办两周年的题词中所说的那样："带着新鲜血液与朝气加入革命队伍的青年们，无论他们是共产党员或非党员，都是可贵的。没有他们，革命队伍就不能发展，革命就不能胜利。"

三、资料链接

抗战时期安吴青训班对青年人政治思想的培养①

培养革命青年坚定的正确的政治信仰。青训班是一个伟大的革命熔炉，它的首要目标就是要培养 有坚定正确的政治信仰的革命青年。就如毛主席在安吴青训班两周年的题词上所说的"带着新鲜血液与朝气加入革命队伍的青年们，无论他们是共产党员或非党员，都是宝贵的，没有他们，革命队伍就不能发展，革命就不能胜利"。针对国民党顽固派看到大量的青年来到青训班学习，指挥一批托派散布反共、分裂的谬论，青训班一方面及时地纠正这种不正思想，教员尽自己最大的努力和耐心通过谈话的方式来加以说服和引导受影响的学生，争取他们的觉悟；另一方面又力图防止这一思想的传播，通过集体报告的方式，使学员有明辨正恶思想的能力，扼制不正思想在学员中广泛传播和毒害学员的思想意识。在学习的过程中也有许多青年自愿加入中国共产党，成为一名优秀的共产党员，为民族解放事业奉献自己。青训班为革命青年上的第一堂课便是，我们应该树立正确的政治信仰，在国家危难时期，在国民党黑暗腐败的统治时期，我们必须要认识到，共产党在抗日战争中所起的中流砥柱的作用，跟随共产党的脚步，投身到民族独立事业中去。

培养革命青年艰苦奋斗、团结友爱的精神。青训班十分重视培养青年人艰苦奋斗的精神。青训班的生活十分艰苦，在教学上，教员的数量特别稀少，有些课只能上大课，做大报告。在教学设备上，没有正规的教室，课堂的学习多在郊外的田野里、树荫下进行。学员们也没有书桌、板凳，排成一排，席地而坐，上课学习。在生活上，所有的学员都睡用谷草和麦草打的通地铺，学员们自己带被褥，顺着墙一个挨着一个。吃饭上，每天就只有两顿小米饭和洋芋菜，学员们大多吃不饱，饿着肚子上课，生活条件十分艰苦。在这样艰苦的环境下，青训班的学员没有叫苦叫累，大家相互关心和爱护，用真诚、认真和热情去对待每个同志。领导同志和学员们一样，也过着战士的生活，一起吃大锅饭、睡地铺、每个

---

① 景珊、李小雁：《浅谈安吴青训班对当代青年思想教育的借鉴意义》，《新丝路：下旬》2018 年第 8 期，第 32—33 页。

月拿着一块钱的津贴。他们没有架子，对学生们平易近人，和学生们打成一片。在青训班领导的身上看到了共产党人坚定的革命意志、无私奉献的精神，对学员们起到了很好的榜样作用。

培养革命青年遵守纪律。在青训班学习的过程中，学员们严格遵守“三大纪律八项注意”。一进入校门，学员们就按照军事连队方式来组建，并且在之后的生活和学习上，也严格按照军事化来管理。一天的活动都以号声为准，上操，上课，自习等都以号声为准。多次的军事演习也培养了青年遵守纪律的作风，哨子一吹，所有的学员必须在规定的时间内打包好行李到达指定地方集合。每个学员还必须按照指令匍匐前进或跨独木桥，一个紧跟一个。对于学员们来说，即使每个人脚上都磨出了水泡，大家也没有放弃，坚持完成任务。总之，青训班对每个学员都军事化要求，使他们养成遵守纪律的行为习惯，在以后实战的过程中，能够服从组织命令，更好地完成任务。青训班对学员军事化的培养方式，为学员在以后的抗日运动中打下了坚实的思想基础和意志基础，使学员能够克服困难，更好地完成上级组织下达的任务。

在青训班的学习和生活中，培养了一批又一批有着坚定的政治信仰、遵守纪律、坚定刻苦、勇敢活泼、民主团结、虚心切实的爱国青年。为抗日战争培养了一批坚强的革命骨干，为民族解放事业做出了伟大的贡献。

四、拓展阅读

1. 李智、仲炎：《熔炉・丰碑——安吴青训班文献集》，中共党史出版社，2006。

2. 靳怡：《安吴青训班与中共革命》，《炎黄春秋》2017 年第 5 期。

五、探究思考

1. 安吴青训班的教务管理对当前思想政治理论课教学改革的启示。

2. 抗战时期中国共产党如何吸引和塑造青年？安吴青训班的经验对今天青年工作有何启示？

第八章　解放战争时期红色资源实践教学

解放战争时期，中国共产党率领人民解放军和广大人民群众在三秦大地，以摧枯拉朽之势，迅速消灭了国民党在陕西的反动统治，1949 年 5 月 20 日，西安解放。1950 年 1 月 10 日，陕西省人民政府正式宣告成立。1 月 11 日，镇坪县解放。陕西国统区全部解放。解放战争时期陕西的红色资源，见证了国民党统治的灭亡和新生的人民政权的建立。

第一节　红色旧址

豫鄂陕革命根据地是由中共中央中原局、中原军区率领的北路突围部队与陕南党组织、陕南游击队共同创建的革命根据地，包括现河南省的淅川、西峡、卢氏、洛宁、栾川、灵宝、嵩县，湖北省的郧西、郧县，陕西省的山阳、商南、丹凤、商州、洛南、镇安、柞水、宁陕、旬阳、蓝田、长安等县的中心地带或边缘地区。从 1946 年 7 月 15 日中共中央指示中原局“在陕南建立临时根据地”起，到 1947 年 7 月豫鄂陕军区主力部队奉命改编为晋冀鲁豫军区第十二纵队止，豫鄂陕革命根据地正式存在了一年时间。在边区党委和军区机关随主力北渡后，中共陕南工委继续领导人民在豫鄂陕边区坚持斗争，直至解放。党领导人民在豫鄂陕边区的斗争，为全国解放战争的胜利做出了贡献，也留下了丰富的红色资源。

一、红色旧址简介

前坡岭战斗主战场

前坡岭战斗遗址　位于商洛市商南县赵川镇东 1 公里处。1946 年 7 月 19 日，中共中央委员、中原军区司令员李先念，中共中央委员、中共中央中原局代书记、中原军区政委郑位三等率中原北路突围主力部队，突破敌人重重包围，进抵商南县赵川镇。“超前堵击”的国民党军整编第三师在赵川设伏，企图将我军堵击在赵川聚而歼之。担任前卫任务的第十五旅四十五团抢占前坡岭，与六倍于我之敌激战 16 小时，打退敌人 17 次猛攻，取得了战斗的胜利，完成了掩护中原局、中原军区和主力部队安全通过的任务。前坡岭战斗毙敌 700 余人，解放军伤亡 600 余人，四十五团团长汪世才英勇牺牲。

前坡岭革命烈士纪念碑

前坡岭战斗是中共中央中原局、中原军区指挥机关率中原突围北路主力部队，彻底打破国民党军围追堵截，胜利完成“向西第一步”陕南突围目标的最后一仗，为执行中共中央中原局关于中原部队“应考虑依靠巩部及广大民众在陕南10 余县建立根据地”的批示，建立豫鄂陕根据地创造了条件。

中原突围部队与陕南游击队联席会议旧址　旧址位于商洛市丹凤县留仙坪乡王沟组。1946 年 8 月 2 日，李先念率中原突围北路部队与陕南游击队在留仙坪砖庙沟口胜利会师，司令部设在小王沟张孝仓家。8 月 3 日，由李先念主持，在张孝仓家场院上召开了中原部队和陕南游击队连以上干部联席会议。会议宣布了陕南游击队和中原北路突围部队合编，共同创建根据地的决定，同时宣布了建立豫鄂陕边区第一、二、三分区及分区人员的配备。会上李先念讲了部队面临的形势和任务，以及扩大地方武装、开展游击战争、创建根据地等问题。部队的合编，使根据地领导和指挥权得到统一，有力地推动了豫鄂陕根据地创建工作的开展。

中原突围部队与陕南游击队联席会议旧址

中共豫鄂陕边区委员会旧址　中共豫鄂陕边区委员会旧址位于商洛市丹凤县商镇封地沟西沟老院李安民家。豫鄂陕革命根据地创建时期，1946 年 9 月 24 日，中共中央中原局、中原军区机关在商镇大峪封地沟西沟老院召开中共豫鄂陕边区党委成立会议，李先念、任质斌、汪锋、文建武以及王力、巩德芳等团以上干部、战士 100 多人出席会议。会议由文建武主持。会上，李先念宣布中共豫鄂陕边区委员会成立，宣读了中共中央及中央军委关于豫鄂陕边区委员会、豫鄂陕军区干部任命批复电令，即：汪锋为边区委员会书记兼军区政委，文建武为军区司令员，陈先瑞为副司令员兼参谋长，方正平为副政委，张树才为政治部主任，夏农苔为副主任，魏国运为参谋处处长。以上军区成员同时为边区党委委员。豫鄂陕边区党委的成立，标志着豫鄂陕革命根据地建立并从创立时期进入巩固和发展时期。

中共豫鄂陕边区委员会旧址

会议旧址为一个大屋场，院北有相连的九间土木结构瓦房，西南紧邻李先念当年办公、休息的茅舍，院南有李先念的警卫员肖健章居住过的两间土木结构瓦房，军区机关的驻所以及架设电台的院落旧址。

麻街地下交通站遗址　位于商洛市商州区麻街镇齐塬村。1944 年 12 月，中共关中地委副书记汪锋安排在陕甘宁边区马栏参加整训的共产党员李世华回故乡商县麻街，建立地下交通站，接待由此过往的同志。接受任务后，李世华和同时在边区学习的麻街共产党员王治邦、赵文杰商议开展筹建工作。三人先后返回麻街。经过筹备，1945 年 7 月，麻街交通站成立，负责人为王治邦。为更好地完成上级交办的各项工作任务，1946 年 6 月中共麻街支部成立，李世华任支部书记，王治邦、赵文杰为委员，共发展党员 20 多人。在党支部领导下，麻街交通站先后接待和护送郑位三、陈少敏、汪锋等党政军重要干部和骨干及战士 200 多人次。

李先念居住过的民宅旧址

蓝洛支队成立遗址　位于商洛市商州区北宽坪街道。中原北路突围部队进入商洛后，1946 年 8 月 5 日，突围部队第二纵队第十三旅三十七团第三营和陕南游击队两个游击中队合编为蓝洛支队（又称为二十二支队），在商县北宽坪举行誓师大会，陈德志任支队长，张德胜任副支队长，李德清任副政委。会后，支队向商县、洛南蓝田交界地区进军。1947 年初，豫鄂陕军区主力部队分批撤离，北渡黄河，蓝洛支队随之撤销。

二、教学主题

陕东南人民对创建豫鄂陕根据地的贡献

解放战争时期，由中共中央中原局、中原军区率领的北路突围部队与陕南党组织、陕南游击队共同创建的一块革命根据地。1946 年 6 月，国民党军队分四路向中原解放军发起进攻，又挑起全面内战。26 日，中共中央中原局率中原解放军撤离宣化店，中原军区司令员李先念、中原局书记兼军区政委郑位三及军区副司令员兼参谋长王震率第二纵队第十三旅、第十五旅四十五团和三五九旅、干部旅向北路突围。7 月 17 日，王震率右路部队打破国民党军队的包围，进入陕南；当天，毛泽东在为中共中央军委起草的致郑位三、李先念、王震的电报中指出要在陕南建立根据地。

豫鄂陕革命根据地包括河南、湖北、陕西三省各一部，西起紫阳，东迄淅川，北抵陇海，南达当阳、始兴、镇平。今陕西商洛市的商州区和商南、洛南、丹凤、山阳、镇安、柞水县，安康市的宁陕、旬阳县，西安市的长安区和蓝田县，其中心地带或边境地区是豫鄂陕根据地的主要组成部分。

陕东南地区的党组织、游击队和广大人民群众，为支援中原解放军突围部队，创建和发展豫鄂陕革命根据地付出了巨大的牺牲，做出了重要贡献。

多方筹措粮食，解决部队军需。中原部队初入陕时经济十分困难，陕南游击队和边区人民千方百计地为部队筹粮筹款，帮助部队渡过难关。在山阳、商县边界设置的山商县民主政府从 1946 年 8 月至 1947 年 2 月，就筹借军粮 40 余万公斤。为解决部队的冬衣困难，边区各级党组织和政府还发动群众想方设法为部队赶制棉衣。

踊跃参军，壮大人民武装力量。劳苦大众是人民武装的主要源泉，陕东南的劳苦群众除积极参加中原解放军外，更多的是参加和组织地方游击队。不到两个月时间，陕南游击队由 200 多人发展到 4000 多人。回民聚居的镇安县茅坪镇组织了 60 多人的回民支队。随着地方游击队的迅猛发展，为集中兵力粉碎国民党军的“清剿”，边区党委和军区实行主力部队与地方游击队合编，以加强各军分区独立作战的能力。五个军分区共组建了 16 个支队，加上六个主力团，共有 1 万多人，先后进行大小战斗五六十次，歼灭和击溃国民党正规军和地方保安部队七个团、三个营、七个连，缴获轻重机枪 35 挺，长短枪 1700 支。

积极救治伤病员。游击队和边区的广大人民，为支援和保护中原突围部队，为掩护中原局和中原军区的领导同志，为粉碎敌人的“清剿”，巩固和发展革命根据地，付出了巨大的代价，做出了重大贡献。部队走到哪里，伤病员就寄放到哪里。在群众的掩护照料下，部队伤病员很快恢复了健康。据不完全统计，从山阳县的龙山头到梅子沟岭的60华里山沟里，群众掩护的伤病员就近千人，仅丹凤县留仙坪方圆不到十里之地，就掩护伤病员270余人。如商县青龙岔群众刘珊怀把22支队双腿负伤的战士藏在一个山洞里，每天上山送饭、换药，下山时拉上松枝抹掉脚印，整整持续了一个多月，直到这个战士伤好归队。中原局成员、中原军区领导人郑位三、陈少敏、戴季英等同志，体弱多病，在陕南党、陕南游击队和人民群众的掩护下，得到很好的休息养病，安全地返回延安。

1947年7月，豫鄂陕军区主力部队奉命改编为晋冀鲁豫军区第十二纵队北上后，敌人对人民群众实行了残酷的报复。他们在洛南县的保安、金堆城、两岔河、灞龙庙、青岗坪等地实行无人区，烧毁民房3500间，磨子、碾子全被推倒。在丹凤县留仙坪，一次就被敌烧了一条街，毁民房200余间。张孝仓家是李先念与巩德芳会师时住过的地方，敌人恨之入骨，枪杀了张孝仓，踢死一岁半的孙子。巩德芳殉职后，敌还将其头颅割下，并杀害了他全家六口人。据不完全统计，为支援和保护中原解放军，陕东南地区有近千名游击队员和人民群众献出了生命，烈士的鲜血洒遍了秦岭山水。

三、资料链接

（一）中共中央军委关于考虑在陕南建立临时根据地给郑位三李先念戴季英王震的指示[①]（一九四六年七月十五日）

郑、李、戴并告王震：

（一）十五日电悉。你们休息两天很好。

（二）进到山阳、柞水、镇安地区时，既是山地，又两面无敌，应多休息几天，完全恢复〔消除〕疲劳；应考虑在陕南是否可能给追兵以打击，歼灭其几部分，并考虑是否可能在陕南建立临时根据地以便顿住一时期，然后留小部在陕南游击，主力渡汉水占领通南巴（指通江、南江、巴中）开展新局面。

（三）你们尽可能多休息，敌人无奈你们何。

（四）王、刘过襄河后，十五旅至流水沟被七十五军之第六师追上未能过去，现沿襄河东岸北上，进至宜城东北耿家集新街地区，该旅虽与第六师作战但

① 这是毛泽东为中共中央军委起草的电报，根据手稿刊印。

损失很小（据敌人反映）。

（五）整个突围战役是胜利的，敌人毫无所得。你们这一行动已调动程潜、刘峙、胡宗南三部力量，给反动派以极大震动与困难，故你们的行动关系全局甚大。

（六）西安息，一战区政治部主任顾希平、警备司令赵才标在宴会上说：李先念之企图，系占据陕南，控制关中，响应陕北，进展甚速，威胁甚大，国军预计在两礼拜内进攻陕北，现已被破坏等语，足见你们对大局帮助之大。

军委

午删①亥②

（二）坚定的马克思主义的革命信念是开辟豫鄂陕根据地的最重要条件

中原突围和开辟豫鄂陕革命根据地的经验千条万条，党的领导是第一条；这样条件那样条件，共产党人坚定的马克思主义的革命信念是最重要的条件。离开了这两条，何以能突破敌三十万大军的重围？又何以能在敌人眼皮底下建立根据地？今天，在四个现代化的建设中，必须坚持党的领导，坚定共产主义的信仰。邓小平同志在谈到坚持四项基本原则时说："中国不但要坚持马克思主义，而且如果没有对马克思主义的充分信仰，中国革命也搞不成功。这种信仰是一种动力。"在改革和开放的整个过程中，共产党人要从党的历史经验和教训中，以坚定的信念为动力，去夺取更大的新的胜利。

——摘自汪锋为陕西党史资料丛书《中原解放军北路突围与豫鄂陕革命根据地》作的序言

四、拓展阅读

1. 中共陕西省委党史资料征集研究委员会：《中原解放军北路突围与鄂陕革命根据地——陕西党史资料丛书》（六），陕西人民出版社，1988。

2. 徐有礼：《论豫鄂陕根据地第二次反"清剿"和主力部队北移》，《黄河科技大学学报》2010年11月。

五、探究思考

1. 从陕东南人民对创建豫鄂陕根据地的贡献，谈谈中国共产党取得执政地

① "午删"即七月十五日。

② "亥"即二十一时至二十三时。

位的合法性。

2. 如何运用秦岭的红色资源，进行秦岭生态保护和南水北调水源地保护？

第二节　红色文物

一、文物简介

书写一个共产党员忠诚的钢笔

在扶眉战役纪念馆里，陈列着栗政通曾经用过的一支制作粗糙、通体乌黑、金属部分全都生锈了的钢笔。这支钢笔伴随着栗政通走过了战火纷飞的抗日战争和解放战争。他就是用这支钢笔，书写着对理想信仰的追求，书写着一个共产党员的忠诚和勇敢。

栗政通烈士使用过的钢笔

钢笔的主人栗政通是河北省平山县北冶乡杜家庄人，1923 年出生。1936 年，他年仅 20 岁的大哥栗政清，由于叛徒出卖，牺牲于一家日本监狱；全家人的悲痛尚未散去，他的父亲栗再温同志毅然决然将栗政通的二哥栗政民又送到部队。

受革命家庭影响，贾政通幼小的心灵中播下了革命的种子。他看到哥哥栗政民穿上了八路军军装，加之大哥栗政清牺牲，更加激发起栗政通革命的决心。他怀着保家卫国的美好愿望和满腔热血，1937 年参加了八路军第一二〇师第三五九旅第七一八团。

栗政通于 1938 年加入中国共产党，在王震将军率领下参加了抗日战争，历任侦察员、政指连长、副营长、营长等职，亲历了百团大战、保卫延安的战斗、南泥湾大生产、南征北返。解放战争中，他参加了孟良崮战役、淮海战役。

1947 年 11 月，栗政通寄相片给几位姐妹，并写了一封短信：“政华、政新、政芳、政书、政秀妹：十年的离别使我们不能团圆，以我‘战士的心’来与你们相会。当我为人民流尽最后一滴血的时候，这张被战争锻炼成的肖像随着你们漂泊吧！　十一月十八日　政通。”也就在同时，栗政通寄相片给领他走上革命之路的父亲栗再温并附言：“这是我寸心的表白，特请您作为永远的留念。当儿流尽最后一滴血时，特此相就是我的灵魂，它永远跟着您前进。”

1949 年 3 月，离家 12 年的栗政通回家完婚。与家人的团聚，新婚的甜蜜，使他真有点不想再回部队了。然而，政治责任感最终战胜了对家庭的眷恋，他毅然返回部队。

1949年4月27日，他把自己的照片寄给妹妹栗政华，在照片的背面又写道："他是一个热心的战士，将自己最宝贵的生命负于（赋予）祖国。当我咽下最后一口气时，就让这个寸身的灵魂愉快的漂泊吧！"表现出栗政通随时准备把自己的一切贡献给祖国的赤子之心。

栗政通寄给妹妹栗政华的照片

1949年6月12日，在扶眉战役的金渠镇战斗中，时任营长的栗政通带领战士们冲锋在前，奋勇杀敌，不幸腹部和头部多处主要部位中弹。栗政通伤势严重，卫生员抢救时他对政治干事花玉春说："你告诉李教导员，我不行了，叫他好好领导，完成光荣任务，我牺牲了不要紧，中国还有四万万五千万同胞，革命一定会成功的！"

为人民的解放事业，栗政通献出了他26岁的宝贵生命。栗政通牺牲后，部队在他的军用包里发现了他用过的钢笔，他在1948年4月留下的手迹："'恕 forgive me 请原谅我''经过战争熔炉的锻炼'。'从战争中生长坚强'。'拿出我们工作的成绩和学习、思想的进步作为见面礼'。'自己去寻求路'。"在一张相片的背面写着："生长在战争的熔炉里，光荣地牺牲在胜利的巨浪里。"

二、教学主题

决战西北战场的"扶眉战役"

1949年，中国人民解放军西北野战军在彭德怀司令员指挥下，响应毛主席、朱德总司令"向全国进军"的命令，于5月20日胜利解放了西安。

但被击溃的国民党胡宗南顽敌为了固守西安，不甘失败，纠集盘踞在西北地区的马鸿逵、马步芳敌军，妄想反扑西安，阻止我军西进。

毛泽东十分重视西北地区，他经过同中国人民解放军第一野战军总司令彭德怀多次商讨，最后中共中央、中央军委决定由第一野战军执行这次战斗任务，并确定了"钳马打胡，先胡后马"的作战方针。

7月10日，彭德怀指挥的"扶眉战役"打响。为迷惑敌人，担任钳制"二马"任务的中国人民解放军第一野战军第十九兵团首先行动，在乾县、礼泉及以北高地构筑工事，阻击马步芳、马鸿逵部队。

10 日晚，许光达率领的中国人民解放军第一野战军第二兵团，以第四军为前卫部队，从乾县西南临平镇西北地区出发，神速前进，直插敌后。许光达率领的中国人民解放军第一野战军第二兵团经过天度镇，绕过法门寺，一夜急行军 150 多里地，在 11 日凌晨占领了罗局镇（今枣林镇罗局村）、眉县车站，切断了敌人西逃宝鸡的退路。彭德怀得知第四军行动迅速，出色地完成预定计划后，十分高兴，当即发电嘉勉，并电令全军迅速合围，歼灭敌人。

第一野战军以雷霆万钧之势向敌发动攻击，使胡宗南部队猝不及防。战役发展异常顺利、迅速，只一天多时间已从东、北、西三面将胡部之第十八兵团部及第六十五、第三十八军，以及西北军政长官公署的第一一九军等包围于扶风、眉县地区。12 日，胡宗南的第六十五、第三十八军集全力向罗局镇突围，企图撤向宝鸡。坚守罗局镇是第一野战军歼灭胡宗南主力的决定性一环，而对胡宗南部来说能否夺取罗局镇是其生死存亡的关键。一场激烈的战斗在罗局镇地区展开。胡军轮番冲击 10 余次，企图突围。第一野战军第二兵团第四军在罗局镇展开了顽强的阻击战。指战员在“寸土不失”“堵住敌人就是胜利”的口号鼓舞下，与敌军反复拼搏，阵地屹立不动。

在中国人民解放军第一野战军第二兵团切断扶眉地区敌人西逃去路的同时，王震司令员率领的第一兵团由户县地区沿秦岭北麓和长益公路（今西宝南线）西进，切断了敌人南逃的退路，并策应渭河北岸主力作战。第一兵团的广大将士英勇奋战，其中以争夺金渠镇的战斗尤为壮烈。7 月 11 日，敌三十六军一六五师进至金渠镇地区，师部及主力驻在金渠镇，并控制了镇东南马家山制高点。马家山制高点在此次战役中具有极其重要的地理位置，它对第一兵团阻击敌人南逃汉中、全歼敌人具有非常重要的战略作用，我军若不占领控制马家山，就不能完成第一兵团的作战任务。12 日午后，根据上级命令，第一兵团六师十八团独一营营长栗政通，率领全营战士攻占被敌人占领的马家山制高点。在战斗中，栗政通带领三连战士冒着危险，不顾一切向敌人冲去，在快接近敌人占领的高地时，子弹不幸击中了栗政通的腹部、头部，血流不止，栗政通英勇牺牲了。战友们将栗政通的尸体掩埋后，高喊着“为栗营长报仇”的口号，冲上高地，消灭了敌人，攻占了马家山，切断了敌人的南逃之路。当晚 10 时许，我军主力包围了金渠镇，一夜激战，俘敌 2200 余人。中国人民解放军第十八兵团担任此次战役的正面主攻任务，在周士第指挥下由西凤公路、陇海铁路西进，首歼漆水河两岸及武功南北线之敌后，一部插入杏林、绛帐，击溃敌二四七师，歼灭一八七师主力，收复武功，继续进军至罗局镇东南与第二兵团会师，合歼残敌；杨得志率解放军第十九兵团在乾县、醴泉（即礼泉）阻击马鸿逵，保证了“扶眉战役”的胜利进行。

“扶眉战役”从7月10日开始到14日结束，历时五天，共歼灭国民党军4.4万余人，解放了武功、眉县、扶风、岐山、凤翔等八座县城，使胡宗南“西北王”的威风荡然无存，青宁“二马”也退至陇东平凉地区。这场战役完全解放了陕西关中，也为解放大西北和大西南奠定了基础。

三、资料链接

（一）扶眉地区战役初步战果

（西北前线20日电）人民解放军第一野战军在扶风、眉县地区战役的战果，初步清查如下：（一）歼敌番号：歼胡匪一个兵团部（第十八兵团部），三个军部（六十五军、三十八军、一一九军），六个整师（六十五军的一六〇师、一八七师，三十八军的五十五师、一七七师，一一九军的一九一师、二四四师），六个团（二四七师两个团、九十军二十四师两个团和六十一师两个团），以及十二师、五十三师、一二三师各一部。（二）歼敌人数：歼敌45000余名，内俘敌31031名，毙伤匪9500名，另在渭河淹毙3000名。（三）缴获：山炮17门，八二迫击炮八门，六〇迫击炮165门，美造化学迫击炮两门，重迫击炮四门，六〇小炮14门，美造火箭筒2具，重机枪182挺，轻机枪976挺，高射机枪四挺，各种冲锋枪196支，步马枪8413支，短枪187支，信号枪12支，各种炮弹30000余发，各种子弹60余万发，汽车8辆，战马1500匹，骡子900头，电台26部，报话机7部，电话机136部，望远镜72副。其他物资甚多。弹药、资材一部遗失于渭河中。（四）收复与解放城市六座，即宝鸡、武功、扶风、岐山、凤翔及眉县。

原载1949年7月22日《群众日报》

（二）扶眉战役烈士陵园　扶眉战役纪念馆

位于宝鸡市眉县常兴镇。

扶眉战役以扶风、眉县为中心，东起咸阳，西至宝鸡，北涉西兰公路，南达秦岭北麓的广大地区。第一野战军司令员兼政委彭德怀，遵照毛主席“集中优势兵力，各个歼灭敌人”的指示，采取“钳马打胡，先胡后马”的作战方针，命令王震，许光达、杨得志、周士第率领的第一兵团、第二兵团、第十九兵团、第十八兵团，分别迎击南、北、东、西之敌。第一野战军于1949年7月10日午夜，向胡宗南主力部队发起猛烈进攻，即发起了扶眉战役。

扶眉战役鏖战四昼夜，一举歼敌 4. 4 万多人，解放了眉县、扶风、岐山、宝鸡等九座县城，于 7 月 14 日胜利结束。

扶眉战役纪念馆

烈士陵园纪念碑

在扶眉战役中，人民解放军指战员发扬勇敢顽强的精神，连续作战，奋勇杀敌，有 4701 名烈士血染渭水两岸，涌现出了刘永成、赵存仁、栗政通等可歌可泣的英雄。1953 年，由眉县、扶风、岐山三县人民政府于眉县常兴镇郭河村共同修建扶眉战役烈士陵园。陵园占地面积 32. 5 亩，共安葬烈士 623 名。2002 年，中共眉县县委、县人民政府为了进一步发挥烈士陵园这一爱国主义教育基地的重要作用，筹巨资对陵园重新规划、修整。整修一新的烈士陵园绿荫环抱，松柏常青，庄重肃穆。陵园入门处为一大型花岗岩群雕，手握钢枪冲锋向前的解放军战士仿佛把人们带回硝烟弥漫的战争年代。陵园中心矗立着"扶眉战役烈士永垂不朽"纪念碑，与两侧烈士英名录卧碑遥相呼应，英烈雕像坐落于广场周围，草丛中安息解放战争中为国捐躯们 623 名烈士。

扶眉战役纪念馆是扶眉战役烈土陵园的重要组成部分，运用声、光、电手段，再现了英烈的壮丽人生和英雄气概。纪念馆内设两个展室，第一展室从战役的运筹部署，作战经过，辉煌成果等方面展现英雄主义主题；第二展室采用图文并茂的展示方法，全方位多视角地展现了英烈们为了祖国解放、民族自由所建立的英雄业绩，弘扬英烈崇高的爱国主义情操，使英雄们的革命精神成为激励三秦儿女奋发向上的宝贵财富。

2009 年 3 月，被国务院公布为全国重点烈士纪念建筑物保护单位。

四、拓展阅读

1. 栗战书：《寸心的表白——缅怀叔父栗政通烈士》，《河北日报》2005 年 6 月 22 日。

2. 姚文琦、马金玲：《扶眉战役》，陕西人民出版社，2019。

五、探究思考

1. 扶眉战役有什么历史意义？

2. 青年学生应该如何学习栗政通烈士“随时准备把自己的一切贡献给祖国的赤子之心”的高尚品质、随时准备把自己的一切贡献给实现中华民族伟大复兴的壮丽事业？

第三节 红色场馆

一、红色场馆简介

西府战役后，为消灭黄龙山南麓地区白水、澄城、合阳的胡宗南部队，1948年8月8日，西北野战军发起澄（城）合（阳）战役，9日战斗结束。此役歼国民党第三十六师师部、第一六五旅旅部及三个整团、第二十八旅和第一二三旅各一部，击毙少将副师长朱侠，俘少将张先觉、李秀、陈定、马国荣以下6080人，缴获大量物资。

澄（城）合（阳）战役后，西北野战军发动了秋季攻势作战，是在大荔县以北地区进行的，亦称荔北战役。此役1948年10月6日拂晓开始，14日战斗结束，歼灭国民党军第十七师、第三十八师、第六十五师大部，第三十六师、第一师各一部；毙整编第七十八旅副旅长景纯庵，俘整编第四十八旅少将旅长万有尘以下11050人，投诚1110人。

荔北战役后，为了配合淮海战役，阻止胡宗南集团增援中原战场，并攻占与巩固澄城、合阳、白水等地区，西北野战军总部决定发动冬季攻势。冬季攻势主要是在澄城、蒲城间的永丰镇地区进行的，亦称永丰战役。此役在1948年11月15日开始，28日结束，共歼灭国民党军一个军部、三个师部、九个团、七个营，毙第十七师少将师长王作栋，俘第七十六军中将军长李日基、第七十六军少将参谋长高宪岗、第二十师少将师长吴永烈、第二十四师少将师长于厚之以下17724人，投诚300人，

（一）澄城县烈士陵园

澄城县烈士陵园位于渭南市澄城县城区南段，始建于1954年，占地面积40余亩，主要安葬着解放战争时期澄合战役、荔北战役中西北野战军牺牲的烈士，

以及部分抗美援朝等时期牺牲的革命烈士。铺设有纪念广场，有烈士纪念馆一座，有革命烈士纪念塔及500余座烈士陵墓（碑）。林伯渠为陵园题字“千秋昭著”，习仲勋为陵园题字“一代人民英雄，万世人民敬仰”。2007年4月，澄城县烈士陵园被陕西省人民政府批准为重点烈士纪念建筑物保护单位。

澄城县烈士陵园

（二）合阳县烈士陵园

合阳县烈士陵园位于渭南市合阳县城凤凰路中段，始建于1957年，园内存放258名革命烈士档案，其中第二次国内革命战争时期1名，抗日战争时期7名，解放战争时期85名，抗美援朝时期34名，西藏平乱时期26名，对越自卫反击战时期1名，其他104名。安葬自解放战争以来为革命英勇献身的烈士遗骨151具。园内建筑物主要有风云亭、木石牌坊、钟楼、烈士纪念亭和明万历乙酉年间建造的千金塔。陵园正中为革命烈士纪念堂，建筑面积300平方米。纪念堂内周围悬挂合阳各时期重大战斗等革命活动简介和烈士遗像88幅，陈列烈士生前武器、奖状、奖章、纪念章、衣物、书信、书画、书籍笔记等物品120余件。国防部部长张爱萍为陵园题写“合阳县革命烈士陵园”牌匾。2009年，被陕西省人民政府公布为重点烈士纪念建筑物保护单位。

合阳县烈士陵园钟楼、纪念厅、千金塔

（三）荔北战役烈士陵园

荔北战役烈士陵园位于渭南市大荔县户家乡西大壕营村北。荔北战役主要战场在大荔县户家乡西大壕营村，战役中牺牲的人民解放军的忠骨散落于此。新中国成立后，西大壕营村群众在县、区、乡政府的领导下，将分散的烈士遗体合葬于村北。墓地还专门建有荔北战役期间牺牲的西北野战军二纵队三五九旅副参谋长王满跃、一纵队独一旅一团长刘业林、一纵队三五八旅七一四团参谋长茹鹧九等几位职务较高烈士的坟墓，并且竖碑纪念。另将对越自卫反击战中的大荔籍四名老山前线牺牲的烈士骨灰埋藏于此。2005 年，大荔县人民政府着手修建大壕营烈士陵园，清明节前将段家乡白马村、许庄镇尧头村、坡底村三处共 64 位烈士遗骨迁入陵园，并举行了纪念活动。至此，陵园内安放了 717 位烈士的遗骨。陵园占地 30 亩。四周建有红砖围墙，正面有铁质大门。

荔北战役烈士陵园的烈士墓

（四）康庄烈士陵园

康庄烈士陵园位于渭南市富平县薛镇街道东。康庄战斗是荔北战役期间发生在富平境内的最大的一次战斗。康庄战斗中，中共富平县委领导人民群众和游击队全力支援解放军作战，为战斗的胜利做出了贡献。战斗结束后，解放军迅速撤离，康庄等地的群众自觉组织起来打扫战场，集中掩埋了烈士遗体。1953 年春，中共富平县委、县人民政府为缅怀康庄战斗先烈，铭记革命前辈革命精神，在薛镇东城堡东南建有康庄战斗烈士陵园，安葬了 40 名为人民解放事业而献身的烈士。1985 年清明节，富平县人民政府在陵园内竖立了“中国人民解放战争渭北战役康庄战斗殉难烈士纪念碑”一座。

康庄烈士陵园纪念碑

（五）永丰烈士陵园

永丰烈士陵园位于渭南市蒲城县永丰镇西北 1 公里处。为了纪念解放战争时期在永丰战役中壮烈牺牲的烈士，中共蒲城县委、蒲城县人民政府在 1958 年 10 月主持修建陵园，占地 50 余亩，主要建筑物有烈士纪念馆和纪念雕塑、纪念碑。

陵园坐北向南，大门正面有王震亲笔题写的“永丰革命烈士陵园”8个大字。东侧建有烈士纪念馆，馆内陈列着永丰战役中牺牲的烈士遗物、图片等。陵园的中央屹立着纪念碑，通体为乳白色，碑身高19.48米，寓意为永丰战役发生的年代，即1948年。纪念碑的正面镶刻着王震将军亲笔题写的“永丰战役革命烈士永垂不朽”12个刚劲有力的金色大字。纪念碑的五个层面代表着当时参战的西北野战军的五个纵队。碑座正面刻有宽4米、高1.4米的巨型石碑文，两侧镶刻着攻城和巷战的大型浮雕，再现了当年永丰战役的壮烈场面，纪念碑以北是墓区，安葬着在永丰战役中光荣牺牲的西北野战军2纵队6旅政治部副主任刘英等330名烈士的忠骨。1997年4月，被中共陕西省委宣传部公布为省级爱国主义教育基地。

永丰烈士陵园雕塑和纪念碑

二、教学主题

英烈精神

英烈是指为正义事业或民族、国家利益而献身的英雄烈士，仅《陕西省革命烈士英名录全集》记载的有名有姓的革命烈士就有27152人。在陕西省的2025处革命遗址中，有烈士墓112处，纪念设施159处，它们闪耀着光辉的英烈精神。

坚定理想信仰。信仰是人生燃烧的熊熊火炬，是革命者不竭的精神动力。革命英烈们以“民族自由”与“国家独立”为奋斗目标，以马克思主义为坚定信仰，以共产主义远大理想为精神支柱和政治灵魂。在艰苦卓绝的战争年代，正是远大的理想和崇高的信仰，支撑先烈们在革命道路上奋斗一生、矢志不渝，并在为革命事业牺牲奉献中不断升华理想信念。

不怕牺牲。面对死亡的恐惧时，革命先烈们仍然大义凛然，将国家利益放在个人利益之上，将个人生死置之度外。大无畏的不怕牺牲的奉献精神表现为革命先烈们舍小家顾大家，不顾个人安危，为革命事业无私奉献。英烈们大无畏的牺牲精神还表现在面临死亡威胁时，不管是在战火纷飞的战场，还是在敌人的牢笼监狱、在面临死亡的刑场，他们都冲锋陷阵、大义凛然和慷慨就义。

忠诚于党和人民。忠诚于党和人民是革命英烈们崇高信仰的展现，体现了革命英烈们为人民的幸福、民族的振兴和国家的富强，无畏牺牲的高尚的道德情操。在牺牲的革命英烈中，他们有的有着优越的家庭条件，接受过良好的教育，他们可以过着高官厚禄、衣食无忧的生活，然而，为谋求国家富强、民族振兴、人民幸福，他们不惜抛头颅、洒热血。

三、资料链接

（一）历史虚无主义的表现形式及其危害

近年来，尽管历史虚无主义与相对主义、怀疑主义、新自由主义、后现代主义等思潮合流，不断改变存在形式，同时也适应传播由纸质化阶段发展到网络自媒体阶段的特点，由公开性、系统性转为隐蔽性、碎片性，但其编造和抹黑革命历史、否定现实合理性的本质没有发生改变。其表现形式主要包括：一是歪曲革命历史，攻击领导人和英雄。通过以偏概全、编造、质疑、戏说等形式，打着还原历史的旗号，贬低中国共产党、人民军队，尤其是党的领导人和英雄人物的作用和意义，把浴血奋战、保家卫国、勇于改革的历史说成是投机取巧和实现个人私利的历史，从而否定我们党和人民军队的合法性，否定中国特色社会主义道路的历史必然性。二是为反面人物翻案，混淆是非对错。历史虚无主义打着寻找历史真相的旗号，或者打着学术自由的幌子，进行所谓的重新“解读历史”，为已有定论的历史人物“翻案”，为反面历史人物叫屈，为投敌叛国分子张目，为殖民统治者正名，用悲欢离合的煽情叙事取代大是大非和历史规律。三是否定优秀传统文化，解构中华民族延续数千年的优秀文化内核，诋毁社会主义新文化，对于人民群众坚定文化自信造成不良影响。四是否定马克思主义理论的正确指导，奉西方现代化及其理论为圭臬，通过曲解、割裂、污蔑等手法，把马克思主义理论描绘成过时理论、机械决定论等，企图消解马克思主义理论的伟大作用。“灭人之国，必先去其史”。历史虚无主义拿中国革命史、新中国历史做文章，否定马克思主义指导地位和中国走社会主义道路的历史必然性，企图颠覆党的领导和社会主义制度。历史经验教训说明：放任历史虚无主义扩散，必将产生严重后果。苏联解体、苏共垮台，一个重要原因就是全面否定苏联历史、苏共历史，否定列宁，否定斯大林，搞历史虚无主义，丧失了意识形态领域的领导权，将人民群众的思想搞乱了。历史虚无主义具体危害表现为：其一，动摇理想信念，混淆是非观念。污蔑英雄、虚化历史、混淆黑白、怀疑一切，使理想信念、家国情怀和优秀品德丧失了本体依托，必然误导价值取向，引起思想混乱。其二，影响党的光辉形象与坚强领导，影响中国特色社会主义伟大事业发展。历史虚无主义攻击党的领导人和历史英雄、夸大党的错误、抹杀党的功绩的行径，不仅败坏党的声誉和威信，而且损害党的号召力、战斗力和凝聚力，危害民族复兴大业。其三，消解文化自信，将文化发展引向歧途。抹黑中国优秀传统文化，宣扬西方资本主义文化，传播西方价值导向，会消解社会主义道路、理论、制度和文化自信，容易使人民陷入犹豫彷徨的不自信状态，从而迷失方向、丧失斗志。

（张国安　《光明日报》2018 年 09 月 11 日 15 版）

（二）叶挺烈士后人诉“暴走漫画”名誉侵权纠纷案一审宣判

2018 年 9 月 28 日，西安市雁塔区人民法院对叶挺烈士近亲属叶正光、叶大鹰、叶铁军、叶晓梅、叶小燕、叶文、叶敏起诉西安摩摩信息技术有限公司（以下简称“西安摩摩公司”）名誉侵权一案一审公开宣判，判决西安摩摩公司在国家新闻媒体上予以公开道歉，消除其侵权行为造成的不良社会影响，并判决被告西安摩摩公司向原告支付精神抚慰金 10 万元。

法院经审理查明，2018 年 5 月 8 日，被告西安摩摩公司通过其自媒体账号“暴走漫画”，在“今日头条”上发布了时长 1 分 09 秒的短视频。该视频的内容将叶挺烈士《囚歌》中“为人进出的门紧锁着，为狗爬出的洞敞开着，一个声音高叫着，爬出来吧，给你自由!”篡改为“为人进出的门紧锁着！为狗爬出的洞敞开着！一个声音高叫着！爬出来吧！无痛人流!”该视频于 2018 年 5 月 8 日至 2018 年 5 月 16 日在互联网平台上发布传播后，多家新闻媒体对此予以转载报道，引起了公众关注和网络热议，在一定范围内造成了不良社会影响和后果。

法院认为，叶挺烈士在皖南事变后在狱中创作的《囚歌》充分体现了叶挺烈士百折不挠的革命意志和坚定不移的政治信仰，表现出的崇高革命气节和伟大爱国精神已经获得了全民族的广泛认同，已成为中华民族共同记忆的一部分，是中华民族宝贵的精神财富和社会主义核心价值观的重要内容，同时也是叶挺烈士享有崇高声誉的基础。西安摩摩公司制作的该视频篡改了《囚歌》内容，亵渎了叶挺烈士的大无畏革命精神，损害了叶挺烈士的名誉，不仅给叶挺烈士亲属造成精神痛苦，也伤害了社会公众的民族和历史感情，损害了社会公共利益，故被告西安摩摩公司上述行为已构成名誉侵权。

法院遂依据《中华人民共和国民法总则》《中华人民共和国侵权责任法》《中华人民共和国英雄烈士保护法》等相关法律规定，依法做出上述判决。

——载《检察日报》2018 年 10 月 8 日

四、拓展阅读

1.《中华人民共和国英雄烈士保护法》,《人民日报》2018 年 5 月 9 日。

2. 杜艳华、刘学礼:《先驱精神》,中共党史出版社,2017。

五、探究思考

1. 分析现实中遇到的历史虚无主义,批判其实质和危害性。

2. 新时代我们应该如何弘扬英烈精神?

第九章　陕籍党史人物群体红色资源实践教学

陕籍党史人物群体是在新民主主义革命时期，陕西籍的以马克思主义理论武装的，具有共产主义远大理想，为陕西和中国人民的解放事业努力奋斗并做出一定贡献的党史人物聚集体。陕籍党史人物群体是陕西宝贵的红色资源，老一辈革命家的光辉事迹、革命斗争历程、富有传奇色彩的革命故事，能够增强思想政治课教学的感染力和吸引力。

第一节　红色旧址

一、红色旧址简介

（一）刘志丹出生地旧址

刘志丹出生地

位于延安市志丹县金丁镇金汤村。北宋时期，金汤镇是宋王朝边关要塞。宋军在此修筑城池，屯兵据守，遏制洛河川道，西夏军曾为此地与宋军数番争夺。明代以后，金汤失去军事作用，逐渐变为一个小镇，开有商号店铺，进行买卖流通。清朝拔贡刘仕杰在镇子上办了一所私塾学堂，学堂背依大山，辟有方形院落，三孔石窑洞朝西，三孔石窑洞朝北。1903 年 10 月 4 日凌晨，刘仕杰的孙子、刘培基之子刘志丹出生在了朝西的三孔窑洞的北面的那孔窑洞里。刘培基站在院子里，喜闻孩儿哭声，昂首仰望星斗，想到了“月中桂子落”的诗句，遂按族谱，给孩子起名刘景桂（后改名刘志丹）。旧址有窑洞五孔。2008 年，修建陈列馆 3 间。

（二）魏野畴故居

魏野畴

位于兴平市西城街道办事处板桥村。魏野畴 1898 年出生于陕西兴平一户农家。幼年在本村私塾读书，1917 年考入北京高等师范学校。1919 年参加“五四”运动。受陈独秀、李大钊等人的影响，他接受了马克思主义。1920 年，魏野畴参与发起了陕西旅京学生联合会，并创办《秦钟》月刊，以“唤起陕人之自觉心”。同年冬魏野畴加入中国社会主义青年团。1921 年，魏野畴撰写了《中国近世史》一书，初步运用马克思主义的立场、观点和方法解释中国近代历史。同年夏，魏野畴毕业回到陕西，任教于华县。1922 年魏野畴再次来到北京，参与组织陕西旅京学生进步团体——共进社，出版《共进》半月刊，任负责人，同时为《共进》撰稿。1923 年初经李大钊介绍，魏野畴加入中国共产党。同年春，应邀到榆林任教，在青年学生中广泛进行革命宣传。1924 年夏，魏野畴参与建立了西安市第一个青年团支部。1925 年，魏野畴在西安先后领导了驱逐军阀吴新田和反对教育界封建顽固势力的群众运动。同年秋，魏野畴参与组建共青团西安特别支部，担任特别支部委员；后参加国民党陕西省党部筹建工作。在此期间，他创办了《西安评论》，成为当时陕西宣传革命思想、促进革命运动发展的重要阵地，被誉为陕西“革命舆论的唯一指导者”。1927 年 2 月，中共陕甘区委在西安成立，魏野畴任委员，负责区委宣传工作。7 月，魏野畴任陕西省军委书记。此时，国民党四处悬赏通缉魏野畴，他在陕西已难以立足，省委同意他接受杨虎城的邀请，前往河南展开工作。1928 年 1 月，蒋介石派人打入杨虎城部活动，威逼其逮捕魏野畴等共产党员，遭到杨虎城拒绝。2 月 9 日，魏野畴连夜召回 70 多名党员干部参加会议，会议通过了在皖北举

魏野畴故居所在地现状

行武装起义、建立豫皖平原根据地等决议，决定成立中共皖北临时特委，魏野畴任书记。4月8日晚，阜阳起义因叛徒告密提前行动，由于敌我力量悬殊，战斗非常惨烈。在敌人的重兵包围下，魏野畴仅率百余人突出重围，从阜阳转移到老集，但立足未稳又遭国民党部队包围，不幸被捕。魏野畴同敌人进行了坚决的斗争，他与胡怀西趁深夜看守懈怠之机，咬断身上的绳索撤退。魏野畴考虑二人同时撤离目标太大，让胡怀西单独转移，寻找组织汇报情况，自己留下坚持斗争。敌人发现后恼羞成怒，于4月10日凌晨将年仅30岁的魏野畴杀害。毛泽东给予魏野畴很高的评价："魏野畴是老同志，有学问，他还有著作，我读过，写的有水平，陕西历史上人才是不少的。"

（三）何挺颖故居

何挺颖

何挺颖故居位于汉中市南郑县城关镇何家湾村。何挺颖1905年5月出生于陕西省南郑县。1923年，何挺颖联络南郑县学生，掀起了一场反帝爱国学生运动。1925年5月参加五卅运动，6月加入中国共产主义青年团。同年冬，何挺颖转为中国共产党党员。1926年夏，何挺颖受党组织派遣到北伐军部队任团指导员，参加北伐战争。1927年9月，何挺颖参加了湘赣边界秋收起义，9月下旬随毛泽东上井冈山。9月29日，在江西永新县三湾村参加了三湾改编，任营党代表；12月任团党代表。1928年4月，何挺颖任中国工农革命军第四军第三十一团党代表，率部参加了攻打龙源口的战斗。8月，何挺颖和朱云卿一起指挥了著名的黄洋界保卫战，取得重大胜利。毛泽东闻讯后写下了辞章《西江月·井冈山》给予高度赞誉。何挺颖政治坚定、作战勇敢、指挥果断，成为井冈山时期我军著名的军事指挥员和党的优秀干部，为井冈山革命根据地的创建做出了重要贡献。1929年1月14日，何挺颖随毛泽东、朱德、陈毅率领红四军主力离开井冈山，转战赣南闽西，开辟新的根据地。1月下旬，何挺颖在江西大庾战斗中身负重

何挺颖故居

伤，转移途中又遭敌袭击，不幸壮烈牺牲，年仅24岁。

1991年，南郑县人民政府在南郑县城东大街与二南路交汇处修建了何挺颖革命烈士纪念碑。2000年8月，何挺颖故居被汉中市人民政府公布为重点文物保护单位。

二、教学主题

陕籍党史人物群体的形成特点

（一）从陕籍党史人物成长的地缘结构看，主要出生在关中和陕北地区

2000年中共陕西省委党史研究室编辑出版了《中共陕西历史简明辞典》一书，在陕籍党史人物中，关中地区有118人，陕南地区有21人，陕北地区有81人。

关中地区有：方鉴昭（又名桂兰）（1906—1928）西安人、孔从洲（1906—1991）西安人、任醴（1909—1928）西安人、惠子俊（1910—1944）西安人、谢葆真（1913—1947）西安人、余海丰（1898—1980）西安人、孙作宾（1910—2002）西安人、孙蔚如（1896—1979）西安人、崔孟博（1903—1955）西安人、张蔚森（1906—1930）西安人、何寓础（1905—1968）长安人、雷晋笙（1898—1931）长安人、李艮（化名愚痴）（1908—1933）长安人、张锋伯（1900—1985）长安人、田伯英（1897—1969）蓝田人、汪锋（1910—1998）蓝田人、杨珊（又名杨荫川）（1909—1933）蓝田人、王力（又名刘秉坤）（1913—1979）蓝田人、赵启民（1910—1997）蓝田人、胡达明（1913—1946）蓝田人、白耀亭（1910—1935）蓝田人、赵伯平（1902—1993）蓝田人、刘天章（1897—1931）高陵人、张策（1911—1999）高陵人、刘庚（1911—1994）临潼人、王泰吉（1906—1934）临潼人、范明（1914—2009）临潼人、谈国帆（1905—1986）临潼人、刘邦显（1917—2007）临潼人、许权中（1894—1943）临潼人、徐九龄（1907—1928）临潼人、杨明轩（1891—1967）户县人、赵寿山（1894—1965）户县人、刘坚予（1895—1930）咸阳人、赵葆华（1896—1966）咸阳人、张汉俊（1906—1928）咸阳人、方仲如（1901—1983）咸阳人、卫志毅（1905—1973）泾阳人、马云藩（1906—1951）泾阳人、耿觉（1905—1929）泾阳人、王授金（1873—1928）礼泉人、陈嘉惠（1905—1967）礼泉人、秋步月（1902—1930）礼泉人、王德安（1897—1928）乾县人、严念先

（1903—1929）乾县人、吕剑人（1908—2002）乾县人、杨森（1908—1936）乾县人、杨伯伦（1902—1993）乾县人、王炳南（1908—1988）乾县人、史可轩（1890—1927）兴平人、魏野畴（1898—1928）兴平人、陈云樵（1907—　）兴平人、杨嘉瑞（1908—1988）兴平人、张含辉（1902—1933）兴平人、许才升（1903—1928）旬邑人、崔景岳（1911—1941）旬邑人、蒙定军（1912—1988）旬邑人、张慕陶（原名张金印、化名马云程）（1902—1941）旬邑人、张仲超（1904—1926）三原人、金理科（1904—1935）三原人、黄子文（1909—1947）三原人、黄子祥（1895—1982）三原人、梁益堂（1902—1974）三原人、王尚德（1891—1946）渭南人、李茂堂（1906—1953）渭南人、李慕愚（1906—1953）渭南人、张性初（1902—1971）渭南人、张宗逊（1908—1998）渭南人、肖和鸣（1906—1928）渭南人、苏士杰（1903—1936）渭南人、王杰（1913—）渭南人、王文忠（王子清）（1904—1928）渭南人、刘映胜（1910—1988）渭南人、宋蔚青（1902—1980）渭南人、罗承运（1910—1985）渭南人、武止戈（1902—1933）渭南人、王化民（又名王松年）（1900—1969）华县人、吉国桢（1899—1932）华县人、陈述善（1904—1940）华县人、潘自力（1904—1972）华县人、薛自爽（1900—1928）华县人、关中哲（1903—1973）华县人、李维俊（1906—1928）华县人、杨钟健（1897—1979）华县人、王芾南（1910—1991）华县人、高克林（1906—2001）华县人、习仲勋（1913—2002）富平人、邹均（1900—1930）富平人、胡景铎（1914—1977）富平人、胡景通（1909—1998）富平人、赵宗润（1907—1927）富平人、王菊人（1906—1975）蒲城人、马致远（　—1980）蒲城人、亢心栽（又名亢维恪）（1906—1978）蒲城人、刘吉尧（1921—　）蒲城人、杨拯民（1922—1998）蒲城人、刘林圃（1904—1932）耀县人、张邦英（1909—2010）耀县人、张仲良（1907—1983）耀县人、刘威诚（1903—1992）蒲城人、岳维峻（1883—1932）蒲城人、郭炳坤（1914—1977）蒲城人、李冲霄（？—?）蒲城人、黄罗斌（1916—1998）蒲城人、蒲克敏（1903—1939）蒲城人、王超北（1903—1985）澄城县人、张国藩（1903—1978）澄城县人、耿炳光（1899—1972）澄城县人、雷振东（1915—1982）澄城县人、吴卜亭（1884—1971）澄城县人、李象九（1897—1954）白水人、秦武山（1914—1971）合阳人、焦启铠（1904—1932）潼关人、薛和昉（1908—1983）韩城人、王友直（1902—1992）韩城人、李达（1905—1993）眉县人、李特生（1906—　）扶风人、张仲实（1903—1987）陇县人、赵伯经（1903—1959）麟游人。

陕南地区有：王一山（1885—1955）旬阳人、王辛德（1912—1934）洋县人、王述绩（1906—1935）宁强人、陈文华（1910—1935）宁强人、黎光霁（1904—1972）宁强人、王柏栋（1910—1938）丹凤人、巩德芳（1909—1947）丹凤人、刘甲三（1904—1952）宁强人、刘秉钧（1901—1931）城固人、刘宗沛（1915—1934）城固人、周彬如（？—1955）城固人、龚逢春（1908—1978）城固人、陈俞廷（1901—1929）城固人、杜瑜华（1914—2004）南郑人、李铁轮（1911—2001）石泉人、易厚庵（1902—1979）石泉人、何挺杰（1908—1966）南郑人、程德章（1910—1933）南郑人、何挺颖（1905—1929）南郑人、何振亚（1913—1978）汉阴人、沈启贤（1912—2010）汉阴人、余洪远（1907—1991）西乡人、陈浅伦（1906—1933）西乡人、江隆基（1905—1966）西乡人、陈征（1904—1931）山阳人、廖乾五（1886—1930）平利人。

陕北地区有：李子洲（1892—1929）子洲人、马文瑞（1912—2004）子洲人、刘志丹（1903—1935）志丹人、刘景范（1910—1990）志丹人、曹力如（1902—1949）志丹人、马锡五（1889—1962）志丹人、王子宜（1908—1983）志丹人、谢子长（1896—1935）子长人、杨和亭（1910—2003）子长人、吴志渊（1910—　）子长人、阎红彦（1909—1967）子长人、吴岱峰（1903—2005）子长人、李景膺（1907—1981）子长人、贺晋年（1909—2003）子长人、李赤然（1914—2006）子长人、高维嵩（1916—1985）子长人、焦维炽（1906—1932）子长人、强晓初（1918—2007）子长人、杨琪（1895—1936）延川人、李嘉谟（1902—1928）延川人、高朗亭（1913—1994）延川人、曹志麟（字趾仁）（1905—1983）延川人、罗成德（1908—1990）延安人、郝树才（1908—1986）延长人、刘含初（1895—1927）黄陵人、牛书申（1913—2007）黄陵人、强自修（1903—1988）宜君人、王世泰（1910—2008）洛川人、孟芳洲（1905—1933）洛川人、安子文（1909—1980）绥德人、杨重远（1894—1933）绥德人、崔田夫（1902—1978）绥德人、崔田民（1912—1991）绥德人、霍世杰（1902—1934）绥德人、霍祝三（1879—1965）绥德人、霍维德（1902—1977）绥德人、李景波（1911—1944）绥德人、马云程（1905—1973）米脂人、刘澜涛（1910—1997）米脂人、马明方（1905—1974）米脂人、郭洪涛（1911—2004）米脂人、艾楚南（1900—1987）米脂人、杜润芝（1903—1933）米脂人、常黎夫（1912—2006）米脂人、王俊（原名霍建德）（1911—1963）清涧人、白如冰（1912—1994）清涧人、李景林（1909—1980）清涧人、李合邦（1913—1967）清涧人、呼延震东（1895—1977）清涧人、白寿康（1912—

1990）清涧人、白明善（1897—1932）清涧人、白栋材（1916— ）清涧人、高峰（1915—1976）清涧人、唐洪澄（原名贺生春）（1908—1960）清涧人、王瀛（1905—1927）神木人、王兆相（1909—2009）神木人、王兆卿（1908—1933）神木人、汪铭（1903—1931）神木人、张友清（1904—1942）神木人、贾拓夫（1912—1967）神木人、刘文蔚（1905—1976）神木人、张秀山（1911—1996）神木人、乔钟灵（1906—1996）神木人、牛化东（1906—1995）定边人、史维然（1902—1955）安定人、朱敏（原名朱国藩）（1912—1981）榆林人、朱侠夫（1911—1977）榆林人、张德生（1909—1965）榆林人、乔国桢（1907—1945）佳县人、张达志（1911—1992）佳县人、武开章（1904—1986）佳县人、阎揆要（1904—1994）佳县人、高长久（1889—1983）佳县人、高朗山（化名薛存善）（1916—1973）佳县人、高岗（1905—1954）横山人、曹又参（1901—1970）横山人、谢怀德（1915—1995）靖边人、慕生忠（1910—1994）吴堡人。

从陕籍党史人物成长的地缘结构看，主要出生在以西安、渭南、咸阳为主的关中地区和以延安榆林为主的陕北地区。西安是陕西的政治、经济、文化中心，在辛亥革命中，资产阶级民主主义分子在西安设立有公益书局、健本学堂、武学社等，销售《民报》《夏声》等革命读物，同盟会员和进步知识分子在陕西还创办了《教育界》《帝州报》《丽泽随笔》等进步报刊，传播资产阶级革命思想，辛亥革命、“五四”运动在陕西都是在西安首先发生，使西安周围的青年有更好的条件参加陕西的革命运动。

三原地处渭北平原的中心，经济比较发达，文化比较繁荣，当地有省立渭北中学、省立第三师范、省立第三职业学校、县立女子中学、县立初级中学等五所中等学校，这些学校的教师大都是北京、上海、武汉、天津等地的大学毕业生，甚至还有留学日本回国的学生。他们积极宣传进步思想，对当地学生影响很大。再加上这里离西安较近，交通比较方便，外地一些最新消息容易在这里得到传播。特别是“五四”运动、中国共产党的成立、第一次国共合作等政治事件在这里都有强烈的反响。提高了青年们的思想觉悟，使三原周围的蒲城、富平、华县、泾阳、乾县、礼泉、兴平、旬邑等地的许多有志青年加入了中国共产党，投身于中国革命事业。

辛亥革命后，陕北长期在地方军阀井岳秀的反动统治下，井岳秀的反动统治，激起人民群众不断地反抗斗争。榆林、延安距北京较近，两地的许多青年到北京上学，如李子洲就读于北京大学，在北京由李大钊、刘天章介绍加入中国共产党，他是西北地区最早参加中国共产党的党员之一，他同魏野畴、刘天章、杨明轩、杨晓初等创建了“共进社”和《共进》杂志。北京大学毕业后，李子洲回到榆林绥德师范、榆林中学任教，宣传马克思主义，组织成立陕北党的组织，在李子洲的影响下，绥德师范、榆林中学、延安中学的大批青年学生参加了革命。

（二）陕籍党史人物群体形成的帮带性

近代陕西产生了一大批历史名人，不论是从自信、还是自强的角度说，榜样与帮带都起了巨大的作用。陕西民众崇尚给陕西带来荣耀的陕籍名人，为他们的开拓与创造精神而自豪，并且转化为一种鞭策力量。

陕籍人才之间因师生、同乡之谊，互相影响、帮带、扶植和举荐形成的人才链，是造就近代陕西人才群体出现的有利条件。如在甲午战后，刘古愚在陕西响应康有为、梁启超发起的变法维新运动，积极宣传推行变法主张，培养维新人才。受刘古愚影响，其学生李岳瑞积极参加维新运动，并与宋伯鲁等在京的陕西籍官员发起组织关学会，张季鸾在日本留学中创办出版《夏声》杂志，鼓吹革命。近代大教育家、国学大师、咸阳人吴宓深受刘古愚那种在黄土地里成长起来的倔强性格和吃苦耐劳精神的影响，一直以天下为己任。于右任受刘古愚、丁信夫、朱佛光等老师讲授新学的影响，加入同盟会，追随民主革命先行者孙中山先生，出生入死，艰苦奋斗，成为国民党的元老、辛亥革命的先驱。陕籍党史人物群体，也不可避免地存在这种现象。这个群体在形成的过程中，并不是一开始就成批地产生，在每一个地方（地区）都有一个较为突出的代表，然后以此代表为中心，逐渐团结一批革命者，产生一个小的革命群体，再由多个小群体凝聚成大群体。例如：在陕北就是以李子洲为中心，李子洲在绥德师范学校担任校长时，他一方面聘请进步知识分子，如杨明轩、王懋廷、田伯英、常汉三、李瑞阳、何寓础等著名共产党员和学界的名人，到学校任教师，一方面帮助学生组织了“陕北青年社”，出版《陕北青年》杂志，和王懋廷、杨明轩等一起，在学校建立和发展共产主义青年团支部和中国共产党绥德师范小组，在师生中吸收了刘志丹、李瑞阳、霍世杰、赵通儒、王兆卿、白明善、马瑞昌、张肇勤等 10 多人为党团员，并以绥师为据点，向陕北各地输送干部。

魏野畴是陕西兴平人，曾在西安三秦公学和省立三中上学。在北京高等师范学校学习期间，他接受了马列主义思想，同李子洲、刘天章、杨钟健、刘含初、杨晓初、杨明轩等创办《共进》半月刊，组织了进步的革命团体——“共进社”，宣传马列主义和革命思想，对陕西人民的觉醒和陕西青年走上革命道路起了很大的促进作用。他在北京高师毕业之后回到陕西，先后在榆林中学、省立三中和省立一中、成德中学任教，利用学校讲坛宣传革命思想，在他周围团结了一大批青年骨干力量，吸收了一批进步青年加入党团组织。

西安成德中学有许多共产党人执教，史可轩曾任教务主任，1917 年屈武在成德中学读书期间，结识了邹均、武止戈、董汝诚、方干才、刘道洁、李伍亭等，他们回来都成为陕西革命斗争的骨干，有的还为革命献出了自己的生命。

在其他地区，也同样有每个地方的中心人物。例如，渭南有王尚德。王尚德同张浩如一起，创办了“赤水两等职业小学”，成立了社会主义青年团赤水小组，发展了程养谦、武维化、何思杰、张宗逊、姚俊明、郭士斌、薛应麟、姚明学、姚志哲、杨纯德等为团员。在赤水团支部的领导下，东府地区的团组织有了很大的发展。1925 年 2 月建立了华县团支部，书记李维屏，发展的团员有蔡颂臣（教师）、潘自力、陈述善、杨慰祖、吉国桢、李维平、雷光显、张学谦、岳炳光等 10 余人。1925 年 12 月，赤水、华县、高塘等支部的一部分团员转为共产党员，同时成立了中共赤水特别支部，王尚德任书记。王尚德在渭南的建党活动，使渭南地区大批青年投身于革命队伍，为以后党发动渭华起义奠定了良好的思想、组织、干部基础。

这样，由革命者个体发展为小群体，再壮大到群体，陕籍党史人物群体最终形成。列宁曾经指出：“在历史上，任何一个阶级，如果不推举出自己的善于组织运动和领导运动的政治领袖和先进代表，就不可能取得统治地位。”① 当时，如果没有魏野畴、王尚德、李子洲、谢子长、刘志丹等榜样，没有他们的带动，在陕西也就不可能产生如此多的为中国革命做出贡献的陕西共产党人，更不可能形成一个影响巨大的党史人物群体。

（三）新型知识分子成为陕籍党史人物群体的核心

新型知识分子是陕西新民主主义革命的开拓者。“五四”运动后，马克思主义开始传播。陕西的新型知识分子逐渐分化，一部分知识分子开始接触、学习并最终接受马克思主义思想。

陕西新型知识分子群体可以分为两部分，一部分是在北京、天津、上海、武

---

① 《列宁选集》第 1 卷，人民出版社 1995 年版，第 286 页。

汉接受大学教育，从而接受了马克思主义的知识分子，其中，以到北京的人数最多，约近百名，有刘天章、魏野畴、李子洲、杨明轩、杨钟健、刘含初等；到天津的有武止戈、邹均、屈武、张宝泉、韩志颖等，到武汉、上海的有王尚德、雷晋笙、严信民、白明善等。他们中的一部分勇于追求真理的先进分子接受新思潮后，通过介绍《新青年》等进步报刊和自办刊物、通信以及寒暑假回乡宣传等方式，向陕西传播新文化和马列主义。

1921 年，魏野畴由京回陕，先后在华县咸林中学和陕北榆林中学任教，给学生讲授《共产党宣言》等马列著作。王尚德在赤水职业学校，李子洲在三原渭北中学和榆林中学，向学生宣传马克思主义。许多陕西新型知识分子在陕西各地创办了许多报刊，积极宣传马克思主义。

陕西新型知识分子一方面传播马克思主义，一方面积极开展群众运动，充当着革命者和知识分子的双重角色，在社会动乱和社会危难中，他们为了改变旧的社会性质，实现自己的政治理想，使社会进入到一种新的、更加理想的状态，他们担负起历史赋予的重任，为了民族的未来、社会的发展无私地奉献着自己的青春及生命。

陕西另一部分新型知识分子群体是在陕西读书的知识分子，1924 年前后，于右任任陕西教育厅厅长时，陕西先后办起了 6 所省立中学，省立一中、二中在西安，三中在城固，四中在延安，五中在凤翔，六中在榆林，三原有渭北中学。另外还有省立第一师范，在西安；省立第二师范，在大荔；省立第三师范，在三原；省立第四师范，在绥德；省立第五师范学校在汉中。有许多从外地读书返乡、具有马克思主义思想和共产主义思想的知识分子在这些学校任教，《向导》《共进》《青年文学》等进步刊物在这些学校广泛传阅，教师中的共产党员利用课堂教学，宣传十月革命和共产主义思想。许多学校都建立了党团组织，许多青年学生由此走上了革命道路，并且成为陕西革命事业发展的主力军和领导力量。如谢子长曾就读于省立一中，刘志丹先后在榆林中学和绥德师范读书，白雪山、李嘉谟、杜嗣尧、马明方、孟芳洲、贺大增、王聚德、张德生、唐洪澄、王兆卿、李景波、贾拓夫、贺晋年等就读于绥德师范，郭洪涛、高岗、高仰云、刘文蔚、贾怀智、李力果等就读于榆林中学，王世泰、罗成德、焦维炽、刘明金、阎之道等就读于延安四中；红军第 29 军军长陈浅伦曾就读于省立第五师范学校，习仲勋就读于三原县的省立第三师范。

三、资料链接

马克思主义的共同信仰是陕籍党史人物群体形成的思想基础

人物群体的形成要有共同的思想基础，没有共同的思想基础就不成为群体。如在太平天国运动初期，拜上帝教成为众多起义农民领导人共同的思想基础，形成了洪秀全、冯云山、杨秀清、萧朝贵、韦昌辉、石达开、洪仁玕等早期太平天国起义领导群体。资产阶级改良思想是康有为、梁启超、谭嗣同等资产阶级改良派共同的思想基础。三民主义是以孙中山、黄兴、宋教仁、蔡元培、赵声、章炳麟、陶成章等为主的资产阶级革命派共同的思想基础。马克思主义是陕籍党史人物群体形成的思想基础，他们为了共同的信仰，为了实现共产主义的共同理想，在从事共同的革命事业中走到了一起。

"五四"运动后，新文化运动逐渐发展成为以宣传马列主义为主流的思想解放运动，马列主义在陕西的传播逐步兴起。马列主义在陕西传播的一个重要特点是通过陕西旅外求学的进步知识分子为途径的。由于陕西高等教育发展落后，当时，陕西许多学生都到北京、天津、上海、武汉等文化比较发达的大城市读书，他们中的一部分勇于追求真理的先进分子，积极参加当地的革命活动，接受了马克思主义，加入了中国共产党组织。他们不但自己信仰马克思主义，还通过介绍《新青年》《向导》等进步报刊和自办刊物、通信以及寒暑假回乡宣传等方式，向陕西传播马克思主义。大学毕业后，他们纷纷返回陕西，在陕西进行马克思主义的宣传和建立党团组织等实际工作。在武昌中华大学求学的王尚德回陕后，在其家乡渭南赤水镇创办了赤水农职学校，以学校为阵地宣传马克思主义；魏野畴回陕后先后在华县咸林中学、陕北榆林中学、西安省立三中等校任教；李子洲先后在三原渭北中学、榆林中学、绥德师范等校任教。他们到哪里，就把马克思主义的火种点燃到哪里。他们带领陕西青年一起组织各种进步社团，并亲自讲解《共产党宣言》《社会主义浅说》《共产主义ABC》以及《向导》《中国青年》等马列主义书刊，关中、陕北的一大批青年开始接受马克思主义，走上了革命道路。刘志丹1922年考入榆林中学，在共产党员魏野畴、李子洲等老师的熏陶和影响下，阅读了《向导》《新青年》等进步书刊和李大钊等革命先驱宣传或论述马克思主义的文章，使他树立了共产主义的坚定信念。[①]郭洪涛在回忆录中也谈到他接受马克思主义的情景：1925年初，榆林中学有了党团组织。党团员介绍

① 梁星亮、姚文琦：《建国以来刘志丹研究文集》，陕西人民出版社2008年版，第130页。

其阅读了《共产党宣言》《共产主义ABC》、苏联的《新社会观》《向导》等革命书籍，开阔了思想，引发了对国家前途和民族命运的关注。①曾任中共陕西省委代理书记、红二十九军政委的李艮，在西安省立三中读书期间，与同学吕凤岐、陈子敬、张新发、徐汉儒、康居仁、王节南等参加了共产党员刘含初、赵葆华、雷晋笙、吕佑乾等在西安省立一中举办的暑期学校，学习《社会主义》《唯物史观》《列宁主义》《帝国主义侵略中国史》等，通过学习，树立了马克思主义信仰，成为一名坚定的革命者。

四、拓展阅读

1. 中共陕西省委党史研究室、陕西省中共党史人物研究会：《中共陕西历史人物传》（1—10卷），陕西人民出版社，1990。

2. 万生更：《陕籍党史人物群体是陕西重要的红色文化资源》，见《陕西红色文化软实力研究》，三秦出版社，2010。

3. 万生更：《陕籍党史人物群体对中国新民主主义革命胜利的贡献研究》，《理论界》2015年7月。

五、探究思考

陕西党史人物群体的形成过程对青少年成长成才的启示。

第二节　红色文物

一、文物简介

（一）谢子长用过的手枪

谢子长用过的手枪

土地革命时期谢子长使用过的武器。枪筒和扳机为钢材制成，枪托和手柄为铜质。枪托呈椭圆形，手柄印有枪号“664”。

谢子长（1897—1935），安定（今陕西子长）人。1934年1月，谢子长以中共中央驻

① 郭洪涛：《郭洪涛回忆录》，中共党史出版社2004年版，第3页。

北方代表派驻西北军事特派员身份回到安定，领导陕北的武装斗争。2 月，恢复了陕北游击队第一支队。7 月，成立了陕北游击队总指挥部，谢子长任总指挥。这支手枪就是谢子长回到陕北后领导游击战争时用过的。1935 年 2 月谢子长逝世后，这支手枪由其侄谢绍宜保存。1962 年陕西省革命博物馆从子长县枣树坪征集。1965 年 7 月，调拨到延安革命纪念馆收藏，为国家一级文物。

（二）刘志丹为刘林圃烈士撰书的挽联

刘志丹墨迹。土布质地，行楷墨书。挽联上联：英雄志向实伟大；下联：勇气流血最光荣。上款题：刘林圃同志永垂不朽；下款：一九三三年刘志丹敬挽。

刘林圃（1909—1932），耀县（今陕西铜川耀州区）人，曾任中共陕西省委秘书长、军委书记、组织部部长。1932 年三四月间，与习仲勋等领导发动两当起义，同年 9 月因叛徒出卖在西安遭国民党杀害。1933 年，刘林圃牺牲一周年之际，渭北根据地军民举行悼念大会，刘志丹为其撰写了挽联。

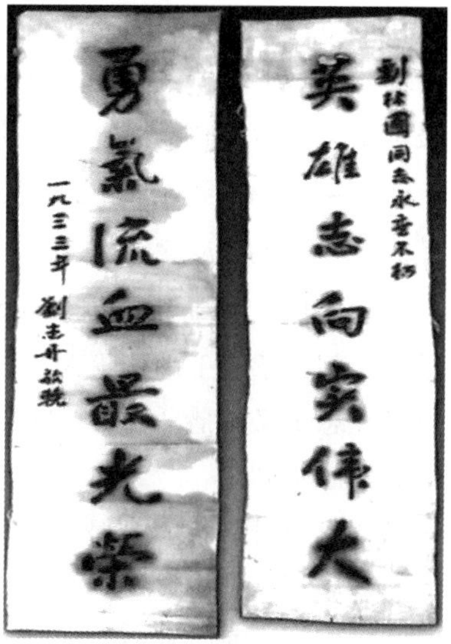

刘志丹为刘林圃撰书的挽联

该挽联现保存在延安革命纪念馆，为国家一级文物。

（三）陕西高等法院刑事判决书正本

1928 年 8 月，渭华起义失败后，国民党陕西当局在渭华地区从县到村，进行了血腥镇压。下图该判决书即是陕西高等法院对参加渭华起义的华县李柿村王老虎、王锁娃、孙安定、孙树森等革命群众追究刑事责任的法律文书。

判决书蜡版油印，共八页。封面印有“陕西高等法院刑事判决正本”“共八页”字样。内文为：陕西高等法院刑事第一审判决十八年公字第三号。

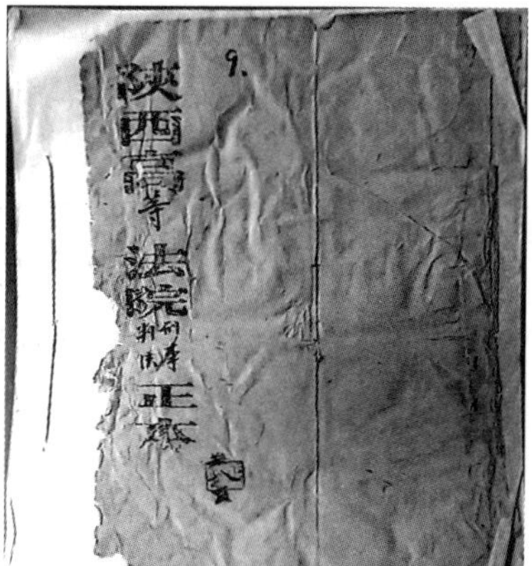

陕西高等法院刑事判决正本

陕西高等法院刑事判决书正本现收藏在渭华起义纪念馆，为国家一级文物，它是国民党反动势力对渭华起义革命力量实行残酷镇压的见证。

二、教学主题

陕籍党史人物群体对中国新民主主义革命胜利的贡献

中国新民主主义革命的胜利，既是中国共产党领导全国人民共同奋斗的结果，也与各地党组织和共产党人带领本地区人民浴血奋战密不可分，其中陕西革命家群体对中国新民主主义革命胜利的贡献尤为突出。陕西革命家群体对中国新民主主义革命胜利的贡献主要体现在以下四个方面：

（一）创立了西北地区最早的中国共产党组织，点燃了西北地区革命斗争的燎原之火

“五四”运动后，陕西在北京、天津、上海、武汉等地读书的魏野畴、李子洲、刘天章、王尚德等人，在大学毕业后，纷纷回到陕西，建立革命组织，进行马克思主义传播活动，为陕西和西北地区中国共产党组织的建立奠定了组织基础和思想基础。

1921 年中国共产党成立后，全国许多地方都建立了党组织，陕西具有马克思主义思想的知识分子也开始在陕西建立党团组织。1922 年 8 月，渭南人王尚德在武汉中华大学毕业后，接受董必武、陈潭秋的指示，回到家乡发展党团组织，并成立了社会主义青年团赤水小组，发展张宗逊、程养谦、武维化、何思杰、姚俊明、郭士斌、薛应麟、姚明学、姚志哲等为团员。1924 年 5 月 30 日，团中央派武止戈到赤水视察工作，在赤水建立了社会主义青年团赤水支部干事会，它是陕西地区建立的第一个团支部，王尚德任书记，后改为共产主义青年团赤水特别支部，直属团中央领导。1924 年 6 月，武止戈来到西安，同魏野畴等陕西进步知识分子一起建立了青年团西安支部。此后，关中、陕南、陕北地区都建立了团支部，为陕西地区党组织的建立准备了条件。1925 年，中共中央为加强对北方地区革命斗争和党组织的领导，在北京成立了由李大钊任书记的中共北方区委，陕北地区党组织划归北方区委管辖。同时，在河南组建了中共豫陕区委，领导河南、陕西地区党的工作。1925 年 9、10 月间，中共北方区委派安存真、中共豫陕区委委托共青团中央派往陕西开展工作的吴化之到西安建立党组织，并在 10 月成立了中共西安特别支部。1925 年 11 月，中共豫陕区委又派黄平万到西安，并在 1926 年初建立了中共西安地方执委会，黄平万为书记，魏野畴、吴化之、雷晋笙等为委员，领导西安、渭北和陕东等地党的工作。此后，关中、陕南、陕北

地区的党组织普遍建立，有力地推动了陕西及西北地区革命形势的发展。

为了进一步推动西北地区革命斗争的发展，中共中央决定成立中共陕甘区委。1927 年 3 月 14 日至 17 日，中共陕甘区委第一次代表大会在西安中山学院（今西安高中附近）正式召开，出席会议的代表有耿炳光、魏野畴、李子洲、曹趾仁、田伯英、易厚庵、闫揆要、何挺杰、张性初、贾怀庚、刘炎、黄平万、吴化之、梁益堂等 15 人。会议传达了中央对陕西和西北地区工作的指示，制定了“目前工作计划”，提出了“工作集中，人才集中”的原则，即将党的工作和党员的力量，“先集中在陕西，渐及甘肃；在陕西先集中于关中，渐及陕北、陕南，在陕北先集中绥德，渐及榆林、延安”①。会议选举了中共陕甘区委的领导机构：耿炳光任中共陕甘区委书记，组织工作由李子洲负责，宣传工作由魏野畴负责。

中共陕甘区委的成立，把陕甘地区的革命运动推向了一个新的阶段。1927 年 7 月 11 日，中共陕西省委成立，由中共中央直接领导，活动范围包括陕西全省和宁夏银川以南、甘肃兰州以东的地区。陕甘地区的革命斗争如火如荼地开展起来。“中共陕西省委在 1931 年到 1933 年间，在陕甘地区发动和领导了大大小小几十次武装起义和革命兵变，其中影响较大的有杜鸿范、张东皎、杜润芝等领导的 1932 年甘肃靖远兵变；高鹏飞、苏杰儒、高胜勇等领导的 1932 年西华池兵变；习仲勋领导的 1932 年甘肃两当兵变；李华峰、周凯、周志学等领导的 1932 年平凉蒿店兵变。”② 这些起义和兵变打击了陕甘地区的反动统治，促使了陕甘地区人民的觉醒，有力地推动了陕甘地区乃至西北地区革命运动的开展。

（二）创建了多个农村革命根据地，为中国革命提供了落脚点和出发点

大革命失败后，中共陕西省委在陕甘边界和陕北领导发动了多次武装起义和革命兵变，但均以失败告终，主要原因是起义部队没有建立根据地，没有农民的支持和配合，力量薄弱。刘志丹、谢子长、习仲勋等逐步认识到要把马克思主义同陕西和西北地区的革命斗争实际相结合，走创建农村革命根据地的道路；经过长期艰苦的武装斗争，创建了渭北革命根据地、陕南游击根据地、陕甘边革命根据地、陕北革命根据地以及由陕甘边革命根据地、陕北革命根据地发展而成的西北革命根据地等多块农村革命根据地。

① 中共陕西省委党史研究室：《中国共产党陕西历史》（第 1 卷），陕西人民出版社 2009 年版，第 59 页。

② 万生更：《照金精神探析》，《党史博采》（理论）2010 年第 4 期。

渭北革命根据地是中共陕西省委领导创建的以三原县心字区、武字区为中心的西北地区第一块革命根据地，从 1931 年 5 月开始，黄子文、黄子祥、习仲勋等在以三原心字区、武字区为中心的渭北地区，建立党组织和武装力量，开展革命斗争，建立根据地。1933 年 8 月根据地失守，红四团撤离三原心字区、武字区，北上转移至照金。

陕南游击根据地是在中共陕西省委领导下，1932 年 4 月开始，由中共陕南特委和红二十九军创建的以西乡县马儿岩为中心的 400 多平方公里的游击区，1933 年 4 月“马儿岩事变”发生，根据地丧失，但红二十九军余部仍在当地坚持斗争。①

陕甘边革命根据地是在中共陕西省委领导下，由陕甘边特委和红二十六军创建的革命根据地。时间从 1930 年夏开始，刘志丹、谢子长、习仲勋等在陕甘边界开展兵运工作，发动游击战争，经历了照金陕甘边革命根据地和南梁陕甘边革命根据地两个发展时期。

陕北革命根据地是中共陕北特委先后在中共陕西省委、中共河北省委、中共中央北方局、中共中央驻北方代表的领导下，谢子长、刘志丹、阎红彦、贺晋年等带领红二十七军创建了陕北根据地，时间从 1928 年 4 月中共陕北特委成立开始，历时 8 年多。西北革命根据地是以陕甘边革命根据地和陕北革命根据地为基础发展起来的。随着陕甘边和陕北革命斗争形势的发展，亟需对陕甘边和陕北的革命斗争进行统一领导指挥。“1935 年 2 月，中共陕甘边特委和陕北特委在安定县（今子长县）的周家硷召开联席会议，决定建立中共西北工作委员会和西北革命军事委员会，统一领导陕甘边和陕北革命根据地的党、政、军、群工作。”②西北军委主席刘志丹，副主席高岗。党中央长征到陕北后，西北根据地得到了进一步巩固和发展；1937 年 2 月，西北根据地改称为陕甘宁特区、陕甘宁边区。

除了上述陕西共产党人领导创建的革命根据地外，在土地革命战争时期，中共鄂豫陕省委和红二十五军创建了以商洛为中心的鄂豫陕革命根据地、红四方面军创建了川陕革命根据地陕南苏区。抗日战争时期，党中央创建了以陕北为中心的陕甘宁抗日民主根据地。解放战争时期，中原军区司令员李先念、中原局书记兼军区政委郑位三率北路突围部队同陕南地方党组织和游击队一起创建了豫鄂陕

---

① 中共陕西省委党史研究室：《中共陕西历史简明辞典》，陕西人民出版社 2000 年版，第 334 页。

② 万生吏：《照金精神探析》，《党史博采》（理论）2010 年第 4 期。

革命根据地；陈赓、谢富治率领的晋冀鲁豫野战军太岳兵团在鄂北、陕南、豫西地区创建了豫陕鄂革命根据地。

新民主主义革命时期，中国共产党在陕西创建的革命根据地之多，当居全国首位；每一块革命根据地，都浸染着陕西共产党人和陕西人民为中国革命胜利而奋斗的鲜血。刘志丹、谢子长、习仲勋领导创建的西北革命根据地是土地革命战争时期全国10多块根据地中唯一完整保存下来的、规模较大的一块革命根据地。西北根据地在中国人民的革命斗争中，有着特殊的极为重要的作用，它的建立和发展，“打开了西北地区革命斗争的大好局面，动摇了国民党在西北地区的反动统治。配合和支援了各路红军的战略转移，为党中央把全国革命的大本营放在大西北做了必要的准备”①，成为中共中央和红军长征的落脚点。在谈到西北根据地时，毛泽东指出：“没有陕北就不得下地。我说陕北是两点：一个落脚点，一个出发点。”② 中国革命在遭受严重挫折后，从西北革命根据地出发，14年后取得了全国胜利。

（三）创建了多支武装力量，指挥中国革命多个重大战役取得胜利

陕西党史人物群体中，有廖乾五、何挺颖、刘志丹、谢子长等一大批为中国革命英勇献身的军事家，有李达、张宗逊、阎红颜等多位战绩显赫的开国将军；他们先后创建了中国工农红军第二十六军、第二十九军、第二十七军等正规红军和为数众多的游击队等地方武装，是中国革命重大战役的重要指挥者和参加者，为中国人民解放军的创建和中国人民革命战争的胜利做出了不朽的贡献。

在陕甘边革命根据地创建了中国工农红军第二十六军。红二十六军是中共陕西省委和陕甘边特委领导创建的革命武装。红二十六军的前身为陕甘游击队，我党在陕甘地区领导建立的第一支武装力量是1931年9月刘志丹在南梁建立的陕甘边境游击队，后同阎红彦率领的陕北游击支队合编为西北反帝同盟军，谢子长任总指挥，副总指挥刘志丹。1932年2月，西北反帝同盟军在正宁县三嘉塬锦章村改编为中国工农红军陕甘游击队，总指挥谢子长；4月，习仲勋、刘林圃领导了两当起义，建立了中国工农红军陕甘游击队第五支队，习仲勋任政委；5月，谢子长、焦维炽等领导的甘肃靖远起义中建立了中国工农红军陕甘游击队第四支

---

① 叶頍：《西北革命根据地创建的特点》，《社会科学》1989年第6期。

② 《毛泽东文集》（第3卷），人民出版社1996年版，第297页。

队，总指挥谢子长，靖远起义失败后，谢子长等在靖远水泉堡成立了中国工农红军陕甘游击队第一支队、第二支队、第三支队；10月下旬，隶属陕西省委领导的中共陇东军特委举行的甘肃蒿店兵变中成立了中国工农红军陕甘游击队第七支队，队长李华锋，政委李艮。1932年3月，中共陕西省委向中共中央汇报陕甘游击队的情况，申请在陕西组建正式红军，并得到中央批准；同年12月，在宜君县转角镇（今属旬邑县），陕甘游击队改编为“中国工农红军第二十六军”，不设军部，只成立红二团。军政治委员杜衡兼团政治委员，王世泰任团长，郑毅为参谋处长，刘志丹任政治处处长，杨重远任团参谋处长。

在陕北革命根据地创建了中国工农红军第二十七军。1928年4月，中共陕北特别委员会成立后，着手在陕北地区建立革命武装。1932年3月，成立了中共陕北特委领导的第一支游击武装——中国工农红军延川游击队，4月，改称中国工农红军西北先锋队，10月，西北先锋队改为中国工农红军陕北游击队第九支队，支队长高朗亭；1933年5月，九支队改编为中国工农红军陕北游击队第一支队。在第一支队建立后，又建立了第二到第十五共14个陕北游击支队。为了进一步加强对各游击队和各个地区游击战争的统一领导，1934年7月，中共陕北特委在15支陕北游击支队的基础上，成立了由谢子长任总指挥的陕北游击队总指挥部。同年9月，陕北游击队总指挥部撤销，建立陕北红军第一、二、三团。1935年1月，根据中共中央驻北方代表孔原的指示，陕北特委将红军第一、二、三团合编为中国工农红军第二十七军八十四师，杨琪任师长，张达志为政委，朱子休任参谋长。

在陕南游击根据地创建了红二十九军。土地革命战争时期，中共陕南特委在陕南开展了广泛的游击战争。根据中共中央和中共陕西省委的指示精神，中共陕南特委从1932年春即开始红军游击队的组建工作。红四方面军进入陕南后，帮助陕南特委组建了1000多人的川陕边区游击队。1933年1月6日，中共陕南特委做出关于《扩大西乡城固边新苏区，创造红二十九军的决议》，并将川陕边区游击队更名为红二十九军游击支队；2月13日，红二十九军正式成立，红四方面军任命陈浅伦为军长，中共陕西省委任命李艮为政委，共2000余人。

1935年9月16日，程子华、徐海东率中国工农红军第二十五军长征到达陕北，同陕甘、陕北红军胜利会师。9月18日，红二十六军、红二十七军同红二十五军在延川永坪镇合编为中国工农红军第十五军团，军团长由徐海东担任，政委由程子华担任，副军团长兼参谋长由刘志丹担任，高岗任政治部主任。同年11月，红十五军团编入红一方面军。

除创建正规红军外，陕西共产党人还创建了多支地方武装力量。在1928年渭华起义中成立了工农革命军，刘志丹任军委主席。在创建渭北根据地的斗争中，成立了渭北游击队，习仲勋曾任第二游击队政委。1933年3月，中共陕甘边特委以照金游击队和旬邑游击队为基础，在照金组建了陕甘边区游击队总指挥部，习仲勋、张秀山先后任政委。红二十五军在商洛、安康组织农民武装建立了鄂陕第三路、第四路、第五路、第六路、第七路、第九路等六个游击师和蔡玉窑游击队、茅坪游击队，后合并组成红二十五军七十四师。抗日战争和解放战争时期，陕西共产党人在各地都建立了众多的地方武装力量，配合主力部队作战。

陕西共产党人不仅创建了正规红军和地方武装等多支武装力量，他们中的许多人还是中国革命重大战役的主要指挥者和参加者。北伐期间，廖乾五先后参与指挥平江、汀泗桥、贺胜桥及收复武汉等战斗。何挺颖在1927年9月参加了毛泽东领导的秋收起义，三湾改编时任工农革命军第一军一师一团三营党代表，参与指挥了黄洋界保卫战、龙源口战役等保卫井冈山革命根据地的斗争。1935年，刘志丹在任红十五军团副军团长兼参谋长时，参与指挥了劳山战役；党中央到达陕北后，刘志丹曾任中共中央革命军事委员会西北办事处副主任、红军北路军总指挥、中国工农红军第二十八军军长等职，1936年2月，率红二十八军参加东征战役。解放战争时期，毛泽东率领党中央转战陕北，中共中央西北局书记习仲勋任中国人民解放军西北野战军副政治委员，同司令员彭德怀一起指挥西北野战军取得了保卫陕北解放区的胜利。开国上将李达参加了长征，1936年任红二方面军参谋长，抗战中，任八路军一二九师参谋长，后兼太行军区司令员，参与创建晋冀豫、冀南抗日根据地的革命斗争；抗战胜利后，任中原军区参谋长、第二野战军参谋长兼特种兵纵队司令员、政治委员，协助刘伯承、邓小平率部进军大别山，参与组织指挥渡江战役和进军西南。开国上将阎红彦在解放战争时期任晋冀鲁豫野战军第三纵队副司令员和副政治委员，第二野战军三兵团副政治委员兼政治部主任，参加邯郸、陇海路、定陶、鲁西南等战役，随刘邓大军挺进大别山；1948年参加郑州战役、淮海战役等，后又参加了渡江战役和解放大西南战役。开国上将张宗逊参加了毛泽东领导的秋收起义，历任中国工农红军第十二军军长、红四方面军第四军参谋长、八路军一二〇师三五八旅旅长、吕梁军区司令员、晋北野战军司令员、陕甘宁野战集团军司令员、西北野战军副司令员、第一野战军副司令员，参与指挥了宜川瓦子街、西府、陇东、扶眉、兰州等战役。张达志、孔从洲、赵启民、崔田民、闫揆要、王世泰、王兆相、沈启贤、贺晋年、范明、李赤然、何振亚、郭炳坤、高朗亭、高维嵩、慕生忠、牛化东等开国将军也都率军驰骋在抗日战争和解放战争的前线，为中国革命胜利立下了不朽的功勋。

（四）创建了农村根据地的革命政权，积累了局部执政的经验

革命的根本问题是政权问题，中国共产党进行中国革命的目的就是要建立无产阶级专政的政权，建立巩固的政权是革命胜利的根本保证。刘志丹、谢子长、习仲勋等在领导创建革命根据地的过程中，始终把根据地的政权建设放在重要地位。从1932年4月至1934年11月，陕甘边根据地的政权组织先后成立过四次，第一次是1932年4月上旬，陕甘游击队在寺村原新庄子山神庙场畔召开千余人参加的群众大会，选举成立了寺村原等72个村革命委员会；第二次是1933年4月5日，陕甘边工农兵代表大会在照金召开，选举产生了由贫苦农民代表周冬至为主席、习仲勋为副主席的边区新的革命委员会；第三次是照金根据地失守转战南梁后，1934年2月25日，由中共红四十二师党委主持在南梁小河沟四合台村召开群众大会，再次选举成立了新的陕甘边区革命委员会，习仲勋任主席；第四次是1934年11月4日至6日，中共陕甘边特委和边区革委会根据特委七月决议精神，在南梁荔园堡主持召开陕甘边区工农兵代表大会，选举成立了陕甘边区苏维埃政府，习仲勋任主席。在陕甘边区苏维埃政府建立的同时，陕北根据地也建立了十几个县的革命政权，1935年1月25日，陕北苏区第一次工农兵代表大会在赤源县白庙岔召开，正式成立了陕北省苏维埃政府，马明方任主席，霍维德、崔田民任副主席。

陕西共产党人勇于探索根据地的政权建设，在根据地的民主政治建设、廉政建设、正确 处理军事斗争和经济建设的关系方面都积累了许多有益的经验。一是围绕工农当家做主，进 行民主政治建设。根据地建立的苏维埃政府一般由主席及若干委员组成，并设有军事指挥、财政、经济、交通、土地、粮食、内务、劳工、文化教育等部、委、局；政府工作人员由工 农兵代表大会从贫苦农民中选举产生，妇女也参加了政权，使劳动人民获得了政治上的翻身 解放，实现了人民群众当家做主，当地群众高兴地唱到：“从前妇女锅台转，只有男州没女县；自从建立苏维埃，天下事情管一半。”二是重视廉政建设。习仲勋在任陕甘边区苏维埃 政府主席时，边区政府法令规定，凡一切党政军干部，如有贪污10元以上者被执行死刑。三 是正确处理军事斗争和经济建设的关系，开展土地革命，努力发展生产，使经济建设成为军 事斗争的有力保障。四是加强党的建设，使党的领导成为根据地发展的重要保证。中国共产党在陕西革命根据地政权建设

的实践，培养了如习仲勋、马文瑞、阎红彦、杨森、杨琪、张 秀山、张达志、王世泰、崔田民、贺晋年、张策、郭洪涛、张邦英、龚逢春、刘景范、蔡子 伟、高朗亭、李赤然、王兆相等一大批领导干部，成为新中国政权建设的中坚骨干。

延安时期是中国共产党政权建设实践的重要时期，陕籍共产党人积极参加陕甘宁边区各 级苏维埃政权建设。1937 年 9 月，在陕甘宁边区政府九人主席团中，有陕西共产党人郭洪涛、马明方、高岗三人。在 1939 年 1 月陕甘宁边区第一届参议会民主选举产生的边区政府委员会 15 位委员中，陕西有九人，他们是王世泰、曹力如、刘景范、阎红彦、霍维德、马锡五、王兆 相、贺晋年、乔钟灵；高岗、张邦英被选为参议会正副议长。1941 年 11 月，陕甘宁边区第二 届参议会第一次代表大会选举产生了边区参议会和边区政府组成人员，高岗当选为边区参议 会议长，谢觉哉和开明绅士安文钦为副议长；林伯渠任边区政府主席，开明绅士李鼎铭任副 主席。陕西共产党人在担任陕甘宁边区陕北地区的县级政权领导人时，为陕甘宁边区地方政 权建设做出了积极贡献。

陕西共产党人以其“追求理想的奉献精神，艰苦奋斗的创业精神，独立自主的探索精 神，爱国为民的忠诚精神，团结奋斗的合作精神”，以勤政、为民、廉政、务实、创新的 工作作风，为革命根据地的政权建设做出了卓越的贡献，为新中国的政权建设积累了局部执 政的经验，“对中国共产党在全国的执政产生了积极影响，对中国改革开放事业产生了积极影响”。[①]

三、资料链接

陕籍党史人物群体在创建陕甘革命根据地的革命斗争中形成

陕西共产党人创建陕甘根据地的革命斗争，不仅为陕西人民的解放事业和中国人民的解放事业做出了伟大贡献，而且在艰苦的斗争环境中，陕西共产党人经受了各种磨难和考验，形成了坚强有力的战斗团体。

在中共陕西省委的领导下，唐澍、李象九、谢子长等发动了清涧起义，唐澍任起义军事委员会书记，李象九为起义总指挥。清涧起义是大革命失败后我党在陕西地区以武装的革命反对武装反革命的开端。清涧起义后，陕西又爆发了由共产党员王泰吉发动和领导的麟游起义。共产党员许才升、吕佑乾、王浪波、吕凤岐、程国柱、程永盛、王廷碧等组织领导了旬邑农民起义，成立了西北地区第一

① 李蓉：《试论中国共产党在陕甘边革命根据地局部执政的经验及影响》，《中国井冈山干部学院学报》2011 年第 6 期。

个县级革命政权——旬邑县苏维埃政府。渭华起义是大革命失败后，中共陕西省委领导的西北地区规模最大的武装暴动，以渭华地区农民革命力量和我党控制的许权中旅为暴动的主力军，共产党员高克林、许权中、杨晓初、张汉俊、高致凯、刘志丹、唐澍、谢子长、廉益民、吴浩然、李大德、周益山、刘继曾、王泰吉、赵亚生、武培谋、雷天祥、张汉泉等都在该旅担任领导职务，并且参加了武装斗争，有些人在斗争中牺牲了自己的宝贵生命。

清涧起义、麟游起义、旬邑起义、渭华起义虽然失败了，但是，他们沉重打击了国民党军阀的反动统治，扩大了革命影响，培养和锻炼了干部。在清涧起义、麟游起义、旬邑起义、渭华起义中，唐澍、李象九、谢子长、刘志丹、王泰吉、王尚德、许才升、吕佑乾等陕西共产党人成为运动的领导者和组织者，在起义中表现出他们卓越的组织才能和领导才能，表现出为中国革命事业胜利的英勇斗争精神和奉献牺牲精神。经过这些起义斗争，他们逐渐成为陕籍共产党人的领导核心，在他们周围团结了一大批陕籍共产党人，他们在领导陕西共产党人创建陕甘边、陕北、西北革命根据地的斗争中，逐步形成了陕籍共产党人群体。

渭华起义失败后，刘志丹、谢子长等到陕北领导开展武装斗争。1928 年 4 月，中共陕北特委成立，谢子长、刘志丹、白明善、赵通儒、冯文江、常黎夫、刘澜涛、贾拓夫、马文瑞、常立德、李文芳、马明方、毕维舟、王兆卿、郭洪涛等都参加了陕北特委的组织领导工作。中共陕北特委建立了中国工农红军陕北游击队第一支队，强世清为支队长，李成荣为政委；中国工农红军陕北游击队第二支队，罗永宽为支队长，高朗亭为政委，王聚德为经济员；中国工农红军陕北游击队第三支队，王兆相为队长，马万里为政委；中国工农红军陕北游击队第四支队，薛俊山为队长，马佩勋为政委，刘子义为经济员；中国工农红军陕北游击队第五支队，队长崔正冉，政委王海生；中国工农红军陕北游击队第六支队，队长樊文德，政委王效曾；中国工农红军陕北游击队第七支队，韩峰任队长兼政委；中国工农红军陕北游击队第八支队，贺吉祥任队长，栾新春任政委；中国工农红军陕北游击队第九支队，高朗亭为队长，王文良为政委。为了进一步加强对各游击队和各个地区游击战争的统一领导，陕北特委在安定县杨道峁正式成立了“中国工农红军陕北游击队总指挥部”，谢子长任总指挥、郭洪涛任政委、贺晋年任参谋长。在以上游击支队的基础上，建立了中国工农红军陕北游击队第一、二、三、四、五团，并以此为基础建立中国工农红军第二十七军（以八十四师为主力），杨琪为师长，张达志为政委，朱子休为参谋长。为了统一领导和开展陕北地区的革命运动，在各县、区人民政权建立的基础上，在安定县的白庙岔召开了陕北省第一次苏维埃代表大会，选举了苏维埃政府委员会，马明方为苏维埃政府主席，霍维德、崔田民为副主席；惠子明为秘书长，刘耀三为内政部部长，辛兰亭为土地部部长，高旭光为粮食部部长，齐明珍为劳动部部长，艾楚南为财政部部长，陈鹏飞为教育部部长，刘锦如为优红委员会主任，罗成德为省工农检查院院长，保卫局局长刘子义，贸易局局长白林栋，与此同时还选举了陕北省的军事委员会，军委主席马义。

在陕北革命斗争进行的同时，党领导的陕甘边革命斗争也在蓬勃发展。刘志丹和自己的同窗好友曹力如、王子宜等对自己家乡保安县民团进行改造，刘志丹、曹力如任保安县民团的正副团总。在对陕甘边苏雨生部的兵运工作中，谢子长、刘志丹、姜耀、牛化东、张东皎、张秀山、高岗、高鹏飞、李树林、黄玉华、郝兴民、贺晋年等打入苏部，成立了军委。为了建立一支由党直接领导的革命武装，中共陕西省委在1930年到1933年短短的两三年间在陕甘边发动和领导了大大小小几十次武装起义和革命兵变。其中著名的有杜鸿范、张东胶、杜润芝、张秀山、贺晋年、孙作宾等领导的甘肃靖远兵变；高鹏飞、苏杰儒、高胜勇等领导的西华池兵变；李华峰、周凯、周志学等领导的平凉蒿店兵变。

在党领导的陕甘边武装斗争进行的时候，1931年9月，阎红彦、吴岱峰、杨重远、黄子文、拓克宽等带领晋西游击队西渡，进入陕北，开展游击战争。10月初，晋西游击队和刘志丹率领的南梁游击队会师，成立了“西北抗日反帝同盟军”，后来又改编为“中国工农红军陕甘游击队”，成立陕甘游击队总指挥部，谢子长为总指挥，李杰夫为政委，刘志丹为副总指挥，杨重远为参谋长。指挥部下辖的步兵大队第一大队队长为阎红彦，政委为张赫；第二大队队长为吴岱峰，政委为高岗；第三大队队长为雷恩钧，政委为陈玉清；骑兵大队队长为强世光，政委为杨森；警卫大队队长为白锡林，政委为胡廷俊。

为推动陕甘边革命斗争的开展，1932年12月，红二十六军成立，在红二十六军的曲折斗争历程中，刘志丹、习仲勋、王世泰、杨重远、黄子文、张秀山等都担任过各种领导职务，在陕甘边进行了艰苦的武装斗争。1933年3月，陕甘边特委正式成立，金理科任特委书记，委员有金理科、秦武山、习仲勋、张秀山、李妙斋等。1933年10月，根据地领导机关和后勤机关撤出照金转移到南梁，1934年2月，红四十二师党委在庆阳县南梁召开群众大会，选举成立了新的陕甘边区革命委员会，习仲勋任主席，白天章、贾生秀先后任副主席。1934年5月，红四十二师党委在南梁之荔园堡召开联席会议，决定建立陕甘边军事委员会，由刘志丹任军委主席，四十二师师长改由杨森担任。

为了推动陕甘边和陕北革命斗争的进一步发展，1935年2月5日，中共陕甘边特委和中共陕北特委在赤源县周家硷举行联席会议，决定正式成立“中国共产党西北工作委员会”，由惠子俊任书记（在惠未到职之前由崔田夫代理），崔田夫为组织部部长，张秀山为宣传部部长，郭洪涛为秘书长，习仲勋、马明方、刘志丹、杨森、张达志、霍维德、杨琪等为委员。会议还决定正式成立“中国工农红军西北革命军事委员会”，确定刘志丹为军委主席，谢子长、杨森、杨琪、张秀山、张达志等为委员。秘书长兼政治部主任为白坚，参谋长为朱子休，作战训练科科长为雷恩钧，情报侦察科科长为高朗亭，总务处处长为刘汉武，经理部部长为张成武，总会计为王彩文。

西北工委和西北军委的成立，使陕甘边和陕北地区的革命斗争有了统一的领导力量，推动了陕甘边和陕北地区革命斗争的进一步发展，它也标志着陕西共产党人群体在陕西人民的革命斗争中形成并走向成熟。

四、拓展阅读

1. 中共陕西省委党史研究室：《刘志丹与西北革命根据地研究》，陕西人民出版社，2012。

2.《习仲勋传》（上卷），中央文献出版社，2008。

五、探究思考

陕籍党史人物群体对马克思主义中国化有哪些贡献？

第三节　红色家书

一、家书原文

（一）将来的社会是光明的

李子洲给妹妹的信

1929年2月2日，因为团省委书记马云藩被捕叛变投降敌人，李子洲被捕，在狱中，李子洲曾通过看守和狱外友好人士的帮助，给在家乡的妹妹李登岳写了一封信。

他在信中写道：

我并不惧怕死，早把生死置之度外了。我一个人牺牲了，会有更多的人站起来。不要为我伤心流泪，勇敢斗争下去，党的事业必胜，将来的社会是光明的！

正在北京上学的李登云，赶来看望他的哥哥李子洲。眼见分别一年多的哥哥被折磨成这个样子，忍不住号啕大哭起来。

李子洲

李子洲被哭声惊醒："噢，是登云，家里都好吗？"

"都好！"李登云望着哥哥，不忍说出哥哥最疼爱的女儿已经病逝的消息，只是点头流泪。

"你要好好侍奉高堂，代我行孝。"李子洲沉重地说，"我自己将为革命捐躯，死后就不要搬尸了……"

李子洲在生命最后一息发出的这铿锵有力、鼓舞人心的言辞，充分表现了一个共产主义战士视死如归的坦荡胸怀，和对未来充满必胜信念的崇高精神境界。

（二）对共产主义的信念坚定不移

习近平写给父亲习仲勋八十八周岁生日的贺信

敬爱的爸爸：

今天是您的88周岁生日，中国人将之称为米寿。若按旧历虚两岁的话，又是您90岁大寿。这是一个值得庆祝的大喜日子。昨晚我辗转反侧，夜不能寐，既为庆祝您的生日而激动，又因未能前往祝寿而感到遗憾和自责。

自我呱呱落地以来，已随父母相伴48年，对父母的认知也和对父母的感情一样，久而弥深。我从您身上要继承和学习的高尚品质很多，最主要的有如下几点：

一是学您做人。爸爸年高德劭，深受广大人民群众和我党同志、党外人士的尊敬。这主要是您为人坦诚忠厚、谦虚谨慎、光明磊落、宽宏大度。您一辈子没有整过人，坚持真理不说假话，并且要求我也这样做。我已把你的教诲牢记在心，身体力行。

二是学您做事。爸爸自少年就投身革命，几十年来勤勤恳恳、艰苦奋斗，为党和人民建功立业，我辈与您相比，实觉汗颜。特别是您对自己的革命业绩视如过眼烟云，从不居功，从不张扬，更值得我辈学习和效仿。

三是学习您对共产主义信仰的执着追求。无论是白色恐怖的年代，还是极左路线时期；无论是受人诬陷，还是身处逆境，爸爸对共产主义的信念仍坚定不移，相信我们的党是伟大的、正确的、光荣的。您的言行为我们指明了正确的前进方向。

四是学您的赤子情怀。爸爸是一个农民的儿子，热爱中国人民，热爱革命战友，热爱家乡父老，热爱您的父母、妻子、儿女。您自己博大的爱，影响着周围的人们。您像一头老黄牛，为中国人民默默地耕耘着。这也激励着我将毕生精力投入到为人民服务的事业中去。

五是学您的俭朴生活。爸爸平生一贯崇尚节俭，有时几近苛刻。家教的严格，是众所周知的。我们从小就是在您的这种教育下，养成勤俭持家习惯的。这样的好家风我辈将世代相传。

此时此刻，百感交集，书不尽言，上述几点，不能表达我的心情于万一。我衷心遥祝尊敬的爸爸健康长寿，幸福愉快！

儿近平叩首

二〇〇一年十月十五日

（三）不做时代的落伍者

韩雅兰[①]致父母

亲爱的父亲、母亲：

儿过去曾寄过几次信给大人，想早赐阅矣。但至今未见大人的训示，想大人必因儿不告而走之故怪罪于儿，生气不理了，所以儿对此点终不能安心。

最近有友人从西安来此，听说父亲和母亲对儿之走很觉伤心，祖母恐怕更难过。儿听了，心中也万分凄惨。大人平时想最知儿之心性，也最疼爱儿的，这点儿早已深知，同时也是儿一往对家庭留恋的主要原因之一。当那年玉妹被捕之事发生[②]，大人连年节都不过了，星夜地赶到上海，为她设法，使儿等更感到父母

① 韩雅兰，陕西省蒲城县人，1905年生，20年代在陕西省立女子师范学校上学期间参加中国共产党。大革命失败后赴上海，后入复旦大学中国文学系学习。1936年6月毕业，不久返回西安教书。1936年底她瞒着父母去了延安，进入抗大第二期学习。此处展示的家书是她从延安写来的，详细讲述了自己去延安的缘由并介绍了延安抗大的情况。1937年全面抗战爆发后，奉党的指示返回西安从事地下工作，参加陕西妇女抗日救亡运动。1943年6月不幸病逝。这封家书写于1937年4月18日，被韩雅兰的儿子韩蒲珍藏了60余年，2010年捐赠给了中国人民大学家书博物馆。

② 指写信人的弟媳杨玉珊，她于1927年加入中国共产党，1934年在上海被捕。当时因为写信人的弟弟在国外上学不在家，其父得知这个消息后，抛下全家老小，孤身一人，连年节都不过了，赶往南京、上海，企图设法营救，但未果。

韩雅兰

爱儿女之心太迫切了。那时父亲回家后，曾给儿一信，嘱咐儿应安心读书，不要再像玉妹一样教大人担心睡不着。那时儿接读信后，难过了几天，想想我们真有点对不住父母之爱。此后儿是时刻都不会忘记父亲痛心的话，然而儿不愿做个时代的落伍者，不愿落人后，同时又被感情支配着，这极痛苦，大人是不会了解的。谁料前年又遭受圣域这样的侮辱①。为了不愿使大人难过，为了孩子的问题，忍耐一切痛苦到现在。但是从那时起，儿已认清自己应走的正大的光明的道路，更认清了一个女子不应只靠一个丈夫。若完全依靠丈夫，结果会落得求死不得求生不能的苦境。亲爱的慈祥的父亲母亲，假如儿没有大人的疼爱和体贴，假如没有求得一点不受人欺侮的知识，那儿现在也只有死路一条了。圣域他固然给了我苦头吃，然而他也毁灭了他自己。儿想，他所受的损失或者比儿还要大呢。儿已受够了痛苦，儿不能就这样消沉下去，自己毁灭自己。儿应走自己应走的道路，光明的有真理的道路，儿要为改造不合理的社会而奋斗，为后来女子求幸福，也要和男子一样为国家民族求解放，做一点有意义的事业，总比被人家气死有价值得多。这就是儿此次来延安的主要原因，请大人想想，章乃器、沈钧儒他们都起来挽救国家，儿受家庭社会的养育一场，怎能坐视不顾？所以儿决定来此学习一点真实学问，去应社会，求中国民族解放的方法。

大人爱儿也必知儿之性，对任何事，决不会轻举妄动，儿都经过长期的考虑过。这次到三原晓得了此地招生的事，儿曾经仔细地考虑过后才决定走的。因为时间的关系，不能回西安面商于大人。想大人看现在全国人民抗日的热情，也许会不再生儿之气。总之，儿不是不懂事的，盲目的瞎跟人跑的，跟人说的，儿现在所走的爱国的路，想必能得社会人士的谅解的。恳祈大人恕儿不告之罪，而仍以从前的爱儿之心来爱儿，则儿幸甚。

这里②的物质生活比较外边苦些，但精神方面则比外面快乐得多。什么话都可讲，很自由很坦白。凡是到这里来参观的没有不对这里发生好感的。前天来了两位大学教授，同时也是《申报》周刊编辑，他们参观的结果，印象非常的好，今天已经走了。最近外边到此地来的参观的非常多，时常有人来。

① 此处指1935年写信人的丈夫王圣域纳妾之事。

② 指陕北延安和中国人民抗日军政大学。

这里学校对于学习方面，教员讲得很好，同时很注重研究性质，学生能充分发表自己的意见，因此得的益处很多。儿觉得在这里的几月学习比外边学校几年的学习还要得的益处多。

由西安来的学生很多，各地都有，赵师长的女和子①都在这里，好些熟人，所以请大人放心。不要以为儿做得不对。这样多的人都和儿所作的一样，此地女生已有三四十人。敬祝健安。

漂泊的女儿敬禀

4.18

二、教学主题

陕籍党史人物群体的革命精神

陕籍党史人物群体的革命精神是以刘志丹、谢子长、习仲勋等为主的陕西共产党人在领导陕西人民革命斗争实践中形成的，其内涵为“追求理想的献身精神，艰苦奋斗的创业精神，独立自主的探索精神，爱国为民的忠诚精神，团结奋斗的合作精神”。陕籍党史人物群体的革命精神具有特定的主体和地域，是中国共产党革命精神的重要组成部分。

（一）追求理想的奉献精神

在中国共产党领导中国人民进行新民主主义革命的实践中，马列主义成为他们的信仰，社会主义成为他们追求的理想目标。理想和信念，是人生的奋斗目标和动力源泉，它决定着人生追求和人生道路，支配着人的道德情操和行为准则。马克思主义所宣扬的社会主义、共产主义理想成功地吻合了中国人民求均、求富的大同理想。追求大同，求均、求富，是几千年来形成的中华民族文化心理，是一种古老的作为民族文化传统的共同体意识。马克思主义所宣扬的社会主义理想，融合了中国广大民众生活世界中的一些传统理念和基本要求，因而在其传播的过程中，民众不仅接受认可了它，而且重新建构了民众的心理，内化为自己的信仰，成为一种精神支持力量，它激励着无数陕西共产党人和人民群众为实现社会主义、共产主义理想而英勇奋斗直至献出自己的生命。

中共鄂豫陕省委率领红二十五军主力离开鄂豫陕根据地后，国民党军对根据地进行疯狂的“清剿”。红岩寺区苏维埃干部和群众，为掩护红军和游击师的伤

① 赵师长指杨虎城部三十八军第十七师师长赵寿山。

病员，100 多人被杀，39 户被杀绝，一家被杀 2 人以上的 40 户。鄂陕边区苏维埃政府主席程家盛、副主席阮英豪，牛耳川乡苏维埃政府主席许祖德，瓦沟乡苏维埃政府主席张智仁及其子张永有，二峪河乡苏维埃政府主席易恩兴和马家山乡苏维埃政府副主席向大富等 200 多人被杀。但根据地的人民并没有屈服，他们积极支持鄂豫陕特委和红七十四师同国民党军的“围剿”进行了坚决的斗争。鄂陕边区苏维埃政府主席程家盛牺牲后，其妻倪世莲历经艰险，将程家盛交她保存的鄂陕边区苏维埃政府铜印，在新中国成立后交给了人民政府。

谢子长在魏野畴、李子洲等人的影响下，接受了马克思主义，并且在陕西传播马克思主义，是陕北地区早期党组织的创建人之一。谢子长先后参与领导清涧起义、渭华起义，又到国民党部队做兵运工作，虽然这些斗争都失败了，但是，对马克思主义的信仰，对社会主义和共产主义理想的追求使谢子长的革命意志毫不动摇，反而使他认识到要取得革命胜利，“依靠在旧军队里的合法地位招兵买马是不行的，这个教训已经很多了，还是要走井冈山的道路，发动群众，搞土地革命，建立工农政权”。谢子长不仅自己献身于革命，还教育和带动全家投身革命，成为一个革命的家庭。他家中先后有 11 人参加革命，在 1932 年至 1936 年短短的三年多时间里，就有八人为革命英勇献身。他们是谢德惠（子长大哥，曾任中共安定县西区第一任区委书记）、谢占元（子长二哥，1934 年牺牲于狱中）、谢绍安（子长侄儿，曾任红二十七军第四团团长）、谢绍斌（子长侄儿）、谢福成（子长侄儿）、谢财娃（子长侄儿）、谢福玉（子长侄儿）、谢玉梅（子长侄女）。面对敌人的暴行，谢子长革命意志更加坚定。他曾经说：“敌人想多杀害我家几个人，逼迫我不革命，根本办不到，敌人的暴行只能促使我革命到底！”表现了谢子长坚定的革命信念和崇高的革命理想。

追求理想的奉献精神激励着陕西共产党人在陕西革命的各个时期，前赴后继，英勇斗争，最终取得了陕西革命的胜利。

（二）艰苦奋斗的创业精神

自力更生、艰苦奋斗的创业精神，既是中华民族的优良传统，也是陕西共产党人革命精神的重要内容。在中国革命的各个时期，在陕西这片热土上，中国共产党人在极其艰难困苦的条件下，自强不息，艰苦奋斗，渡过了难关，迎来了陕西的解放和中国革命的胜利。

在陕西党组织成立之前，在北京高校读书的刘天章、魏野畴、李子洲、杨明轩、杨钟健、刘含初等人，在天津高校读书的武止戈、邹均、屈武等人，在武汉、上海高校读书的王尚德、雷晋笙、严信民等人，回到陕西传播新文化和马列主义，在关中，在陕南、陕北偏僻的村庄都留下了他们战斗的足迹和身影，他们克服一切艰难困苦，甚至以牺牲生命的代价，换来了陕西中国共产党组织的建立，在陕西开创了伟大的革命事业。

在陕南苏区苏维埃政权的建立过程中，国民党对苏区实行物质封锁、交通封锁和邮电封锁。苏区物质产品非常缺乏，军队供给和人民生活非常困难，面对严峻的经济形势，苏区共产党人发扬艰苦奋斗、勤俭建国的创业精神，进行土地革命和经济建设，为革命斗争提供了源源不断的财力、人力、物力保障。

党中央在陕北时期，在抗日战争进入相持阶段以后，日本帝国主义向我抗日根据地发动了大规模的“扫荡”，实行极端残酷和野蛮的“抢光”“烧光”“杀光”的三光政策。国民党顽固派也先后调集 80 多万大军对抗日根据地实行军事包围和经济封锁，抗日根据地遇到了前所未有的严重困难。当时毛泽东等中央领导穿的是补丁衣，吃的是糠菜饭。许多战士由于饥饿引起营养不良患上夜盲症。寒冬腊月，冰天雪地，不少干部战士依旧着单衣，打赤脚，晚上无被子盖。中国共产党、广大军队和人民面对“饿死呢，解散呢，还是自己动手呢?”这样的问题，毅然行动起来，自己动手，生产自给，克服困难，开展了轰轰烈烈的大生产运动，终于渡过了经济严重困难的岁月，并经受了艰难困苦的磨炼，更加坚定了革命的理想和信念。

毛泽东在中共七大闭幕词中曾用“愚公移山”的故事，形象地说明艰苦奋斗是中华民族固有的传统美德。艰苦奋斗的创业精神不但是中国共产党人对中华民族优良传统的继承和发扬，也是无产阶级世界观的具体体现，是无产阶级革命事业取得胜利的根本要求，是中国共产党人践行全心全意为人民服务宗旨的必然结果。

（三）独立自主的探索精神

陕西是中国革命走向胜利的再生之地，延安成为中国革命的红都，中国共产党人在陕西这块热土上上演了一幕幕威武雄壮、足以改变中国历史发展方向的历史剧，给陕西留下了丰富的红色文化资源。陕西丰富的红色文化资源，都是中国共产党人独立自主的探索精神结出的丰硕果实。

土地革命战争时期，王明左倾教条主义者，把马克思主义教条化，把共产国际决议和苏联经验神圣化，在中国革命发展道路问题上坚持城市中心论，反对毛泽东开创的农村包围城市、武装夺取政权的正确革命道路；在中国革命发展阶段问题上，坚持“一次革命论”，反对毛泽东的中国革命分两步走的思想；在中国革命对象问题上，把民族资产阶级和大地主大资产阶级同等对待，作为中国革命的主要敌人，反对同民族资产阶级建立统一战线。王明“左”倾教条主义错误，导致了中央革命根据地第五次反“围剿”的失败，致使中国共产党人在南方建立的农村革命根据地丧失殆尽。红二十五军和红四方面军长征到达陕西后，红二十五军建立了鄂豫陕革命根据地，红四方面军建立了川陕革命根据地陕南苏区，在以商洛为中心的鄂豫陕地区和汉中、安康地区开展土地革命，建立革命政权，发展革命武装力量，进行了艰苦的武装斗争。今天，位于陕南青山绿水间的红色政权旧址、遗物，展现了红二十五军和红四方面军摆脱“左”倾教条主义的束缚，在陕西领导陕西共产党人及广大人民独立自主地探索中国革命道路的精神。

土地革命战争时期，南方许多革命根据地是在党中央的直接领导下建立的，西北革命根据地是陕西共产党人在不能得到党中央及时指导的情况下，根据陕西革命斗争的实际，走出了一条正确的革命道路，是以刘志丹、谢子长、习仲勋等为代表的陕西共产党人以马列主义为指导，独立自主地探索陕西革命道路的结果，在陕西地区实践了毛泽东工农武装割据的思想；它体现了以刘志丹、谢子长、习仲勋等为主的陕西共产党人高度的革命自觉性和独立自主的创新精神。

（四）爱国为民的忠诚精神

中国共产党是无产阶级的先锋队组织，其宗旨是全心全意为人民服务，全心全意为人民服务，就是一切为了人民利益，体现群众的意愿，为群众谋利益，而且要把这种群众观点转化为自己的工作路线和工作方法，从群众中来，到群众中去。遍布陕西的红色文化资源，体现了中国共产党人爱国为民的忠诚精神。

刘志丹、谢子长、习仲勋等在创建西北革命根据地的过程中，多次受到党内左倾错误的干扰，他们创建农村革命根据地的正确路线，被左倾错误的执行者批评为犯了“流寇主义”“梢山主义”的错误；刘志丹、谢子长、习仲勋等多次受到不公正的待遇和处理，谢子长曾被错误地开除了党籍；刘志丹是中国工农红军陕甘游击队的创建人，但在陕甘游击队改编为“中国工农红军第二十六军”后，刘志丹被排挤出了领导层之外；1935 年刘志丹被党内左倾错误路线的执行者逮捕，张秀山、高朗亭、朱子休、黄子文、张文华、刘汉武等都被诬蔑为右派反革命，加以逮捕，习仲勋、张策、马文瑞、刘景范、张仲良、黄罗斌、杨森、王聚德等一大批领导干部也被以“莫须有”的罪名逮捕起来，受到了残酷的人身迫害，并且面临着被挖坑活埋的危险，但他们并没有因此而心生怨恨，而是相忍为党，顾全大局，表现出对党和人民革命事业的无限忠诚精神。

在陕南苏区，由于苏区各级党组织坚持不懈地对广大党员和干部进行马克思主义思想教育，由于苏区广大党员、干部传承了中华民族历来勤劳朴素、克己奉公的美德，自觉地保持了无产阶级政党的先进性和共产党人的先锋模范作用；同时，由于苏区持续不断地开展反腐肃贪斗争，并且建立了一整套行之有效的监督机制，所以，苏区广大党员干部尽管掌握着苏维埃政权各方面的权力，但是，他们没有高居于人民群众之上作威作福，滥用职权牟取私利，而是与群众艰苦与共，患难相依，赤诚地为广大人民谋利益。

爱国为民的忠诚精神确保了党组织的纯洁性和广大共产党员的先进性，使广大共产党员忠实地履行全心全意为人民服务的宗旨，增强了党的战斗力。

陕西共产党人的革命精神形成于战争年代，是陕西共产党人宝贵的精神财富。在建设中国特色社会主义的新时代，它仍然是推动我们实现中国梦的强大精神动力。

三、资料链接

（一）瞑目庆祝红旗飞

王泰吉1906年生，陕西省临潼县北田镇（现为西安市临潼区北田街道）尖角村人。1924年5月考入广州黄埔军校第一期，离开西安前曾吟诗怀志：“七尺男儿汉，足立天地间；满目不平事，蹈覆待何年?!”王泰吉到校不久便加入了中国共产党。同年冬，王泰吉被派到驻河南开封的国民二军学兵营任排长，他在所在连队组织党的外围组织“青年军人联合会”，进行革命活动，参加成员达40余人。

1926年王泰吉转入陕军甄寿珊部教导团任营长，从事兵运工作。1928年春，王泰吉率全营在陕西麟游县起义，参加这次起义的部队，包括学兵营所属的军官队、军士队、学生队以及营部等共约300人，枪支160余支。后在转战陕甘边途中失败，但王泰吉毫不气馁，他悄悄途经西安时，没有回家，只给父母写了一封信表达革命之志：“男尝谓天下事，危然后安，勿图苟安；乱则思治，勿图小治。男以身贡献社会，生死利害，在所不计。”

同年5月，王泰吉参与领导渭华起义，任西北工农革命军参谋长。他和唐澍、刘志丹等人一起领导这支千余人的革命武装，与当地的农民运动相结合，打土豪、分粮食，协助地方党组织在东起少华山、西到临潼县、北到渭北、南至秦岭的100多平方公里的区域内，建立了红色政权。

起义再次失败后，王泰吉只身到河南南召县，从事秘密革命活动。不久被捕，被押往南京。虽与党组织失去联系，但并未动摇他的革命信念，反动当局施以酷刑折磨，他毫不屈服，并在狱中写诗明志："南京被押已巳年，蚤虱围攻何足怜。翻身消灭尔丑类，革命精神炼愈坚""三尺榻上不容睡，五步室内寄余身，狂吟将伯君毋躁，独对铁窗思好音"。

1930年王泰吉经杨虎城保释出狱，在杨部任第十七师补充旅副旅长兼参谋长。1931年后任西安"绥靖"公署新兵训练处处长、骑兵团团长等职。1933年，王泰吉的骑兵团移驻至陕西耀县后，他找到老同学何寓础，帮助自己寻找党的组织，并向党组织汇报率领全团起义的想法。7月，在中共陕西省委领导下，王泰吉率骑兵团2000余人在耀县起义，成立西北民众抗日义勇军，任总司令，并恢复党组织关系。后在三原以北战斗失利，率余部撤往照金，与习仲勋、李妙斋等领导的游击队会合。8月，任中国工农红军陕甘边游击队临时总指挥部总指挥，率部智取张洪镇，夜袭合水城，在毛家沟门战斗中以少胜多，使部队转危为安，粉碎了敌军的"围剿"。

1934年1月，为了扩大革命武装力量，王泰吉主动要求去豫陕边做兵运工作，途经陕西淳化通润镇时被捕。被关押期间，任凭敌人软硬兼施、威逼利诱，王泰吉都未失共产党员的气节，还在拘留室的墙壁上留下了豪气干云的诗句："几经奋起几颠沛，愧无良平智量深，引颈辞世诚快事，瞑目庆祝红旗飞。"王泰吉在知道自己将不久于人世后，恳切地对杨虎城部队旧友们说，希望十七路军能为全国的团结抗日事业出力。3月3日，王泰吉被秘密杀害于西安西华门"绥靖"公署军法处的大院内，年仅28岁。

（二）共产党人是杀不完的

白明善（1896—1932），又名白乐亭，陕西清涧人。1923年初入绥德陕西省立第四师范学习，后入上海大学学习。1925年加入中国共产党。1926年奉调回陕，任国民军联军总政治部宣传科科长、印刷局局长，参与编辑《新国民军》报。1927年参与筹划领导清涧起义，打响了西北革命武装反抗国民党新军阀的第一枪。1928年10月，白明善任中共绥德县委书记，1929年2月调任中共陕北特委宣传委员兼米脂县委书记。1930年春，白明善因病回清涧休养，不久又调任绥德县委书记，仍担任中共陕北特委委员。

1931年元宵节后，白明善因叛徒告密在清涧县城被捕，押解至榆林关押。国民党陕西省党部特派员宋志先和榆林县党部书记长孙士英亲自审问，指望打开缺口，彻底破坏中共陕北特委和陕北各地的中共组织。他们在威胁利诱失败后，使用灌辣椒水、上老虎凳等酷刑逼供。白明善虽一次次昏死过去，鲜血喷溅墙头，但坚不屈服。敌人无计可施，将白明善判处七年徒刑，投入陕西省第三监狱。

白明善在狱中继续同敌人进行坚决的斗争，敌人感到从白明善身上得不到陕北共产党的情报，遂决定将白明善杀害。1932 年 1 月 21 日，在敌人绞刑架下，白明善自豪地说："杀我白明善不算什么，共产党人是杀不完的！"遂英勇就义。

四、拓展阅读

1. 习仲勋：《深切怀念王泰吉同志》，《人民日报》1984 年 3 月 3 日。

2. 中共陕西省委党史研究室：《初心永恒——革命先烈的信仰与追求》，西安交通大学出版社，2019。

五、探究思考

新时代如何弘扬陕籍党史人物群体的革命精神，为实现中国梦努力奋斗？

■后　记

研究陕西红色资源实践教学，是一件具有重大理论意义和实践价值的事情。本书是万生更教授陕西高校思政课省级名师工作室探讨如何将陕西红色资源运用于大中小学思想政治教育实践教学的尝试。万生更负责全书的总体规划设计、修改审定，负责撰写第一至第五章，张凤负责撰写第六章，罗小娥撰写第七章，郭荔宁撰写第八章，王琳娜撰写第九章。

本书也属于陕西省哲学社会科学重点研究基地核心价值观培育与红色文化基因传承协同创新研究中心组编的“核心价值观培育与红色文化基因传承系列丛书”，是2017年度教育部人文社会科学研究项目《漫画艺术民族化大众化——延安时期华君武漫画作品研究》（项目批准号：17YJA760075）、陕西省青少年红色基因传承教育基地项目、陕西学前师范学院马克思主义中国化重点学科项目、陕西学前师范学院大中小幼一体化红色文化教育研究创新团队项目的成果。陕西人民出版社许晓光副主任和各位编审为本书细致校勘，中共陕西省委党史研究室汤彦宜处长审读了书稿，同时也吸取了学术界有关的研究成果，在此一并表示衷心感谢！

陕西红色资源丰富，我们深知力所不及，希望做引玉之砖，促使广大思政课同仁继续对这一课题进行深入研究。由于著者水平有限，本书不可避免存在一些不足之处，敬请大家批评、教正！

著　者

2022 年 11 月于西安